高等职业教育系列教材

机械制造基础

主　编　许　晶　杨晓辉
副主编　李　双　于　颖　刘亚荣
参　编　张继媛　刘宏伟

机械工业出版社

本书包括机械加工基础、零件机械加工工艺制定、工件的装夹、机械加工质量分析与产品装配4个模块。机械加工基础模块包括金属切削基础知识和常规加工技术及设备两章；零件机械加工工艺制定模块包括机械加工工艺规程的制定和典型零件机械加工工艺制定两章；工件的装夹模块包括机床夹具设计一章；机械加工质量分析与产品装配模块包括机械加工质量分析和机械装配工艺基础两章。每章前均给出了知识要点和学习要求，章后又给出了综合训练习题。

全书按80学时编排，机械大类各专业可根据需要选择书中内容进行教学。本书适合高职高专机电、数控、模具等专业选用，也可作为有关专业技术人员的参考用书。

为配合教学，本书配有电子课件，读者可以登录机械工业出版社教材服务网 www.cmpedu.com 免费注册后下载，或联系编辑索取（QQ：1239258369，电话：（010）88379739）。

图书在版编目(CIP)数据

机械制造基础/许晶，杨晓辉主编．—北京：机械工业出版社，2014.10
（2025.2重印）
高等职业教育系列教材
ISBN 978-7-111-48041-9

Ⅰ.① 机… Ⅱ.①许… ②杨… Ⅲ.①机械制造-高等职业教育-教材 Ⅳ.① TH

中国版本图书馆 CIP 数据核字(2014)第 219129 号

机械工业出版社（北京市百万庄大街22号　邮政编码　100037）
责任编辑：刘闻雨　　责任校对：张艳霞
责任印制：张　博

北京建宏印刷有限公司印刷

2025年2月第1版·第8次印刷
184mm×260mm·12.25 印张·303 千字
标准书号：ISBN 978-7-111-48041-9
定价：39.00元

电话服务	网络服务
客服电话：010-88361066	机 工 官 网：www.cmpbook.com
010-88379833	机 工 官 博：weibo.com/cmp1952
010-68326294	金 书 网：www.golden-book.com
封底无防伪标均为盗版	机工教育服务网：www.cmpedu.com

高等职业教育系列教材机电类专业委员会成员名单

主　　任	吴家礼

副 主 任	任建伟	张　华	陈剑鹤	韩全立	盛靖琪	谭胜富

委　　员　（按姓氏笔画排序）

王启洋	王国玉	王建明	王晓东	代礼前	史新民
田林红	龙光涛	任艳君	刘靖华	刘　震	吕　汀
纪静波	何　伟	吴元凯	陆春元	张　伟	李长胜
李　宏	李柏青	李晓宏	李益民	杨士伟	杨华明
杨　欣	杨显宏	陈文杰	陈志刚	陈黎敏	苑喜军
金卫国	奚小网	徐　宁	陶亦亦	曹　凤	盛定高
覃　岭	程时甘	韩满林			

秘 书 长	胡毓坚
副秘书长	郝秀凯

出版说明

《国务院关于加快发展现代职业教育的决定》指出：到2020年，形成适应发展需求、产教深度融合、中职高职衔接、职业教育与普通教育相互沟通，体现终身教育理念，具有中国特色、世界水平的现代职业教育体系，推进人才培养模式创新，坚持校企合作、工学结合，强化教学、学习、实训相融合的教育教学活动，推行项目教学、案例教学、工作过程导向教学等教学模式，引导社会力量参与教学过程，共同开发课程和教材等教育资源。机械工业出版社组织国内80余所职业院校（其中大部分是示范性院校和骨干院校）的骨干教师共同规划、编写并出版的"高等职业教育系列教材"，已历经十余年的积淀和发展，今后将更加紧密结合国家职业教育文件精神，致力于建设符合现代职业教育教学需求的教材体系，打造充分适应现代职业教育教学模式的、体现工学结合特点的新型精品化教材。

在本系列教材策划和编写的过程中，主编院校通过编委会平台充分调研相关院校的专业课程体系，认真讨论课程教学大纲，积极听取相关专家意见，并融合教学中的实践经验，吸收职业教育改革成果，寻求企业合作，针对不同的课程性质采取差异化的编写策略。其中，核心基础课程的教材在保持扎实的理论基础的同时，增加实训和习题以及相关的多媒体配套资源；实践性课程的教材则强调理论与实训紧密结合，采用理实一体的编写模式；实用技术型课程的教材则在其中引入了最新的知识、技术、工艺和方法，同时重视企业参与，吸纳来自企业的真实案例。此外，根据实际教学的需要对部分内容进行了整合和优化。

归纳起来，本系列教材具有以下特点：

1）围绕培养学生的职业技能这条主线来设计教材的结构、内容和形式。

2）合理安排基础知识和实践知识的比例。基础知识以"必需、够用"为度，强调专业技术应用能力的训练，适当增加实训环节。

3）符合高职学生的学习特点和认知规律。对基本理论和方法的论述容易理解、清晰简洁，多用图表来表达信息；增加相关技术在生产中的应用实例，引导学生主动学习。

4）教材内容紧随技术和经济的发展而更新，及时将新知识、新技术、新工艺和新案例等引入教材。同时注重吸收最新的教学理念，并积极支持新专业的教材建设。

5）注重立体化教材建设。通过主教材、电子教案、配套素材光盘、实训指导和习题及解答等教学资源的有机结合，提高教学服务水平，为高素质技能型人才的培养创造良好的条件。

由于我国高等职业教育改革和发展的速度很快，加之我们的水平和经验有限，因此在教材的编写和出版过程中难免出现疏漏。我们恳请使用这套教材的师生及时向我们反馈质量信息，以利于我们今后不断提高教材的出版质量，为广大师生提供更多、更适用的教材。

机械工业出版社

前　言

　　随着时代的发展和科技的进步，社会各个领域对从业人员的能力素质提出了更新更高的要求。就高职院校毕业生而言，既要掌握专业理论知识，又要具备实践技能，是对这一群体提出的基本要求。因此，着力培养理论扎实、技能过硬的职业人才，是高职院校的基本任务。而任务的真正实现，应以扎实掌握专业知识为基本的衡量标准。所以各专业课程，必须服务于专业职业能力培养的需求。

　　"机械制造技术"是机械类专业的一门主干专业课程，是为学生掌握机械加工操作技能奠定理论基础的课程，主要包括机械制造中的切削原理、常规技术、工艺设计、质量检验、装配等工艺流程的相关内容。课程的主要任务是培养学生认识常见机床、选用常规加工技术、编制零件普通机械加工工艺，以及产品装配等相关职业能力。本课程具有专业性、实践性、综合性较强的特点。

　　本书以机械产品的生产过程为主线，将金属切削原理与刀具、金属切削机床、机械制造工艺等相关知识按生产流程进行有机序化，使学生按照从简单到复杂、从易到难的顺序循序渐进地接受本课程知识。在编写过程中，注重载体的实用性、代表性、可行性，同时体现专业特色，突出重点、难点，使学生在掌握各种机械零件加工方法和零件质量检验标准及产品装配方法的同时，提升专业能力和职业素质，从而达到预期的能力目标、知识目标和相应的素质目标。在内容设置上把机械加工基础、工件装夹、零件工艺过程、机械加工质量、典型零件加工工艺、产品装配等内容作为独立的单元，不同的专业可根据职业要求的不同，进行单元式整合，达到灵活组配、各取所需。

　　本书除绪论外，包括机械加工基础、零件机械加工工艺制定、工件的装夹、机械加工质量分析与产品装配4个模块，共七章。机械加工基础模块介绍金属切削基本知识及常规加工技术及设备；零件机械加工工艺制定模块介绍机械加工工艺规程的制定及典型零件机械加工工艺制定；工件的装夹模块介绍定位原理、方法、误差分析及专用夹具设计；最后一个模块是机械加工质量分析与产品装配。每章前均给出了知识要点与学习要求，章后又给出了综合训练习题。

　　本书由长春职业技术学院许晶、杨晓辉任主编，李双、于颖、刘亚荣任副主编。本书绪论、第1、3、4章由许晶编写，第6章由杨晓辉编写，第5章由李双编写，第7章由于颖编写，第2章由刘亚荣编写。全书由王晓东审稿，许晶统稿和定稿。参加本书编写的还有张继媛、刘宏伟。

　　由于作者水平有限，书中难免有不尽完善之处，敬请读者多提宝贵意见。

编　者

目 录

出版说明
前言
绪论 ··· 1

模块一　机械加工基础

第1章　金属切削基础知识 ··· 3
1.1　典型机械零件表面成形原理 ··· 3
1.1.1　工件加工表面及其成形原理 ··· 3
1.1.2　工件表面的成形 ··· 5
1.2　常用机床类别划分及型号的编制 ··· 5
1.2.1　机床的分类 ·· 5
1.2.2　机床的型号编制 ··· 6
1.2.3　机床的主要技术参数 ··· 8
1.3　金属切削过程要素分析 ·· 9
1.3.1　切削运动和切削用量 ··· 9
1.3.2　刀具切削部分的基本定义 ··· 11
1.4　金属切削过程基本规律 ··· 15
1.4.1　金属切削层的变形 ··· 15
1.4.2　切削力 ·· 18
1.4.3　切削热和切削温度 ··· 20
1.4.4　刀具的磨损与刀具寿命 ·· 22
1.5　金属切削过程基本规律应用 ·· 24
1.5.1　刀具材料的选择 ··· 24
1.5.2　切屑的控制 ·· 28
1.5.3　工件材料的切削加工性 ·· 31
1.5.4　切削液的合理选用 ··· 33
1.5.5　刀具几何参数的合理选择 ·· 33
1.5.6　切削用量的合理选择 ·· 35
综合训练 ·· 37

第2章　常规加工技术及设备 ··· 39
2.1　车削加工 ··· 39
2.1.1　典型车削加工过程 ··· 39
2.1.2　车床 ·· 40

  2.1.3 车刀 ··· 41
  2.1.4 车削加工的工艺特点及工艺范围 ·· 42
 2.2 铣削加工 ··· 43
  2.2.1 典型铣削加工过程 ··· 43
  2.2.2 铣床 ··· 46
  2.2.3 铣刀 ··· 48
  2.2.4 铣床夹具 ·· 50
  2.2.5 铣削加工实例 ··· 52
 2.3 刨削加工 ··· 56
  2.3.1 典型刨削加工过程 ··· 56
  2.3.2 刨刀的种类及其应用 ·· 56
  2.3.3 刨削加工实例 ··· 57
 2.4 钻削加工 ··· 58
  2.4.1 典型钻削加工过程 ··· 58
  2.4.2 钻削加工实例 ··· 59
 2.5 镗削加工 ··· 60
  2.5.1 典型镗削加工过程 ··· 60
  2.5.2 镗削加工实例 ··· 61
 2.6 磨削加工 ··· 62
  2.6.1 砂轮 ··· 63
  2.6.2 磨削原理 ·· 65
  2.6.3 磨削加工方法 ··· 66
综合训练 ··· 68

模块二 零件机械加工工艺制定

第3章 机械加工工艺规程的制定 ·· 69
 3.1 机械加工工艺过程 ·· 69
  3.1.1 生产过程及其组成 ··· 69
  3.1.2 工艺过程及其组成 ··· 69
  3.1.3 生产纲领和生产类型 ·· 71
  3.1.4 工艺规程的作用及格式 ··· 72
  3.1.5 制定工艺规程的原始资料与基本步骤 ··· 75
 3.2 机械零件的工艺性分析 ·· 75
  3.2.1 机械零件的工艺性概述 ··· 75
  3.2.2 工艺性审查 ·· 75
 3.3 毛坯选择 ··· 78
  3.3.1 毛坯的种类和选择 ··· 78
  3.3.2 毛坯的形状与尺寸公差 ··· 78
 3.4 定位基准的选择 ··· 79

3.4.1 基准及其分类 · 79
　　3.4.2 定位基准的选择原则 · 79
　　3.4.3 定位基准选择实例 · 82
3.5 工艺路线的拟定 · 83
　　3.5.1 表面加工方法的选择 · 83
　　3.5.2 加工工序的安排 · 85
　　3.5.3 加工阶段的划分 · 87
　　3.5.4 工序集中与工序分散 · 88
3.6 加工余量的确定 · 88
　　3.6.1 加工余量基本知识 · 89
　　3.6.2 确定加工余量 · 90
3.7 工序尺寸及其公差的确定 · 91
　　3.7.1 工艺基准与设计基准重合时工序尺寸及其公差的确定 · 92
　　3.7.2 工艺基准与设计基准不重合时工序尺寸及其公差的确定 · 92
3.8 机械加工时间定额的确定 · 100
　　3.8.1 时间定额分析 · 100
　　3.8.2 提高机械加工生产率的工艺途径 · 101
综合训练 · 102

第4章 典型零件机械加工工艺制定 · 105
4.1 轴类零件加工工艺制定 · 105
　　4.1.1 轴类零件加工概述 · 105
　　4.1.2 减速箱传动轴的机械加工工艺制定 · 106
4.2 套类零件加工工艺制定 · 110
　　4.2.1 套类零件加工概述 · 110
　　4.2.2 液压缸的机械加工工艺制定 · 112
4.3 典型模具零件加工工艺制定 · 113
　　4.3.1 模具零件加工概述 · 113
　　4.3.2 圆形凸模的机械加工工艺制定 · 114
　　4.3.3 凹模的机械加工工艺过程 · 115
4.4 箱体零件加工工艺制定 · 115
　　4.4.1 箱体零件加工概述 · 115
　　4.4.2 车床主轴箱的机械加工工艺制定 · 116
综合训练 · 119

模块三　工件的装夹

第5章 机床夹具设计 · 121
5.1 典型零件的定位 · 121

- 5.1.1 定位基础知识 … 121
- 5.1.2 工件定位方式 … 122
- 5.1.3 典型零件定位 … 123
- 5.2 典型的定位元件及定位装置的选用 … 124
  - 5.2.1 平面定位常用定位元件 … 124
  - 5.2.2 内孔定位常用定位元件 … 126
  - 5.2.3 外圆表面定位常用定位元件 … 127
  - 5.2.4 组合定位 … 128
- 5.3 定位误差的分析与计算 … 131
  - 5.3.1 定位误差的产生原因 … 131
  - 5.3.2 定位误差的计算方法 … 133
  - 5.3.3 定位误差计算实例 … 133
- 5.4 常用机床夹具的夹紧装置 … 134
  - 5.4.1 夹紧装置的组成和基本要求 … 135
  - 5.4.2 夹紧力的确定 … 135
  - 5.4.3 常用夹紧机构 … 136
- 5.5 专用夹具的设计方法 … 139
  - 5.5.1 专用夹具设计的基本要求 … 139
  - 5.5.2 专用夹具的设计方法和步骤 … 140
  - 5.5.3 夹具总装配图技术要求的制定 … 140
- 综合训练 … 141

模块四 机械加工质量分析与产品装配

第6章 机械加工质量分析 … 143

- 6.1 机械加工精度分析 … 143
  - 6.1.1 机械加工精度 … 143
  - 6.1.2 工艺系统的几何误差 … 145
  - 6.1.3 工艺系统的受力变形 … 149
  - 6.1.4 工艺系统的受热变形 … 153
  - 6.1.5 提高加工精度的工艺措施 … 156
- 6.2 机械加工表面质量分析 … 157
  - 6.2.1 机械加工表面质量 … 158
  - 6.2.2 影响加工表面表面粗糙度的工艺因素及其控制措施 … 160
  - 6.2.3 零件表面层的物理力学性能 … 162
- 综合训练 … 165

第7章 机械装配工艺基础 … 167

- 7.1 机械装配过程分析 … 167

7.1.1　机械装配及其工作内容 …………………………………… 167
　　7.1.2　装配的组织形式 ……………………………………………… 169
　　7.1.3　装配精度分析 ………………………………………………… 169
　7.2　装配尺寸链的基本概念 …………………………………………… 171
　7.3　装配方法及选择 …………………………………………………… 174
　　7.3.1　装配方法 ……………………………………………………… 174
　　7.3.2　装配方法的选择 ……………………………………………… 182
　综合训练 …………………………………………………………………… 183
参考文献 …………………………………………………………………………… 184

绪　论

1. 本课程的任务和特点

"机械制造基础"课程是机械类专业的一门实践性很强的专业基础课程，该课程重在培养学生机械制造工艺的执行能力及工艺制定能力，课程涉及金属材料热加工、金属切削原理与刀具、金属切削机床概论、机械制造工艺、机床夹具设计和机械装配工艺等内容。学生通过本课程的学习，要求能熟练掌握与机械产品各生产流程相关的机械制造基础理论，从而具备分析和解决机械制造中工艺技术问题的能力。

2. 机械制造技术的发展

（1）机械制造技术的重要性

1）机械制造业是国家工业体系的重要基础和国民经济的重要组成部分，是衡量一个国家科技水平的重要标志之一。

2）制造技术是机械产品的生产和产品革新的一种重要手段。

3）基础机械、基础零部件和基础工艺的发展，其关键就在制造技术的发展。

（2）机械制造科学的发展

机械制造技术是以制造一定质量的机械产品为目标，研究如何以最少的能源及材料消耗、最低的成本和最高的效率进行机械产品制造的综合性技术。机械制造技术的发展过程是从一种经验、技艺、方法逐步发展成为一门传统工程科学技术的过程，包括基础研究、应用研究、产品开发设计和制造技术开发4个阶段。机械科技成果要转化为生产力也必须经过上述4个阶段。机械制造技术是机械科技成果转化为生产力的关键环节。计算机技术的发展，促使常规机械制造技术与精密检测技术、数控技术等相互结合，向着高精度、高柔性和自动化方向发展，使生产率和质量大大提高。精密与超精密加工是机械制造技术发展的主要方向之一。一方面，对产品质量要求的提高，促使加工精度由微米级向亚微米和纳米级发展；另一方面，超精密加工技术是高利润加工技术，掌握一项超精密加工技术，就能在可自行定价的高利润畅销品的国内外市场上占据一席之地。精密与超精密加工技术已成为一个国家制造技术水平的重要标志之一。柔性化和自动化是机械制造技术发展的又一个方向。计算机技术在机床中的应用，使计算机数控（CNC）机床、加工中心、柔性制造系统（FMS）等在机械制造中的应用比例迅猛增加。

（3）机械制造技术的研究对象

机械制造技术的研究对象包括金属切削原理、金属热加工技术、金属切削机床与刀具、机床夹具设计原理以及机械产品的机械加工工艺。

3. 本课程的主要内容、要求与方法

（1）本课程的主要内容

1）金属切削基础知识。

2）常规加工技术及设备。

3）机械加工工艺规程的制定。
4）典型零件的机械加工。
5）机床夹具设计。
6）机械加工精度及表面质量。
7）机械装配工艺基础。
（2）本课程的学习要求
　　通过对本课程的系统学习，使学生具备能制定各种典型零件加工工艺及选用相关加工参数的能力，为后续课程的学习打下坚实的理论基础。同时可在学习中培养学生分析问题、解决问题的能力，培养学生的创新意识。
　　1）了解金属切削加工过程中的基本概念和基本理论，掌握正确选取刀具参数和切削运动参数的原则和方法。
　　2）掌握各种加工方法的特点和应用，能正确灵活地选用零件的加工方法及相应的设备、装备、工艺参数。
　　3）掌握机械零件加工工艺编制的方法，尤其要重点掌握典型零件工艺设计的方法及正确制定工艺文件的方法。
　　4）掌握零件的质量评定标准，能对零件进行质量检验和分析。
　　5）了解产品装配的相关知识，掌握简单机械产品的装配方法。
（3）本课程的学习方法
　　金属切削理论和机械制造工艺知识具有很强的实践性。因此，在学习本书时必须重视实践环节，即通过实验、见习、实习、设计等加深理解，并在实践—理论—实践的过程中不断完善。
　　针对本书中不同的教学内容，在教学中可以采用任务驱动、项目教学、案例教学、引导分析、观察等教学方法，辅助采用讨论、演示、实物教学等方法。

模块一　机械加工基础

第1章　金属切削基础知识

知识要点

1. 零件表面成形原理。
2. 金属切削的基本定义。
3. 金属切削过程基本规律及应用。

学习要求

掌握金属切削的基本定义；熟悉金属切削过程的基本规律；能利用金属切削过程的基本规律解决生产中的常见问题。

1.1　典型机械零件表面成形原理

机械制造过程是工艺设计要求的实现过程。在这一过程中，针对不同的要求可以采用不同的加工方法，如铸造、锻压、焊接、机械加工、热处理等。机械加工是根据具体的设计要求选用相应的切削加工方法，即在机床上通过刀具与工件的相对运动，从工件毛坯上切除多余金属，使其成为符合要求的，具有一定形状、尺寸的表面的过程。因此，机械加工过程就是工件表面的形成过程。

机械零件不论如何复杂，其形状都是由各种表面组成的。零件的切削加工，实际上是使各种加工表面得以成形。

1.1.1　工件加工表面及其成形原理

1. 机械零件常用表面的形状

图1-1为机械零件上常用的各种表面。可以看出，组成机械零件的常用表面有：平面、圆柱面、圆锥面、成形表面（如螺纹表面、齿轮渐开线齿形表面等）、球面、圆环面、双曲面等。

2. 发生线的形成

在机床加工零件表面的过程中，工件和刀具之一或两者同时按一定的规律运动，就可形成两条发生线，进而生成所要求的表面。形成发生线有四种方法。

（1）成形法

成形法是利用成形刀具对工件进行加工的方法（图1-2a）。刀刃的形状和与需要形成的发生线完全重合，曲线型母线2由成形创刀的切削刃1直接形成，直线形导线则由刨刀的直线运动A_1的轨迹形成。故形成发生线不需要专门的运动，而由刀刃本身来实现。考虑到工件宽度存在误差，所以成形刀刃应比发生线长。

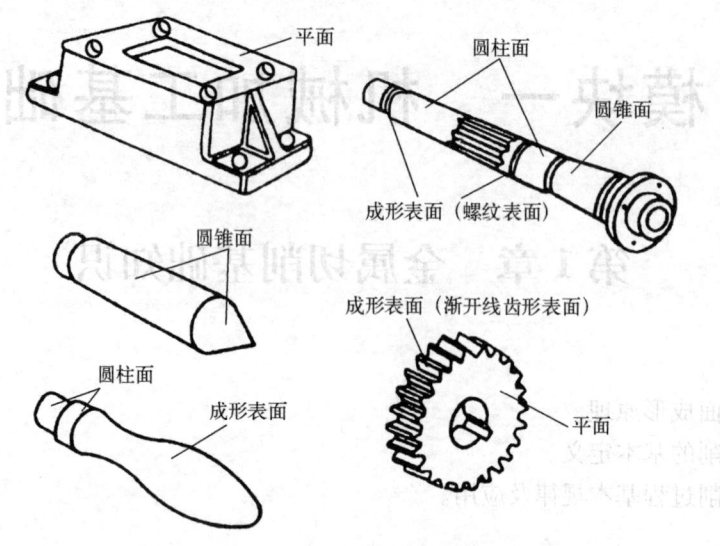

图 1-1 机械零件上常用和各种典型表面

(2) 轨迹法

采用轨迹法加工时，刀具切削刃与工件被加工表面为点接触，此接触点 1 按一定的规律作直线运动 A_1 或曲线运动 A_2，形成所需的发生线 2（图 1-2b）。故用轨迹法形成发生线需要一个独立运动。

(3) 相切法

用砂轮、铣刀等旋转类刀具加工时，刀具圆周上有多个切削点 1 依次与工件表面相接触，除旋转运动 B_1 外，刀具（或砂轮）中心还要沿某一轨迹 3 作如图 1-2c 所示的运动 A_2，刀具上多个切削点在运动过程中共同形成了发生线 2（图 1-2c）。故用相切法得到发生线需要两个成形运动。

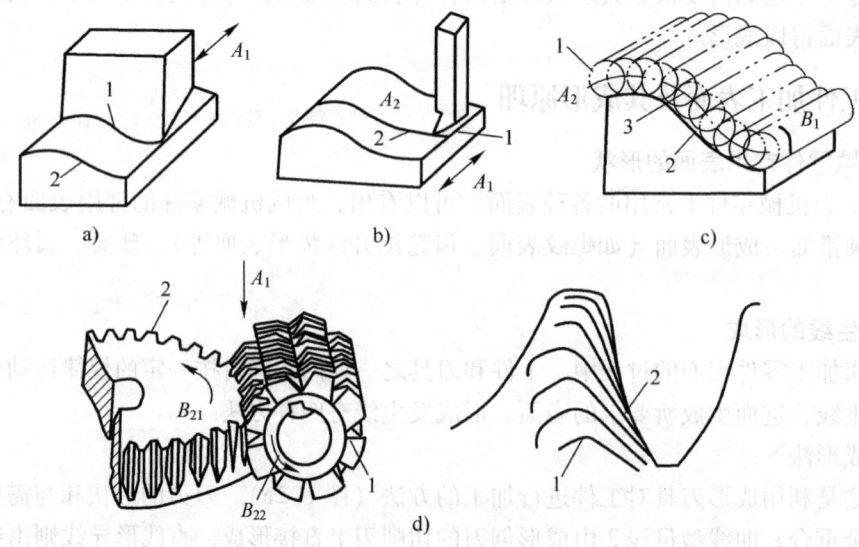

图 1-2 形成发生线所需的运动
a) 成形法 b) 轨迹法 c) 相切法 d) 展成法

(4) 展成法

展成法是利用工件和刀具作展成切削运动的方法。如图 1-2d 所示，刀具切削刃为切削线 1，可以是直线（齿条刀）或曲线（插齿刀），它与需要形成的发生线 2 的形状完全不同。切削线 1 与发生线 2 作无滑动的纯滚动，发生线 2 即是切削线 1 的一系列连续运动位置的包络线。在形成发生线 2 的过程中，或者仅由切削刃 1 沿着由它生成的发生线 2 滚动，或者切削刃 1（刀具）和发生线 2（工件）共同完成复合的纯滚动，这种运动称为展成运动。用展成法形成发生线的典型例子就是渐开线的形成。而形成此发生线时，工件的旋转与刀具的旋转（或移动）必须保持严格的运动协调关系，才能形成正确的发生线（渐开线）。因而，用展成法形成发生线需要两个相互联系的复合成形运动 B_{21}、B_{22} 和简单运动 A_1，这两个运动组成了一个复合的展成运动。

在机床上，为获得不同形状的工件表面，必须形成一定的发生线，发生线是由工件与刀具之间的相对运动得到的，这种运动称为表面成形运动，同时还有多种辅助运动。

1.1.2 工件表面的成形

如图 1-3 所示，零件上常见的各种表面，都可以看做是一条线（称为母线）沿着另一条线（称为导线）运动的轨迹。母线和导线统称为发生线。图 1-3a 所示平面可看做直线 1（母线）沿直线 2（导线）移动而形成；图 1-3b 所示的曲面（成形表面）可看成是直线 1（母线）沿曲线 2（导线）移动而形成；图 1-3c 所示的圆柱面可看成是直线 1（母线）沿圆周 2（导线）运动而形成，以上形成各表面的母线 1 和导线 2 就是形成表面的发生线。有了两条发生线及所需的相对运动，就可得到相应的零件表面。

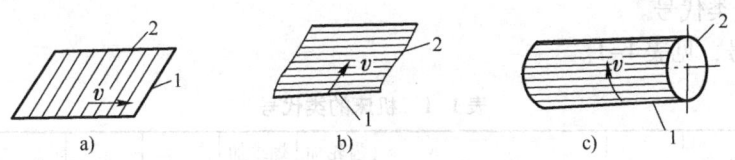

图 1-3 组成工件轮廓的几何表面

1.2 常用机床类别划分及型号的编制

1.2.1 机床的分类

1. 按加工方法和所用刀具进行分类

根据国家制定的机床型号编制方法，机床共分为 11 大类，即车床、钻床、镗床、磨床、齿轮加工机床、螺纹加工机床、铣床、刨插床、拉床、锯床和其他机床。

在每一类机床中，又按工艺范围、布局形式和结构性能分为若干组，每一组又分为若干个系（系列）。

2. 按其他方法分类

1）按照万能性程度，机床可分为如下 3 类。

① 通用机床：这类机床的工艺范围很宽，可以加工一定尺寸范围内的多种类型零件，

完成多种多样的工序，如卧式车床、万能升降台铣床、万能外圆磨床等。

② 专门化机床：这类机床的工艺范围较窄，只能用于加工不同尺寸的一类或几类零件的一种（或几种）特定工序，如丝杠车床、凸轮轴车床等。

③ 专用机床：这类机床的工艺范围最窄，通常只能完成某一特定零件的特定工序。如加工机床主轴箱体孔的专用镗床、加工机床导轨的专用导轨磨床等。它们是根据特定的工艺要求专门设计、制造的，生产率和自动化程度较高，适用于大批量生产。组合机床也属于专用机床。

2）按照机床的工作精度，可分为普通精度机床、精密机床和高精度机床。

3）按照质量和尺寸，可分为仪表机床、中型机床（一般机床）、大型机床（质量大于10 t）、重型机床（质量在30 t以上）和超重型机床（质量在100 t以上）。

4）按照机床主要器官的数目，可分为单轴、多轴、单刀和多刀机床等。

5）按照自动化程度不同，可分为普通机床、半自动机床和自动机床。自动机床具有完整的自动工作循环，包括自动装卸工件，能够连续的自动加工工件。半自动机床也有完整的自动工作循环，但装卸工件需人工完成，因此不能连续地加工工件。

1.2.2 机床的型号编制

机床的型号是机床产品的代号，用以表明机床的类型、通用特性、结构特性和主要技术参数等。GB/T 15375—2008《金属切削机床型号编制方法》规定，我国的机床型号由汉语拼音字母和阿拉伯数字按一定规律组合而成。

机床的型号编制：（△）○（○）△ △ △（×△）（○）/（◎）

（△）为分类代号。

○为类代号，见表1-1。

表1-1 机床的类代号

类别	车床	钻床	镗床	磨 床			齿轮加工机床	螺纹加工机床	铣床	刨插床	拉床	锯床	其他机床
代号	C	Z	T	M	2M	3M	Y	S	X	B	L	G	Q
读音	车	钻	镗	磨	二磨	三磨	牙	丝	铣	刨	拉	割	其

（○）为通用特性、结构特性代号，见表1-2。

表1-2 机床的特性代号

通用特性	高精度	精密	自动	半自动	数控	加工中心（自动换刀）	仿形	轻型	加重型	柔性加工单元	数显	高速
代号	G	M	Z	B	K	H	F	Q	C	R	X	S
读音	高	密	自	半	控	换	仿	轻	重	柔	显	速

△为组代号，见表1-3。

△为系代号，见表1-3。

△为主参数或设计顺序号。

（×△）为主轴数或第二参数。

表 1-3 通用机床类、组划分表

类别	组别	0	1	2	3	4	5	6	7	8	9
车床 C		仪表小型车床	单轴自动车床	多轴自动、半自动车床	回轮、转塔车床	曲轴及凸轮轴车床	立式车床	落地及卧式车床	仿形及多刀车床	轮、轴、辊、锭及铲齿车床	其他车床
钻床 Z		—	坐标钻床	深孔钻床	摇臂钻床	台式钻床	立式钻床	卧式钻床	铣钻床	中心孔钻床	其他钻床
镗床 T		仪表铣床	—	深孔镗床	—	坐标镗床	立式镗床	卧式铣镗床	精镗床	汽车、拖拉机修理用镗床	其他镗床
磨床 M		仪表磨床	外圆磨床	内圆磨床	砂轮机	坐标磨床	导轨磨床	刀具刃磨床	平面及端面磨床	曲轴、凸轮轴、花键轴及轧辊磨床	工具磨床
磨床 2M		—	超精机	内圆珩磨机	外圆及其他珩磨机	抛光机	砂带抛光及磨削机床	刀具刃磨及研磨机床	可转位刀片磨削机床	研磨机	其他磨床
磨床 3M		—	球轴承套圈沟磨床	滚子轴承套圈滚道磨床	轴承套圈超精机	—	叶片磨削机床	滚子加工机床	钢球加工机床	气门、活塞及活塞环磨削机床	汽车、拖拉机修理用磨床
齿轮加工机床 Y		仪表齿轮加工机	—	锥齿轮加工机	滚齿及铣齿机	剃齿及珩齿机	插齿机	花键轴铣床	齿轮磨齿机	其他齿轮加工机	齿轮倒角及检查机
螺纹加工机床 S		—	—	—	套丝机	攻丝机	—	—	螺纹磨床	螺纹车床	—
铣床 X		仪表铣床	悬臂及滑枕铣床	龙门铣床	平面铣床	仿形铣床	立式升降台铣床	卧式升降台铣床	床身铣床	工具铣床	其他铣床
刨插床 B		—	悬臂刨床	龙门刨床	—	—	插床	牛头刨床	—	边缘及模具刨床	其他刨床
拉床 L		—	—	侧拉床	卧式外拉床	连续拉床	立式内拉床	卧式内拉床	立式外拉床	键槽、轴瓦及螺纹拉床	其他拉床
锯床 G		—	—	砂轮片锯床	—	卧式带锯床	立式带锯床	圆锯床	弓锯床	锉锯床	—
其他机床 Q		其他仪表机床	管子加工机床	木螺钉加工机床	—	刻线机	切断机	多功能机床	—	—	—

（○）为重大改进顺序号。
（◎）为其他特性代号。
注：有"()"的代号或数字，若无内容时，则不表示；若有内容，则不带括号；
　　有"○"符号者，为大写的汉语拼音字母；
　　有"△"符号者，为阿拉伯数字；
　　有"◎"符号者，为大写汉语拼音字母，或阿拉伯数字，或两者兼有。

1. 结构特性代号

为区别主参数相同而结构不同的机床，在型号中用汉语拼音区分。

2. 机床的类别、组别代号

机床的类别、组别代号见表1-3。

3. 机床的主参数，设计顺序号和第二参数

1）机床主参数：代表机床规格的大小，即机床的最主要的技术参数，反映机床的加工能力，影响机床的其他参数和结构大小，通常以最大的加工尺寸或机床工作台作为主参数。在机床型号中，用数字给出主参数的折算数值（1/10或1/100）。详见表1-4。

2）设计顺序号：当无法用一个主参数表示时，则在型号中用设计顺序号表示。

3）第二参数：一般是指主轴数、最大跨距、最大工作长度、工作台工作面长度等，它也用折算值表示。

4. 机床的重大改进顺序号

当机床性能和结构布局有重大改进时，在原机床型号尾部，加重大改进顺序号A、B、C等表示。

5. 其他特性代号

用以反映各类机床的特性，用数字、字母来表示。

通用机床的型号编制举例如下。

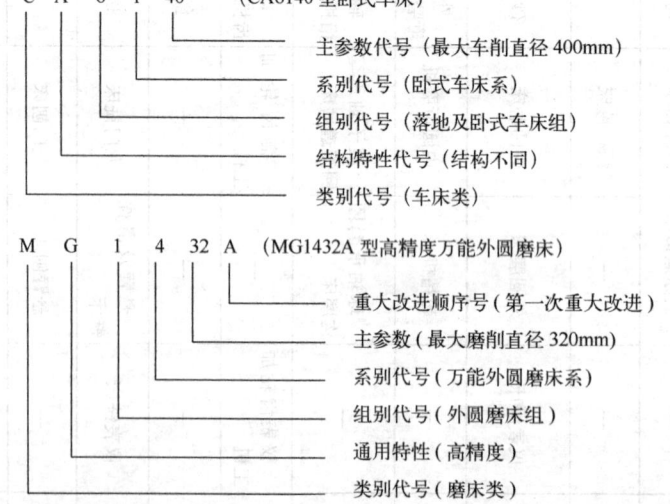

1.2.3 机床的主要技术参数

机床的主要技术参数包括主参数和基本参数，其中主参数及其折算系数见表1-4。

表1-4 各类主要机床的主参数及其折算系数

机床	主参数名称	主参数折算系数	第二主参数
卧式车床	床身上最大回转直径	1/10	最大工件长度
立式车床	最大车削直径	1/100	最大工件高度
摇臂钻床	最大钻孔直径	1/1	最大跨距
卧式镗铣床	镗轴直径	1/10	—
坐标镗床	工作台面宽度	1/10	工作台面长度
外圆磨床	最大磨削直径	1/10	最大磨削长度
内圆磨床	最大磨削孔径	1/10	最大磨削深度
矩台平面磨床	工作台面宽度	1/10	工作台面长度
齿轮加工机床	最大工件直径	1/10	最大模数
龙门铣床	工作台面宽度	1/100	工作台面长度
升降台铣床	工作台面宽度	1/10	工作台面长度
龙门刨床	最大刨削宽度	1/100	最大刨削长度
插床及牛头刨床	最大插削及刨削长度	1/10	—
拉床	额定拉力（t）	1/1	最大行程

1.3 金属切削过程要素分析

1.3.1 切削运动和切削用量

1. 切削表面

切削加工过程是一个动态过程，在切削过程中，工件上通常存在着三个不断变化的切削表面。

待加工表面：工件上即将被切除的表面。

已加工表面：工件上已切去切削层而形成的新的表面。

过渡表面（旧标准称加工表面）：工件上正被刀具切削的表面，介于已加工表面和待加工表面之间。车削外圆的切削运动和切削表面，如图1-4所示。

2. 切削运动

刀具与工件间的相对运动称为切削运动（即表面成形运动）。按作用来分，切削运动可分为主运动和进给运动。图1-4给出了车刀进行普通外圆车削时的切削运动，表明了合成运动的切削速度v_e、主运动速度v_c和进给运动速度v_f之间的关系。

（1）主运动

主运动是刀具与工件之间的相对运动。它使刀具的前刀面能够接近工件，切除工件上的被切削层，使之转变为切屑，从而完成切削加工。一般情况下，主运动速度最高，消耗功率最大，机床通常只有一个主运动。例如，车削加工时，工件的回转

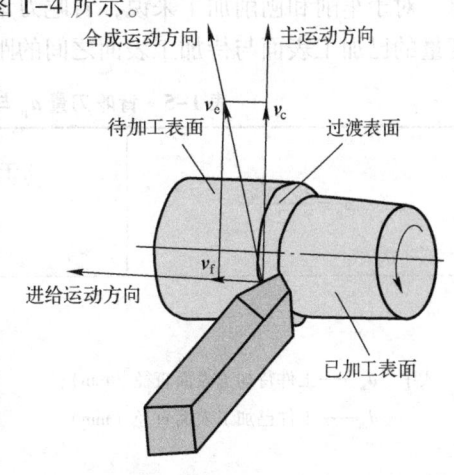

图1-4 车削外圆的切削运动和切削表面

运动是主运动。

(2) 进给运动

进给运动是配合主运动实现依次连续不断地切除多余金属层的刀具与工件之间的附加相对运动。进给运动与主运动配合即可完成所需的表面几何形状的加工。根据工件表面形状成形的需要，进给运动可以有多个，也可以是一个；可以是连续的，也可以是间歇的。

(3) 合成运动与合成切削速度

当主运动和进给运动同时进行时，刀具切削刃上某一点相对于工件的运动称为合成切削运动，其大小和方向用合成速度向量 v_e 表示，如图 1-4 所示。

$$v_e = v_c + v_f$$

3. 切削用量

所谓切削用量是指切削速度、进给量和背吃刀量（旧标准称吃刀深度）三者的总称。它是调整机床、计算切削力、切削功率、时间定额及核算工序成本等所必需的参数。

(1) 切削速度 v_c

切削速度 v_c 是刀具切削刃上选定点相对于工件主运动的瞬时线速度。由于切削刃上各点的切削速度可能不同，计算时常用最大切削速度代表刀具的切削速度。当主运动为回转运动时

$$v_c = \pi d n \tag{1-1}$$

式中 d——切削刃上选定点的回转直径（mm）；

n——主运动的转速（r/s 或 r/min）。

(2) 进给速度 v_f、进给量 f

1) 进给速度 v_f：切削刃上选定点相对于工件的进给运动瞬时速度，单位为 mm/s 或 mm/min。

2) 进给量 f：刀具在进给运动方向上相对于工件的位移量，用刀具或工件每转或每行程的位移量来表示，单位为 mm/r 或 mm/行程。

$$v_f = nf \tag{1-2}$$

(3) 背吃刀量 a_p

对于车削和刨削加工来说，背吃刀量 a_p 是在与主运动和进给运动方向相垂直的方向上度量的已加工表面与待加工表面之间的距离，单位为 mm。具体情况见表 1-5。

表 1-5 背吃刀量 a_p 与待加工表面和已加工表面间的关系

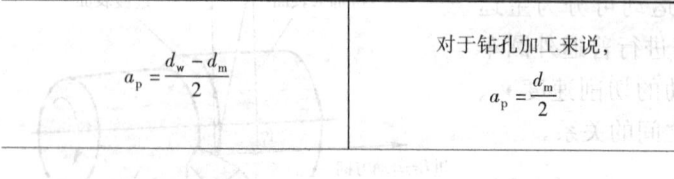 $a_p = \dfrac{d_w - d_m}{2}$	对于钻孔加工来说， $a_p = \dfrac{d_m}{2}$	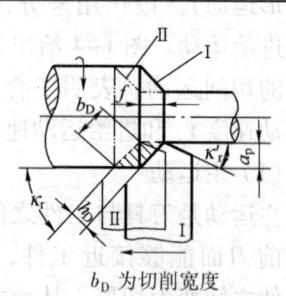 b_D 为切削宽度 h_D 为切削厚度 切削用量三要素与切削层参数

式中 d_w——工件待加工表面直径（mm）；

d_m——工件已加工表面直径（mm）

1.3.2 刀具切削部分的基本定义

1. 刀具切削部分的组成

金属切削刀具的种类很多，各种刀具的结构尽管有的相差很大，但它们切削部分的几何形状都大致相同，都是以普通外圆车刀切削部分的几何形态为基本形态。外圆车刀是最基本、最典型的切削刀具，其切削部分（又称为刀头）由前刀面、后刀面、副后刀面、主切削刃、副切削刃和刀尖组成。如图1-5所示，其定义分别如下：

（1）前刀面

刀具上与切屑接触并相互作用的表面（即切屑流经的表面）。

（2）后刀面

刀具上与工件过渡表面相对，并相互作用的表面。

（3）副后刀面

刀具上与已加工表面相对，并相互作用的表面。

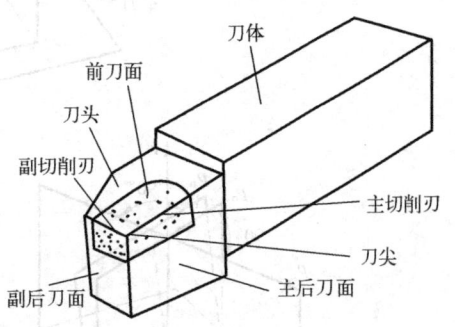

图1-5 外圆车刀的组成

（4）主切削刃

前刀面与后刀面的交线。它完成主要的切削工作。

（5）副切削刃

前刀面与副后刀面的交线。它配合主切削刃完成切削工作，并最终形成已加工表面。

（6）刀尖

主切削刃和副切削刃连接处的一段刀刃。它可以是小的直线段或圆弧。

其他各类刀具，如刨刀、钻头、铣刀等，都可以看做是外圆车刀的演变和组合。

2. 标注角度参考系

在刀具设计、制造、刃磨、测量时用于定义刀具几何参数的参考系，称为标注角度参考系。如图1-6所示。

（1）假定运动条件

假定无进给运动。

（2）假定安装条件

假定车刀刀尖与工件中心等高；车刀刀杆中心线垂直于工件轴心线。

（3）刀具标注角度参考系由下列参考平面构成

1）基面p_r：通过切削刃上的选定点，并与该点切削速度方向垂直的平面。

2）切削平面p_s：通过切削刃上的选定点，并与工件过渡表面（或与主切削刃）相切的平面。切削平面p_s与基面p_r垂直。

3）正交平面（主剖面或主截面）p_o：通过切削刃上的选定点，同时垂直于切削平面p_s与基面p_r的平面。

4）法平面p_n：通过切削刃上的选定点，垂直于切削刃的平面。

5）假定工作平面p_f：通过切削刃上的选定点，平行于进给运动方向并垂直于基面p_r的平面。

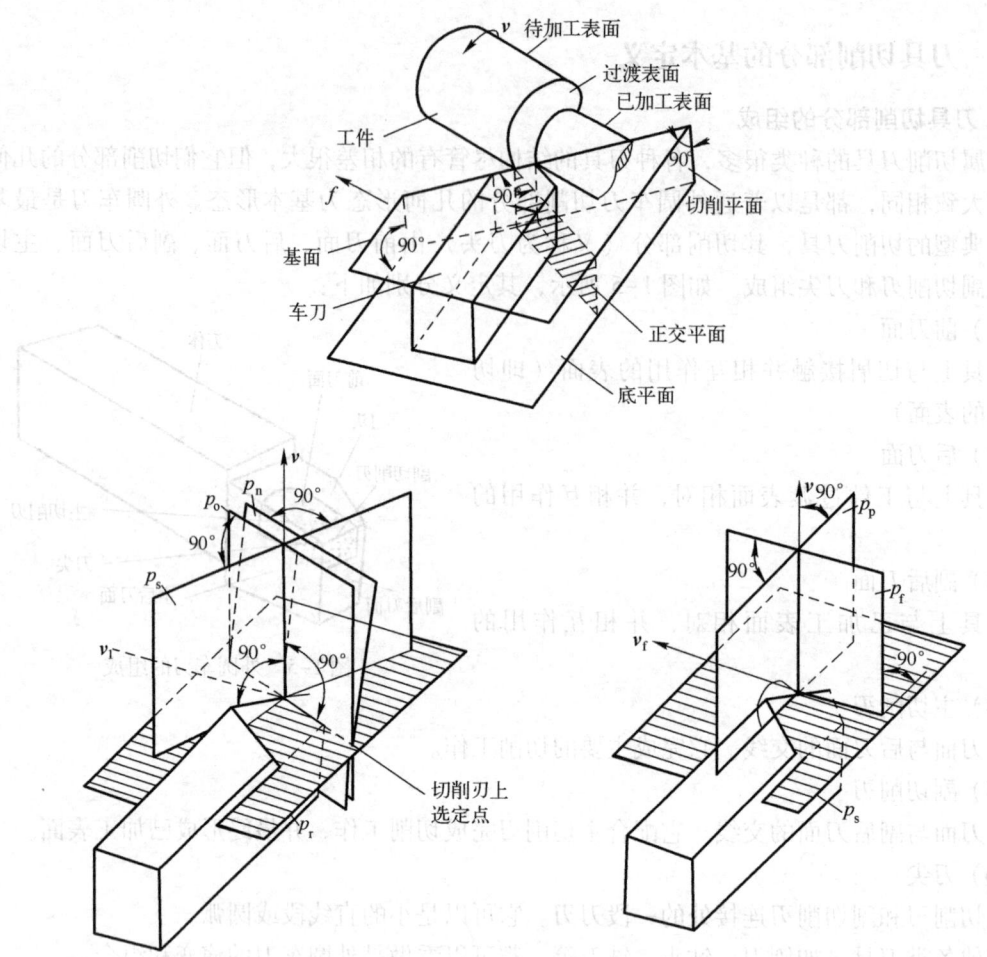

图 1-6 标注角度的参考系

6）背平面 P_p：通过切削刃上的选定点，同时垂直于假定工作平面 P_f 与基面 P_r 的平面。

3. 刀具的标注角度

在该参考系中定义的刀具角度称为刀具的标注角度。刀具的标注角度是制造和刃磨刀具所需要的，并在刀具设计图上予以标注。刀具的标注角度主要有 5 个，以车刀为例，各角度定义见表 1-6，其标注如图 1-7 所示。

表 1-6 刀具的标注角度

前角 γ_o	在正交平面内测量的，前刀面与基面之间的夹角。前角表示前刀面的倾斜程度，有正、负和零值之分，其符号规定如图 1-7 所示
后角 α_o	在正交平面内测量的后刀面与切削平面之间的夹角。后角表示后刀面的倾斜程度，一般为正值
主偏角 κ_r	在基面内测量的主切削刃在基面上的投影与进给运动方向的夹角。主偏角一般为正值
副偏角 κ_r'	在基面内测量的副切削刃在基面上的投影与进给运动反方向的夹角。副偏角一般为正值
刃倾角 λ_s	在切削平面内测量的主切削刃与基面之间的夹角。当主切削刃呈水平时，$\lambda_s = 0$；当刀尖为主切削刃上最低点时，$\lambda_s < 0$；当刀尖为主切削刃上最高点时，$\lambda_s > 0$，如图 1-7 所示

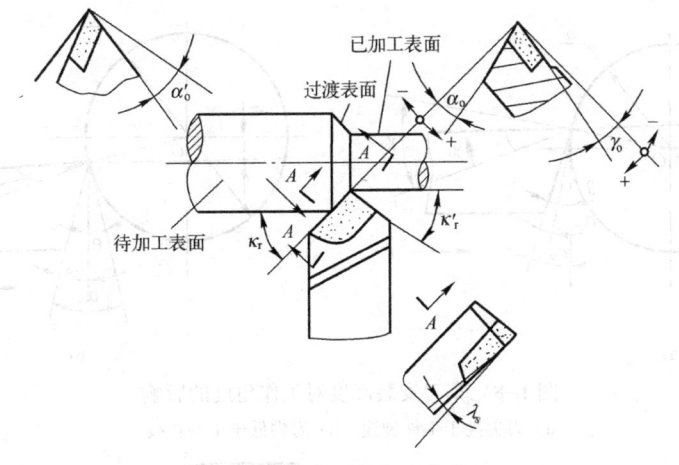

图 1-7　车刀的标注角度

4. 刀具工作角度参考系

上述刀具标注角度参考系，在定义基面时，都只考虑主运动，不考虑进给运动，即在假定运动条件确定的参考系中。但刀具在实际使用过程中，这样的参考系所确定的刀具角度，往往不能确切反映切削加工的真实情况。只有用合成切削方向 v_e 来确定参考系，才符合切削加工的实际。

另外，刀具实际安装位置也影响工作角度的大小。只有采用刀具工作角度参考系，才能反映切削加工的实际情况。

刀具工作角度参考系与刀具标注角度参考系的唯一区别是：用合成切削方向 v_e 取代主运动切削方向 v_c，用实际进给运动方向取代假定进给运动方向。

5. 刀具的工作角度

在实际的切削加工中，由于刀具安装位置和进给运动的影响，上述标注角度会发生一定的变化。角度变化的根本原因是切削平面、基面和正交平面位置的改变。以切削过程中实际的切削平面 p_s、基面 p_r 和正交平面 p_o 为参考平面所确定的刀具角度称为刀具的工作角度，又称为刀具实际角度。

（1）刀具安装位置对工作角度的影响

以车刀车外圆为例，若不考虑进给运动，则当刀尖安装得高于或低于工件轴线时，将引起工作前角 γ_{oe} 和工作后角 α_{oe} 的变化，如图 1-8 所示。

当车刀刀杆的纵向轴线与进给方向不垂直时，将会引起工作主偏角 κ_{re} 和工作副偏角 κ'_{re} 的变化，如图 1-9 所示。

（2）进给运动对工作角度的影响

车削时由于进给运动的存在，使车外圆及车螺纹的加工表面实际上是一个螺旋面，如图 1-10 所示。

车端面或切断时，加工表面是阿基米德螺旋面，如图 1-11 所示。因此，实际的切削平面和基面都要偏转一个附加的螺旋升角 μ，使车刀的工作前角 γ_{oe} 增大，工作后角 α_{oe} 减小。一般车削时，进给量比工作直径小很多，故螺旋升角 μ 很小，它对车刀工作角度影响不大，可忽略不计。但若在车端面、切断和车外圆进给量（或加工螺纹的导程）较大，则应考虑螺旋升角的影响。

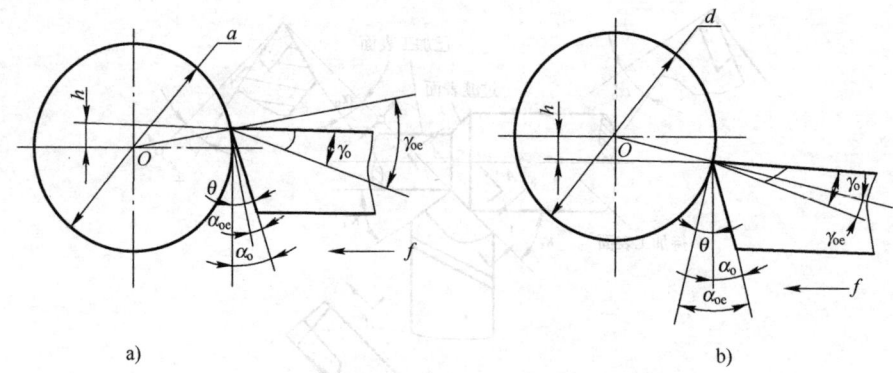

图 1-8 车刀安装高度对工作角度的影响
a) 刀尖高于工件轴线　b) 刀尖低于工件轴线

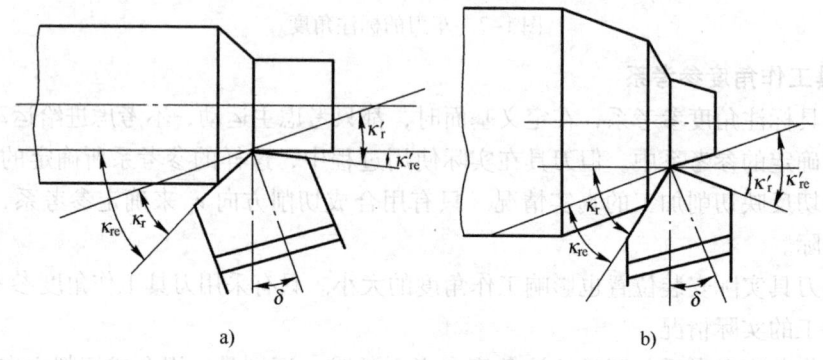

图 1-9 刀杆中心线与进给方向不垂直时对工作角度的影响
a) 车外圆柱面　b) 车外圆锥面

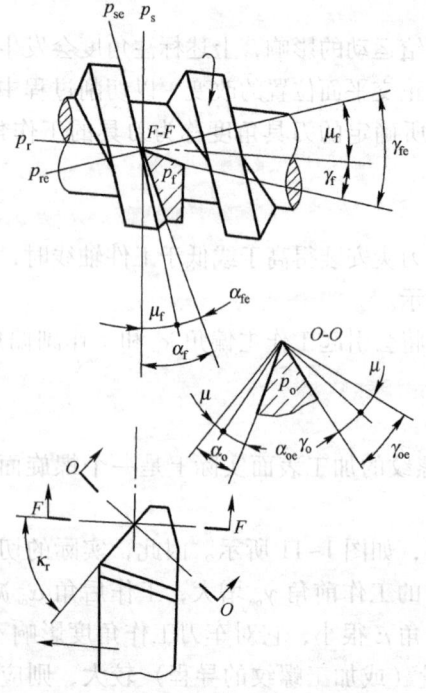

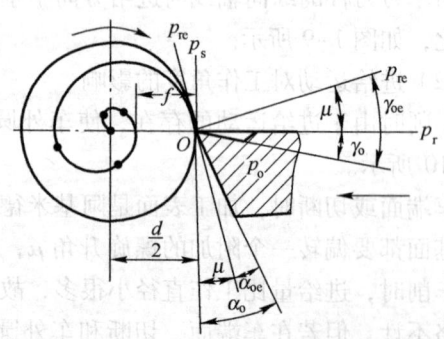

图 1-10 纵向进给运动对工作角度的影响　　图 1-11 横向进给运动对工作角度的影响

1.4 金属切削过程基本规律

金属切削过程是指将工件上多余的金属层,通过切削加工被刀具切除而形成切屑并获得几何形状、尺寸精度和表面粗糙度都符合要求的零件的过程。它是一个复杂的过程。在这一过程中,始终存在着刀具切削工件和工件材料抵抗切削的矛盾,从而产生一系列现象,如切削变形、切削力、切削热与切削温度以及有关刀具的磨损与刀具寿命、卷屑与断屑等。对这些现象进行研究,揭示其内在的机理,探索和掌握金属切削过程的基本规律,从而主动地加以有效的控制,对保证加工精度和表面质量,提高切削效率,降低生产成本和劳动强度具有十分重大的意义。

1.4.1 金属切削层的变形

1. 切屑形成过程

(1) 切削变形

金属的切削过程与金属的挤压过程很相似。金属材料受到刀具的作用以后,开始产生弹性变形;随着刀具继续切入,金属内部的应力、应变继续加大,当达到材料的屈服强度时,开始产生塑性变形,并使金属晶格产生滑移;刀具再继续前进,当应力达到材料的断裂强度时,便会产生挤裂。

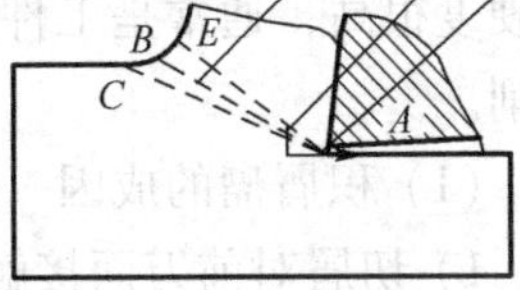

(2) 变形区的划分

大量的实验和理论分析证明,塑性金属切削过程中切屑的形成过程就是切削层金属的变形过程。切削层的金属变形大致划分为三个变形区:第Ⅰ变形区(剪切滑移)、第Ⅱ变形区(纤维化)、第Ⅲ变形区(纤维化与加工硬化),如图1-12所示。

图1-12 切削变形

(3) 切屑的形成及变形特点

1) 第Ⅰ变形区(近切削刃处切削层内产生的塑性变形区)金属的剪切滑移变形。

切削层受刀具的作用,经过第Ⅰ变形区的塑性变形后形成切屑。切削层受刀具前刀面与切削刃的挤压作用,使近切削刃处的金属先产生弹性变形,继而产生塑性变形,并同时使金属晶格产生滑移。

在图1-13中,切削层上各点移动至 AC 线均开始滑移,离开 AE 线终止滑移,在沿切削宽度范围内,称 AC 是滑移起始面,AE 是滑移终止面。AC、AE 之间为第Ⅰ变形区。由于切屑形成时应变速度很快、时间极短,故 AC、AE 面相距很近,一般约为 0.02~0.2mm,所以常用 AB 滑移面来表示第Ⅰ变形区,AB 面也称为剪切面。

剪切面 AB 与切削速度 v_c 之间的夹角 φ 称为剪切角。作用力 F_r 与切削速度 v_c 之间的夹角 ω 称为作用角。

第Ⅰ变形区就是形成切屑的变形区,其变形特点是切削层产生剪切滑移变形。

2) 第Ⅱ变形区(与前刀面接触的切屑层产生的变形区)内金属的挤压摩擦变形。

经过第Ⅰ变形区后,形成的切屑要沿前刀面方向排出,还必须克服刀具前刀面对切屑挤压而产生的摩擦力。此时将产生挤压摩擦变形。

应该指出,第Ⅰ变形区与第Ⅱ变形区是相互关联的。当前刀面上的摩擦力大时,切屑排

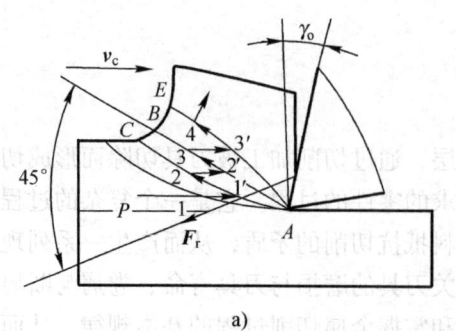 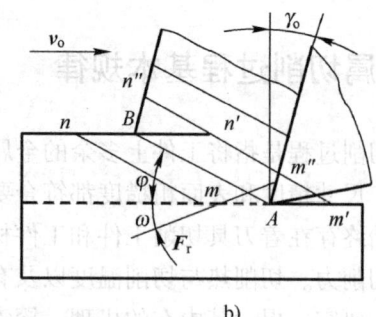

图 1-13 切屑的形成过程
a) 质点滑移过程　b) 切屑的形成

出不顺，挤压变形加剧，以致第Ⅰ变形区的剪切滑移变形增大。

3) 第Ⅲ变形区（近切削刃处已加工表面内产生的变形区）金属的挤压摩擦变形。

已加工表面受到切削刃钝圆部分和后刀面的挤压摩擦，造成纤维化和加工硬化。

2. 积屑瘤的形成及其对切削过程的影响

在切削速度不高而又能形成连续切屑的情况下，加工一般钢料或其他塑性材料时，常常在前刀面处粘着一块剖面有时呈三角状的硬块。这块冷焊在前刀面上的金属称为积屑瘤。它的硬度很高，通常是工件材料的 2~3 倍，在处于比较稳定的状态时，能够代替刀刃进行切削。

(1) 积屑瘤的成因

1) 切屑对前刀面接触处的摩擦，使前刀面十分洁净。

2) 当两者的接触面达到一定温度同时压力又较高时，会产生黏结现象，即一般所谓的"冷焊"。切屑从粘在刀面的底层上流过，形成"内摩擦"。

3) 如果温度与压力适当，底层上面的金属因内摩擦而变形，也会产生加工硬化，而被阻滞在底层，粘成一体。

4) 这样黏结层就逐步长大，直到该处的温度与压力不足以造成黏附为止。

(2) 形成积屑瘤的条件

主要决定于切削温度。此外，接触面间的压力、粗糙程度、黏结强度等因素都与形成积屑瘤的条件有关。

1) 一般说来，塑性材料的加工硬化倾向越强，越易产生积屑瘤。

2) 温度与压力太低，不会产生积屑瘤；反之，温度太高，产生弱化作用，也不会产生积屑瘤。

3) 进给量保持一定时，积屑瘤与切削速度有密切关系。如图 1-14 所示。

影响积屑瘤的主要因素有工件材料、切削速度、刀具前角和切削液等。塑性大的工件材料，刀具和切屑间的摩擦系数和接触长度大，生成积屑瘤的可能性就大，脆性材料一般不产生积屑瘤；切削速度对积屑瘤有很大影响，切削速度很低（v_c < 1~3 m/min）或很高（v_c > 80 m/min）都很少产生积屑瘤；刀具前角增大可以减小切屑变形和作用在刀具前刀面上的正压力，从而可以抑制积屑瘤的生成或减小其高度；使用润滑性能好的切削液可减小摩擦，也可有效地抑制或减小积屑瘤。

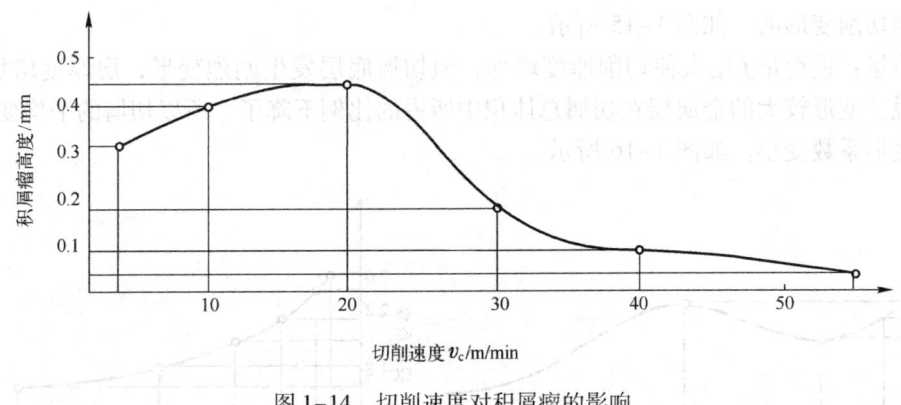

图 1-14 切削速度对积屑瘤的影响

（3）积屑瘤对切削过程的影响

1）使实际前角增大。

它加大了刀具的实际前角，可使切削力减小，对切削过程起积极的作用。积屑瘤越高，实际前角越大。

2）保护刀尖。

积屑瘤黏附在前刀面上，在相对稳定时，可代替切削刃切削，有保护刀尖、减少刀具磨损、提高寿命的作用。但在积屑瘤比较不稳定的情况下使用硬质合金刀具时，积屑瘤的破裂有可能使硬质合金刀具颗粒剥落，反而使磨损加剧。

3）使加工表面粗糙度增大。

积屑瘤的底部相对稳定一些，但其顶部很不稳定，容易破裂，一部分连附于切屑底部而排出，一部分残留在加工表面上，积屑瘤凸出切削刃部分把加工表面切得非常粗糙，因此在精加工时必须设法避免或减小积屑瘤。

（4）防止积屑瘤产生的主要方法

1）降低切削速度，使温度较低，黏结现象不易发生。

2）采用高速切削，使切削温度高于积屑瘤消失的相应温度。

3）采用润滑性能好的切削液，减小摩擦。

4）增加刀具前角，以减小切屑与前刀面接触区的压力。

5）适当提高工件材料硬度，减小加工硬化倾向。

3. 影响切削变形的主要因素

（1）工件材料

工件材料的塑性越大，强度、硬度越低，屈服强度越低，越容易变形，切削变形就越大；反之，切削强度、硬度高的材料，不易产生变形，若需达到一定变形量，需使用较大作用力和消耗较多的功率。

（2）刀具几何角度

刀具前角：增大前角 γ_o，切削刃锋利、切入金属容易，切屑与前刀面接触长度减短，切屑流出时阻力小，因此，切削变形小、切削省力。

刀尖圆弧半径：刀尖圆弧半径减小，刀尖锋利，切削变形小。

（3）切削用量

切削速度：切削速度 v_c 是通过积屑瘤使剪切角 φ 改变和通过切削温度使摩擦系数 μ 变

化而影响切削变形的。如图 1-15 所示。

进给量：进给量 f 增大使切削厚度增加，但切屑底层发生剧烈变形，层厚度增加不多，也就是说，变形较大的金属层在切屑总体积中所占的比例下降了，所以切屑的平均变形程度变小，变形系数变小。如图 1-16 所示。

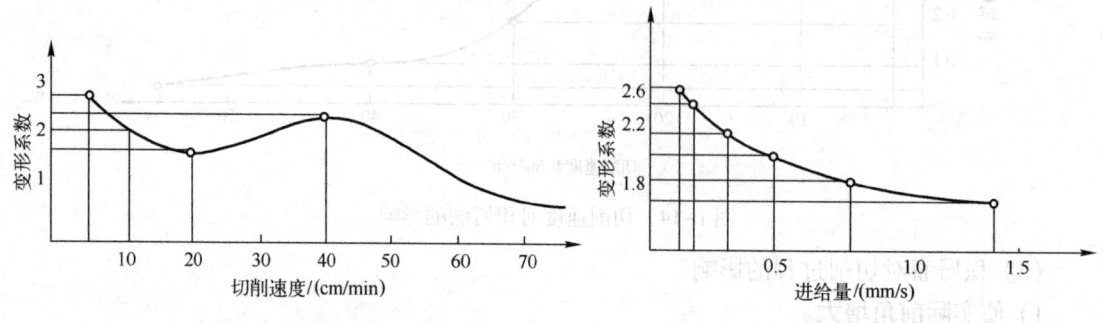

图 1-15 切削速度对变形系数的影响　　　　图 1-16 进给量对变形系数的影响

1.4.2 切削力

1. 切削力的来源和分解

金属切削时，刀具切入工件，使被加工材料发生变形并成为切削所需的力，称为切削力。切削力来源于三个方面。

1）克服被加工材料对弹性变形的抗力。
2）克服被加工材料对塑性变形的抗力。
3）克服切屑对前刀面的摩擦力和刀具后刀面对过渡表面与已加工表面之间的摩擦力。

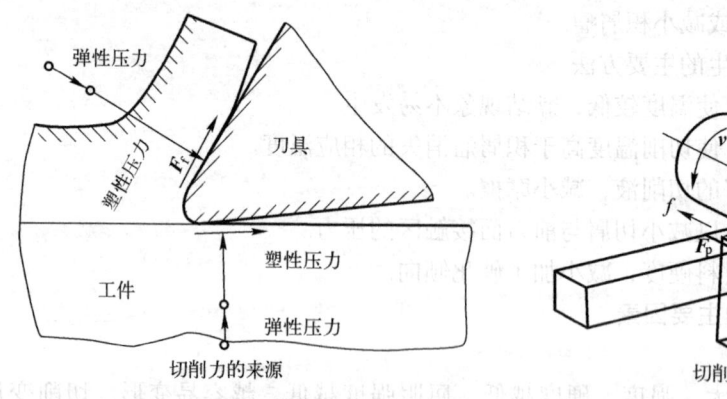

图 1-17 切削力的来源　　　　图 1-18 切削力的分解

上述各力的总和形成作用在刀具上的合力为 F。为了实际应用，F 可分解为相互垂直的 F_f、F_p 和 F_c 三个分力。

在车削时：

F_c——切削力（旧标准称主切削力）。它与过渡表面相切并与基面垂直。F_c 是计算车刀强度，设计机床零件，确定机床功率所必需的；

F_f——进给力（旧标准称轴向力或走刀抗力）。它是处于基面内并与工件轴线平行与进给方向相反的力；

F_p——背向力（旧标准称径向力或吃刀抗力）。它是处于基面内并与工件轴线垂直的力。F_p 用来确定与工件加工精度有关的工件挠度，计算机床零件和车刀强度。它与工件在切削过程中产生的振动有关。

$$F = \sqrt{F_N^2 + F_c^2} = \sqrt{F_f^2 + F_p^2 + F_c^2} \tag{1-3}$$

2. 切削功率

（1）单位切削力

单位切削力 P 是指切除单位切削层面积所产生的主切削力。其大小可查相关手册。

（2）切削功率 P_m

消耗在切削过程中的功率称为切削功率 P_m。切削功率为力 F_c 和 F_f 所消耗的功率之和，因 F_p 方向没有位移，所以不消耗功率。即

$$P_m = (F_c \times v_c + F_f \times n_w \times f/1000) \times 10^{-3} \tag{1-4}$$

式中　P_m——切削功率（kW）；

　　　F_c——切削力（N）；

　　　v_c——切削速度（m/s）；

　　　F_f——进给力（N）；

　　　n_w——工件转速（r/s）；

　　　f——进给量（mm/s）。

式中等号右侧的第二项是消耗在进给运动中的功率，它相对于 F_c 所消耗的功率来说，一般很小（<1%~2%），可以略去不计，于是

$$P_m = F_c v_c \times 10^{-3} (\text{kW}) \tag{1-5}$$

按上式求得切削功率后，如要计算机床电动机的功率（P_E）以便选择机床电动机时，还应考虑到机床传动效率

$$P_E \geq P_m / \eta_m \tag{1-6}$$

式中　η_m——机床的传动效率，一般取为 0.75~0.85。大值适用于新机床，小值适用于旧机床。

3. 影响切削力的因素

影响切削力的因素很多，主要有工件材料、切削用量、刀具几何参数、刀具材料、刀具磨损状态和切削液等。

（1）工件材料

1）硬度或强度提高，剪切屈服强度增大，则切削力增大。

2）塑性或韧性提高，切屑不易折断，切屑与前刀面摩擦增大，则切削力增大。

（2）切削用量

1）背吃刀量（切削深度）a_p 增大，进给量 f 增大，切削层面积增大，变形抗力和摩擦力增大，切削力增大。

由于背吃刀量 a_p 对切削力的影响比进给量对切削力的影响大，所以在实践中，当需切除一定量的金属层时，为了提高生产率，采用大进给切削比大切深切削省力又省功率。

2）切削速度 v_c

加工塑性金属时，切削速度 v_c 对切削力的影响规律如同对切削变形影响一样，它们都

是通过积屑瘤与摩擦的作用造成的。

切削塑性材料时,因为变形和摩擦均较小,故切削速度 v_c 改变时切削力变化不大。如图 1-19 所示。

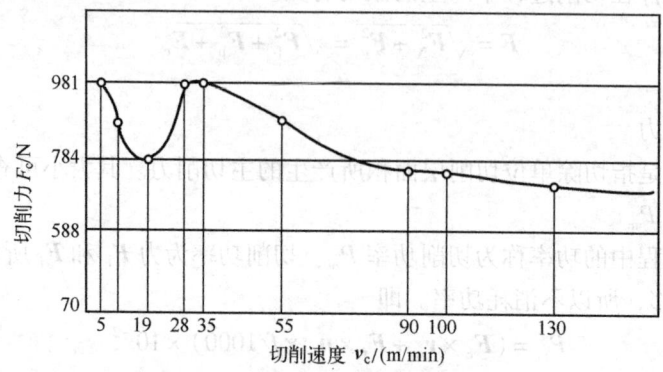

图 1-19 切削速度对切削力的影响

(3) 刀具几何角度

1) 前角 γ_o:前角 γ_o 增大,变形减小,切削力减小。

2) 主偏角 κ_r。

如图 1-20 所示,主偏角 κ_r 在 30°~60°范围内,由于切削厚度的影响起主要作用,随着主偏角 κ_r 增大,切削力 F_c 减小;主偏角 κ_r 在 60°~90°范围内,刀尖圆弧处和副前角的影响更为突出,随着主偏角 κ_r 增大,切削力 F_c 增大。

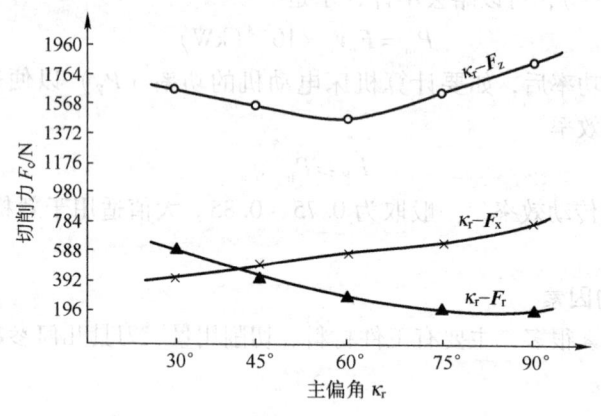

图 1-20 主偏角对切削力的影响

一般地,$\kappa_r = 60° \sim 75°$,随着主偏角 κ_r 增大,切削力 F_c 增大。同样,F_f、F_p 随 κ_r 的变化如另外两条曲线所示。实践中,在车削轴类零件,尤其是细长轴,为了减小背向力 F_p 的作用,往往采用主偏角 $\kappa_r > 60°$ 的车刀切削。

3) 刃倾角 λ_s:λ_s 对 F_c 影响较小,但对 F_f、F_p 影响较大。若 λ_s 由正向负转变,则 F_f 减小、F_p 增大。实践中,从切削力观点分析,切削时不宜选用过大的负刃倾角 λ_s。特别是在工艺系统刚度较差的情况下,往往因负刃倾角 λ_s 增大了背向力 F_p 的作用而产生振动。

1.4.3 切削热和切削温度

切削热是切削过程中产生的又一重要物理现象。切削时做的功,可转化为等量的切削热。切削热除少量散逸在周围介质中外,其余均传入刀具、切屑和工件中,并使切削区域的温度升高,引起工件变形,加速刀具磨损。因此,研究切削热与切削温度具有重要意义。

1. 切削热的产生和传导

切削热是由切削功转变而来的。其传导如图 1-21 所示,其中包括:剪切区变形功形成的热 Q_P、切屑与前刀面摩擦功形成的热 Q_{rf}、已加工表面与后刀面摩擦功形成的热 Q_{af},因此,切削时共有 3 个发热区域,即剪切面、切屑与前刀面接触区、后刀面与已加工表面接触区。3 个发热区与 3 个变形区相对应。所以,切削热的来源就是切屑变形功和前、后刀面的摩擦功。

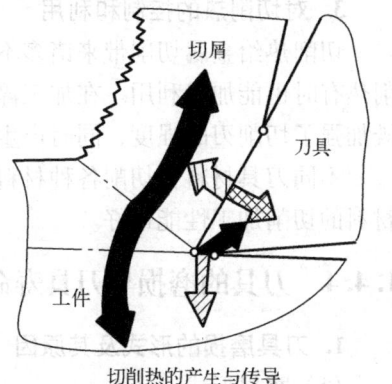

所产生的总切削热 Q,分别传入切屑 Q_{ch}、刀具 Q_c、工件 Q_w 和周围介质 Q_f。切削热的形成及传导关系为:

$$Q_P + Q_{rf} + Q_{af} = Q_{ch} + Q_w + Q_c + Q_f$$

切削塑性金属时切削热主要由剪切区变形热和前刀面摩擦热形成;切削脆性金属时后刀面摩擦热占的比例较大。

图 1-21 切削热的传导

2. 切削温度及影响切削温度的主要因素

切削温度即切削区域的温度,是指切屑、工件和刀具接触表面上的平均温度。

分析影响切削温度的因素,主要应从各因素对单位时间内产生的热量和传出的热量的影响入手。如果产生的热量大于传出的热量,则这些因素将使切削温度升高;如果某些因素使散失的热量多于产生的热量,则这些因素将使切削温度降低。

(1) 切削用量的影响

切削用量是影响切削温度的主要因素。切削速度 v_c 对切削温度影响最大,随切削速度 v_c 的提高,切削温度迅速上升。进给量 f 对切削温度影响次之,而背吃刀量 a_p 变化时,散热面积和产生的热量同时作相应变化,故 a_p 对切削温度的影响很小。

(2) 刀具几何参数的影响

如图 1-22 所示,切削温度随前角 γ_o 的增大而降低。这是因为当前角 γ_o 增大时,单位切削力下降,使产生的切削热减少。但当前角 $\gamma_o > 18°\sim 20°$ 后,对切削温度的影响逐渐减小,因为楔角变小而使散热体积减小。

主偏角 κ_r 减小时,使切削宽度增大,切削厚度减小,因此,切削变形和摩擦增大,切削温度升高。但当切削宽度增大后,散热条件改善。由于散热起主要作用,故随着主偏角 κ_r 继续减小,切削温度下降。

(3) 工件材料的影响

工件材料的强度(包括硬度)和导热系数对切削温度的影响是很大的。由理论分析知,单位切削力是影响切削温度的重要因素,而工件材料的强度直接决定了单位切削力,所以当工件材料强度增大时,产生的切削热增多,切削温度升高。工件材料的导热系数则直接影响切削热的导出。

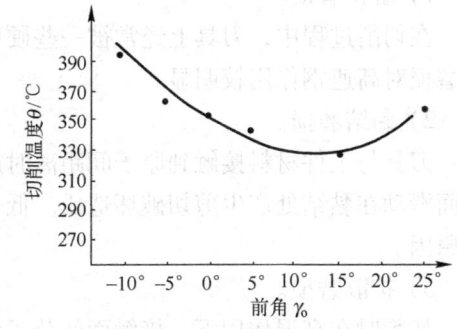

图 1-22 前角对切削热的影响

另外，刀具的磨损及使用切削液的情况对切削温度也有一定的影响。刀具后刀面的磨损值达到一定数值后，对切削温度的影响增大；切削速度越高，影响就越显著；切削液的导热性能、质量热容、流量、浇注方式以及本身的温度与切削温度有很大的关系。从导热性能来看，油类切削液不如乳化液，乳化液不如水基切削液。

3. 对切削热的控制和利用

切削热给金属切削带来诸多不利的影响，因此减少和控制切削热的产生是必要的。但切削热有时也能加以利用。在加工淬火钢时，就是用负前角刀具在一定切削速度下进行切削，既加强了切削刃的强度，同时产生的大量切削热，使切削层软化，易于切削。

不同刀具材料在切削各种材料时，都有一个最佳切削温度范围，此时刀具最耐用，工件材料的切削加工性能最好。

1.4.4 刀具的磨损与刀具寿命

1. 刀具磨损的形式及其原因

（1）磨损形式

切削金属时，刀具一方面切下切屑，另一方面刀具本身也会发生损坏。刀具损坏的形式主要有磨损和破损两类。前者是连续的逐渐磨损，属正常磨损；后者包括脆性破损（如崩刃、碎断、剥落、裂纹破损等）和塑性破损两种，属非正常磨损。

刀具磨损后，使工件加工精度降低，表面粗糙度增大，并导致切削力加大，切削温度升高，甚至产生振动，不能继续正常切削。因此，刀具磨损直接影响生产率、加工质量和成本。

刀具正常磨损的形式有以下几种，如图1-23所示。

1）前刀面磨损。

2）后刀面磨损。

3）边界磨损（前、后刀面同时磨损）。

（2）磨损原因

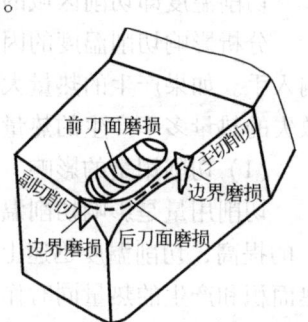

图1-23 刀具的磨损形式

刀具正常磨损的原因主要是机械磨损和热、化学磨损。机械磨损是由工件材料中硬质点的刻划作用引起的，热、化学磨损则是由黏结（刀具与工件材料接触到原子间距离时产生的结合现象）、扩散（刀具与工件两摩擦面的化学元素互相向对方扩散、腐蚀）等引起的。

1）磨粒磨损。

在切削过程中，刀具上经常被一些硬质点刻划出深浅不一的沟痕，这称为磨粒磨损。磨粒磨损对高速钢作用较明显。

2）黏结磨损。

刀具与工件材料接触到原子间距离时产生的结合现象，称为黏结。黏结磨损就是由于接触面滑动在黏结处产生剪切破坏造成。低、中速切削时，黏结磨损是硬质合金刀具的主要磨损原因。

3）扩散磨损。

切削时在高温作用下，接触面间分子活动能量增大，造成了合金元素相互扩散置换，使刀具材料力学性能降低，若再经摩擦作用，则刀具容易出现磨损。扩散磨损是一种化学性质的磨损。

4）相变磨损。

当刀具上最高温度超过材料相变温度时，刀具表面金相组织发生变化。如马氏体组织转变为奥氏体，使硬度下降，磨损加剧。因此，合金工具钢刀具在高温时均属于此类磨损。

5）氧化磨损。

氧化磨损是一种化学性质的磨损。

总之，在切削加工过程中，刀具磨损是一个复杂的过程，是由机械摩擦和热效应两方面因素作用造成的。应该强调：

第一，在低、中速范围内磨粒磨损和黏结磨损是刀具磨损的主要原因。通常拉削、铰孔和攻丝加工时的刀具磨损主要属于这类磨损；

第二，在中等以上切削速度加工时，热效应使高速钢刀具产生相变磨损、使硬质合金刀具产生黏结、扩散和氧化磨损。

2. 刀具磨损过程、磨钝标准及刀具寿命

（1）刀具磨损过程

根据切削实验，可得图1-24所示的刀具正常磨损过程的典型磨损曲线。分别以切削时间和后刀面磨损量 V_B（或前刀面月牙洼磨损深度 K_T）为横坐标与纵坐标。由图可知，刀具磨损过程可分为三个阶段：初期磨损阶段、正常磨损阶段、急剧磨损阶段。

（2）刀具磨钝标准

刀具磨损到一定限度就不能继续使用，这个磨损限度称为磨钝标准。一般以后刀面上均匀磨损区的高度 V_B 值为刀具的磨钝标准。

（3）刀具的寿命 T

刀具两次刃磨或转位间纯切削加工的时间，称为刀具的寿命，用 T 表示。

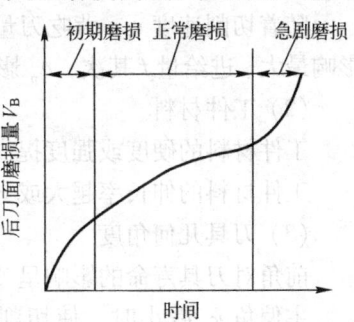

图1-24 刀具磨损过程的典型曲线

3. 刀具寿命的选用

切削用量与刀具寿命有密切关系。在制定切削用量时，应首先选择合理的刀具寿命，而合理的刀具寿命则应根据优化的目标而定。一般分最高生产率刀具寿命和最低成本刀具寿命两种，前者根据单件工时最少的目标确定，后者根据工序成本最低的目标确定。

最高生产率刀具寿命 T_P

$$T_P = \left(\frac{1-m}{m}\right) t_c \tag{1-7}$$

最低成本刀具寿命 T_C

$$T_C = \frac{1-m}{m}\left(t_c + \frac{C_t}{M}\right) \tag{1-8}$$

式中 m——v_c 对 T 影响程度指数；

t_c——一次换刀所需时间（min/次）；

M——全厂每分钟开支摊到本零件的加工费用（包括工作人员开支和机床损耗等）。

比较最高生产率刀具寿命 T_P 与最低成本刀具寿命 T_C 可知：$T_C > T_P$。生产中常根据最低成本来确定刀具寿命，但有时需完成紧急任务或以提高生产率为主要目的，而且在确保对生产成本影响不大的情况下，也可选用最高生产率刀具寿命。刀具寿命的具体数值，可参考有关资料或手册选用。

选择刀具寿命时可考虑如下几点：

1）根据刀具复杂程度、制造和磨刀成本来选择。复杂和精度高的刀具的刀具寿命应选得比单刃刀具高些；

2）对于机夹可转位刀具，由于换刀时间短，为了充分发挥其切削性能，提高生产率，刀具寿命可选得低一些，一般取 15～30 min；

3）对于装刀、换刀和调刀比较复杂的多刀机床、组合机床所用刀具及自动化加工刀具，刀具寿命应选得高一些，重点应保证刀具可靠性；

4）车间内某一工序的生产率限制了整个车间的生产率的提高时，该工序的刀具寿命要选得低一些；

5）大型零件精加工时，为保证至少完成一次进给，避免切削时中途换刀，刀具寿命应按零件精度和表面粗糙度来确定。

4. 影响刀具寿命 T 的因素

（1）切削用量

切削用量对刀具寿命 T 的影响规律如同对切削温度的影响。

随着切削速度 v_c、背吃刀量 a_p、进给量 f 增大，使切削温度提高，刀具寿命 T 下降。v_c 影响最大、进给量 f 其次，a_p 影响最小。

（2）工件材料

工件材料的硬度或强度提高，使切削温度提高，刀具磨损加大，刀具寿命 T 下降。

工件材料的伸长率越大或导热系数越小，切削温度越高，刀具寿命 T 下降。

（3）刀具几何角度

前角对刀具寿命的影响呈"驼峰形"。

主偏角 κ_r 减小时，使切削宽度增大，散热条件改善，故切削温度下降，刀具寿命 T 提高。

（4）刀具材料

刀具材料的高温硬度越高、越耐磨，刀具寿命 T 越高。加工材料的伸长率越大或热导率越小，均能使切削温度升高，从而使刀具寿命 T 降低。

1.5 金属切削过程基本规律应用

学习了金属切削过程基本规律以后，就要运用这些规律，将它们用于指导生产实践，解决生产中相应的技术问题。下面从刀具材料的选择、切屑的控制、材料切削加工性的改善、切削液的选择、刀具几何参数的选择和切削用量的选择 6 个方面入手，来探讨保证加工质量、降低生产成本和提高生产率的工艺途径。

1.5.1 刀具材料的选择

在切削过程中，刀具的切削能力，直接影响着生产率、加工质量及生产成本，而刀具的切削能力，主要取决于刀具材料的性能和刀具的几何参数。

1. 刀具材料应具备的性能

(1) 硬度

刀具材料必须具有高于工件材料的硬度,否则无法切入工件。常温硬度要在60HRC以上。

(2) 强度和韧性

刀具在切削力的作用下切削工件,应具有足够的强度;同时,切削过程中总存在着一定的冲击载荷或振动,故刀具应具备足够的韧性,以提高抗冲击性。

(3) 热硬性

热硬性是指刀具材料在高温下仍能保持高的硬度、高的强度,并且有保持这种性能基本不变的能力。一般用保持刀具切削性的最高温度来表示,也称为红硬性。

(4) 耐磨性

耐磨性表示刀具材料抵抗磨损的能力,与刀具材料的硬度、化学成分、显微组织有关。材料的硬度越高,含耐磨性高的的合金碳化物越多,晶粒越细,分布越均匀,耐磨性就越好。

(5) 工艺性

为了便于刀具的制造,要求刀具材料具有良好的可加工性、可磨削性和高温塑性。

2. 常用刀具材料及其选用

(1) 高速钢

高速钢是以钨、铬、钒、钴为主要合金元素的高合金含量的合金工具钢,它允许的切削速度比碳素工具钢(T10A、T12A)及合金工具钢(9SiCr、CrWMn)高1~3倍,故称为高速钢,是特殊钢中硬度最高的钢种。该钢种不仅硬度很高,还有良好的耐热性、耐磨性和韧性等,高速钢的常温硬度为63~70HRC,耐热温度可达540~600℃,因此是重要的刀具材料。我国高速钢刀具的销售额约占全部刀具销售总额的45%左右,对制造业的发展起着重要的作用。

与硬质合金相比,高速钢的强度高(抗弯强度一般为硬质合金的2~3倍,为陶瓷的5~6倍),韧性好,工艺性好,故在复杂、小型及刚性较差的刀具(钻头、丝锥、成形刀具、拉刀、齿轮刀具等)制造中占主要地位。由于高速钢的硬度、耐磨性、耐热性不及硬质合金,因此只适于制造中、低速切削的各种刀具。

高速钢分为两大类:普通高速钢和高性能高速钢,常用牌号及性能见表1-7。切削一般材料时可选用普通高速钢,其中W18Cr4V过去国内用得较多,而目前国内外大量使用的是W6Mo5Cr4V2;切削难加工材料时可选用高性能高速钢。

表1-7 常用高速钢的牌号与性能

类别	牌号	硬度 HRC	抗弯强度 /GPa	冲击韧度 /(MJ/m^2)	高温硬度 600℃ HRC	磨削性能
普通高速钢	W18Cr4V	62~66	≈3.34	0.294	48.5	好,普通刚玉砂轮能磨
	W6Mo5Cr4V2	62~66	≈4.6	≈0.5	47~48	较 W18Cr4V 差些,普通刚玉砂轮能磨
	W14Cr4Mn-RE	64~66	≈4	≈0.25	48.5	好,与 W18Cr4V 相近

(续)

类别		牌 号	硬度 HRC	抗弯强度 /GPa	冲击韧度 /(MJ/m²)	高温硬度 600℃ HRC	磨削性能
高性能高速钢	高碳	9W18Cr4V	67~68	≈3	≈0.2	51	好,用普通刚玉砂轮能磨
	高钒	W12Cr4V4Mo	63~66	≈3.2	≈0.25	51	差
	超硬	W6Mo5Cr4V2Al	68~69	≈3.43	≈0.3	55	较 W18Cr4V 差些
		W10Mo4Cr4V3Al	68~69	≈3	≈0.25	54	较差
		W6Mo5Cr4V5SiNbAl	66~68	≈3.6	≈0.27	51	
		W12Cr4V3Mo3Co5Si	69~70	≈2.5	≈0.11	54	差
		W2Mo9Cr4VCo8(M42)	66~70	≈2.75	≈0.25	55	好,普通刚玉砂轮能磨

(2) 硬质合金

硬质合金是由高硬度的难熔金属碳化物(如 WC、TiC、TaC、NbC 等)和金属黏结剂(如 Co、Ni 等)经粉末冶金方法制成的。由于硬质合金中所含难熔金属碳化物远远超过了高速钢,因此其硬度,特别是高温硬度、耐磨性、耐热性都高于高速钢。硬质合金的常温硬度可达 89~93HRA(高速钢为 83~86.6HRA),耐热温度可达 800~1000℃。在相同寿命下,硬质合金刀具的切削速度比高速钢刀具提高 4~10 倍,它是高速切削的主要刀具材料。但硬质合金较脆,抗弯强度低,仅是高速钢的 1/3 左右,韧性也很低,仅是高速钢的十分之一至几十分之一。硬质合金可用做各种切削工具。我国切削工具的硬质合金用量约占整个硬质合金产量的三分之一,其中用于焊接刀具的占 78% 左右,用于可转位刀具的占 22% 左右。而数控刀具用硬质合金仅占可转位刀具用硬质合金的 20% 左右,此外还有整体硬质合金钻头、整体硬质合金小圆锯片、硬质合金微钻等切削工具。目前,硬质合金大量应用在刚性好、刃形简单的高速切削刀具上,随着技术的进步,复杂刀具也在逐步应用。

常用硬质合金有钨钴类(YG)、钨钛钴类(YT)和添加钽(铌)类。其中,钨钴类(YG)硬质合金常用的牌号有 YG3、YG3X、YG6、YG6X、YG8 等。数字表示 Co 的百分含量。这类硬质合金有较好的抗弯强度和冲击韧性以及较高的导热系数,一般用来加工铸铁和有色金属,也适于加工不锈钢、高温合金、钛合金等难加工材料

钨钛钴类(YT)硬质合金常用的牌号有 YT5、YT14、YT15、YT30 等。这类硬质合金的硬度、耐磨性、耐热性及抗黏结性能好,而抗弯强度及韧性较差,一般用于钢料的连续切削。含 TiC 量多,Co 量少,耐磨性好,适用于精加工;含 TiC 量少,Co 量多,承受冲击性能好,适用于粗加工。

添加钽(铌)类硬质合金有良好的综合性能,一般用于加工耐热钢、不锈钢等难加工材料,也可代替 YG 和 YT 类使用。硬质合金的牌号、成分及性能见表 1-8。

从表 1-8 中可以看出,硬质合金中随钴(Co)含量增多,其强度和韧性增高,故 Co 含量高的硬质合金一般用于粗加工;随 Co 含量减少,其硬度高,耐磨性好,故 Co 含量低的硬质合金一般用于精加工。成分相同,颗粒细小的硬质合金,其硬度及耐磨性有所提高,但抗弯强度有所下降,故细颗粒的硬质合金一般也用于精加工。

表 1-8 常用硬质合金牌号、性能

类型	牌号	成分 (%) w(WC)	w(TiC)	w(TaC) w(NbC)	w(Co)	w(其他)	物理力学性能 密度 /(g/cm³)	热导率 /[W/(m·K)]	硬度 HRA(HRC)	抗弯强度 /GPa	使用性能 加工材料类别	耐磨性	切削速度	进给量	类别	
钨钴类	YG3	97	—	—	3	—	14.9	87.92	91(78)	1.08	短切屑的黑色金属、有色金属、非金属材料	↑	↓	↑	K类	K01
	YG6X	93.5	—	0.5	6	—		79.6	91(78)	1.37						K05
	YG6	94	—	—	6	—		79.6	89.5(75)							K10
	YG8	92	—	—	8	—		75.36	89(74)							K20
钨钛钴类	YT30	66	30	—	4	—		20.93	92.5(80.5)		长切屑的黑色金属	↑	↓	↑	P类	P01
	YT15	79	15	—	6	—		33.49	91(78)							P10
	YT14	78	14	—	8	—		33.49	90.5(77)							P20
	YT5	85	5	—	10	—		62.80	89(74)							P30
添加钽(铌)类	YG6A(YA6)	91	—	5	6	—		—	91.5(79)		长切屑或短切屑的黑色金属和有色金属	—	—	—	KM类	K10
	YG8N	91	—	<1	8	—		—	89.5(75)							K10
	YW1	84	6	4	6	—		—	91.5(79)							K20
	YW2	82	6	4	8	—		—	90.5(77)							K01
碳化钛基类	YN05	8	71	—	—	Ni17 Mo14		—	93.3(82)		长切屑的黑色金属	—	—	—	P类	P01
	YN10	15	62	1	—	Ni12 Mo10		—	92(80)							P01

27

3. 其他刀具材料

（1）陶瓷

有两大类，Al_2O_3 基陶瓷和 Si_3N_4 基陶瓷。陶瓷刀具的硬度可达到 91~95HRA，耐磨性好，耐热温度可达 1200℃（此时硬度为 80HRA），它的化学稳定性好，抗黏结能力强，但它的抗弯强度很低，仅有 0.7~0.9 GPa，故陶瓷刀具一般用于高硬度材料的精加工。

（2）人造金刚石

人造金刚石是碳的同素异形体，是通过合金触媒的作用在高温高压下由石墨转化而成的。人造金刚石的硬度很高，其显微硬度可达 10000HV，是除天然金刚石之外最硬的材料，它的耐磨性极好，与金属的摩擦系数很小；但它的耐热温度较低，在 700~800℃时易脱碳，失去其硬度；它与铁族金属亲合作用大，故人造金刚石多用于对有色金属及非金属材料的超精加工以及制作磨具磨料等。

（3）立方氮化硼

它是由六方氮化硼经高温高压转变而成。其硬度仅次于人造金刚石，达到 8000~9000HV，它的耐热温度可达 1400℃，化学稳定性很好，可磨削性能也较好，但它的焊接性能差些，抗弯强度略低于硬质合金，它一般用于高硬度、难加工材料的精加工。

1.5.2 切屑的控制

在生产实践中可以看到，排出的切屑常常打卷，到一定长度自行折断。但也有切屑成带状直窜而出，特别在高速切削时，有时切屑温度特别高；有时切屑碎成小片，四处飞溅，这是很不安全的，因此应设法使切屑折断。在自动化生产中，切屑的处理往往成为生产的关键问题。因此加强对切屑的控制对保证生产的正常进行具有重要意义。

1. 切屑的类型

由于工件材料不同，切削过程中的变形程度也就不同，因而产生的切屑种类也多种多样，如图 1-25 所示。图中从左至右前三种为切削塑性材料的切屑，最后一种为切削脆性材料的切屑。

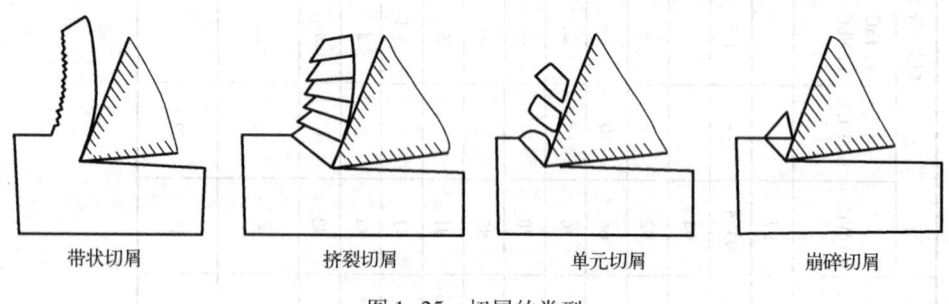

图 1-25 切屑的类型

（1）带状切屑

它的内表面光滑，外表面毛茸。加工塑性金属材料（如碳素钢、合金钢、铜和铝合金），当切削厚度较小、切削速度较高、刀具前角较大时，一般常得到这类切屑。它的切削过程平稳，切削力波动较小，已加工表面表面粗糙度较小。

（2）挤裂切屑

这类切屑与带状切屑不同之处在于外表面呈锯齿形，内表面有时有裂纹。这种切屑大多在切削黄铜或切削速度较低、切削厚度较大、刀具前角较小时产生。

（3）单元切屑

如果在挤裂切屑的剪切面上，裂纹扩展到整个断面，则整个单元被切离，成为梯形的单元切屑，切削铅或用很低的速度切削钢时可得到这类切屑。

以上3种切屑只有在加工塑性材料时才可能得到。其中，带状切屑的切削过程最平稳，单元切屑的切削力波动最大。在生产中最常见的是带状切屑，有时得到挤裂切屑，单元切屑则很少见。

假如改变挤裂切屑的条件，如进一步减小刀具前角，降低切削速度，或增大切削厚度，就可以得到单元切屑。反之，则可以得到带状切屑。

以上说明切屑的形态是可以随切削条件而转化的。掌握了它的变化规律，就可以控制切屑的形态和尺寸，以达到卷屑和断屑的目的。

（4）崩碎切屑

一般切削脆性材料（如铸铁、黄铜等）易产生这样的切屑。这种切屑的形状是不规则的，加工表面是凸凹不平的。

从切削过程来看，切屑在破裂前变形很小，和塑性材料的切屑形成机理也不同。它的脆断主要是由于材料所受应力超过了它的抗拉极限。加工脆而硬的材料，如高硅铸铁、白口铸铁等，特别是当切削厚度较大时常得到这种切屑。

由于它的切削过程很不平稳，容易损坏刀具，也有损于机床，已加工表面又很粗糙，因此在生产中应力求避免。其方法是减小切削厚度，使切屑成针状或片状；同时适当提高切削速度，以增加工件材料的塑性。

以上是4种典型的切屑，但加工现场获得的切屑，其形状是多种多样的。

在实际切削加工中，切削速度与金属切除率很高，切削条件很恶劣，常常产生大量"不可接受"的切屑。

所谓切屑控制，是指在切削加工中采取适当的措施来控制切屑的卷曲、流出与折断，使形成"可接受"的良好屑形。

在实际加工中，应用最广的切屑控制方法就是在前刀面上磨制出断屑槽或使用压块式断屑器。

2. 切屑的卷曲及屑形

切屑的卷曲是由于切屑内部变形或碰到断屑槽等障碍物造成的。

切屑的形状是多种多样的，如带形、螺旋形、弧形、C字形、6字形和针形切屑等。图1-26为外圆车削时形成的几种屑形。

3. 断屑原因

切屑经第Ⅰ、第Ⅱ变形区（见图1-12）的严重变形后，硬度增加，塑性大大降低，性能变脆，从而为断屑创造了条件。由切屑经变形自然卷曲或经断屑槽等障碍物强制卷曲产生的拉应变值超过切屑的极限应变值时，切屑即会折断。

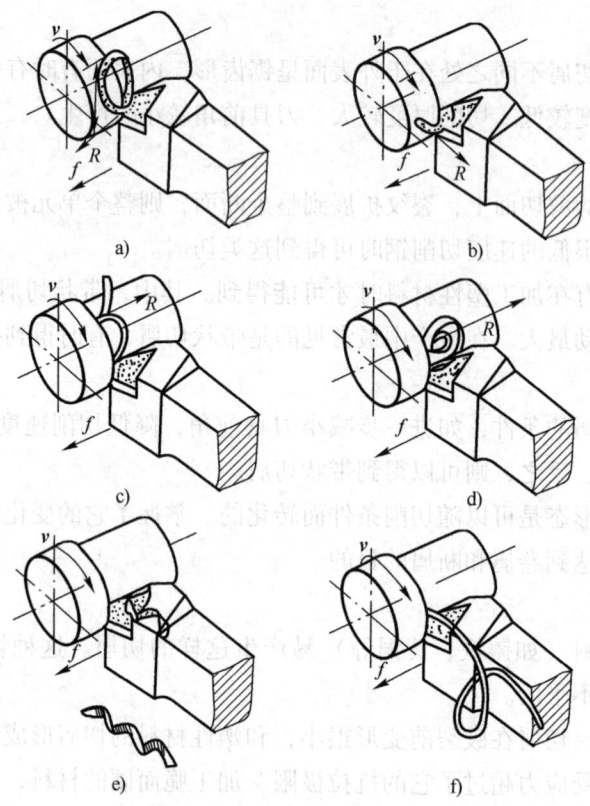

图 1-26 外圆车削的屑形
a) C 或 6 字形屑 b) C 字形屑 c) 弧形屑
d) 盘形螺旋屑 e) 螺旋形屑 f) 连续带形屑

4. 断屑措施

(1) 磨制断屑槽

如图 1-27 所示,其中折线形和直线圆弧形适用于加工碳钢、合金钢、工具钢和不锈钢。全圆弧形前角 γ_n 大因而适用于加工塑性大的材料和用于重型刀具。断屑槽尺寸 l_{Bn}（槽宽）、c_{Bn}（槽深）或 r_{Bn} 应根据切屑厚度 h_{Dh} 选取（h_{Dh} 大,则 l_{Bn} 取大,以防止产生堵屑现象）。如图 1-28 所示,断屑槽在前刀面上的位置有外斜式,平行式（适用于粗加工）和内斜式（适用于半精加工和精加工）。图中 δ_{Bn} 为槽形斜角,l_{Bn} 为槽宽。

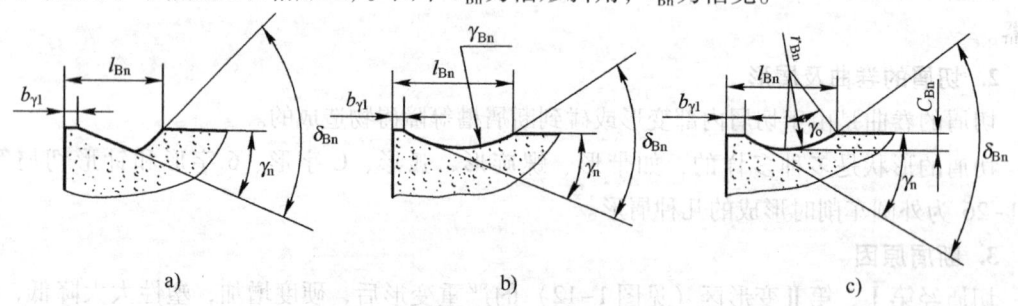

图 1-27 断屑槽的形式
a) 折线形 b) 直线圆弧形 c) 全圆弧形

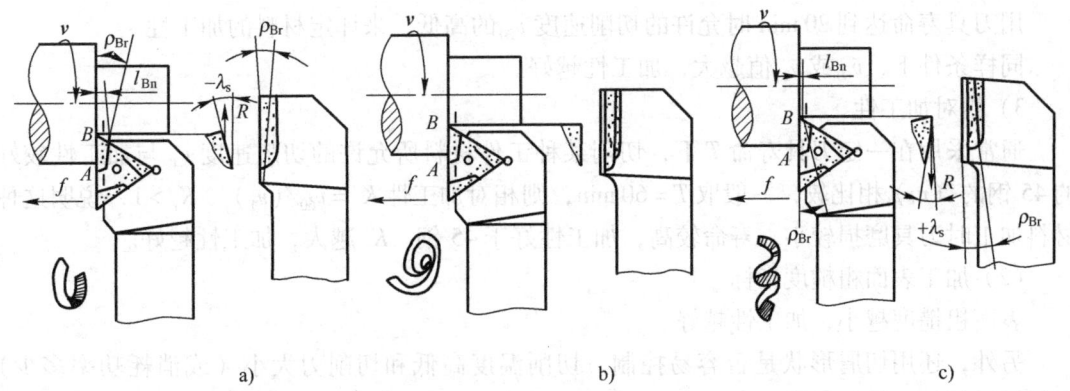

图 1-28 断屑槽斜角
a) 外斜式 b) 平行式 c) 内斜式

（2）改变切削用量

主要是增大进给量 f，使切屑厚度 h_{Dh} 增大，从而使切屑容易折断。

（3）改变刀具角度

主要是增大主偏角 κ_r 使切屑厚度 h_{Dh} 增大，使切屑容易折断，还可以改变刃倾角 λ_s 的正、负值，控制切屑流向，达到断屑的效果。如图 1-29 所示，λ_s 为负值时，切屑流向已加工表面形成 C 字形、6 字形切屑；λ_s 为正值时，切屑碰在后刀面上，形成 C 字形切屑，或自然流出形成螺旋屑、带状屑。

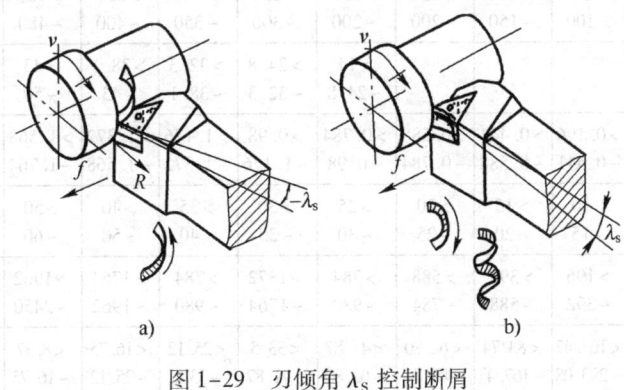

图 1-29 刃倾角 λ_s 控制断屑
a) $\lambda_s < 0$ b) $\lambda_s > 0$

1.5.3 工件材料的切削加工性

工件材料的切削加工性：是指工件材料被切削成合格零件的难易程度。其研究的目的是为了寻找改善材料切削加工性的途径。

1. 评定工件材料的切削加工性的主要指标

（1）刀具寿命指标

1）切削普通金属材料。

用刀具寿命达到 60 min 时允许的切削速度 v_{60} 的高低，来评定材料的加工性。

2）切削难加工金属材料。

用刀具寿命达到 20 min 时允许的切削速度 v_{20} 的高低,来评定材料的加工性。

同样条件下,v_{60} 或 v_{20} 值越大,加工性越好。

3) 相对加工性。

通常采用在一定刀具寿命 T 下,切削某种工件材料所允许的切削速度 v_T 与加工性较好的 45 钢的 $(v_T)_j$ 相比较,一般取 $T=60$ min,则相对加工性 $K_r = v_{60}/(v_T)_j$。$K_r > 1$,说明这种材料加工时刀具磨损较小,寿命较高,加工性好于 45 钢。K_r 越大,加工性越好。

(2) 加工表面粗糙度指标

表面粗糙度越小,加工性越好。

另外,还用切屑形状是否容易控制、切削温度高低和切削力大小(或消耗功率多少)来评定材料加工性的好坏。

其中,粗加工时用刀具寿命指标、切削力指标;精加工时用加工表面表面粗糙度指标,自动生产线常用切屑形状指标。

此外,材料加工的难易程度主要决定于材料的物理、力学性能,其中包括材料的硬度、抗拉强度 R_m、断后伸长率 A、冲击韧度 α_k 和热导率 λ,故通常还可按它们数值的大小来划分加工性等级,见表 1-9。

表 1-9 相对切削加工性及其分级

切削加工性		易切削			较易切削		较难切削			难切削			
等级代号		0	1	2	3	4	5	6	7	8	9	9_a	9_b
硬度	HBS	≤50	>50~100	>100~150	>150~200	>150~200	>250~300	>300~350	>350~400	>400~480	>480~635	>635	
	HRC					>14~24.8	>24.8~32.3	>32.3~38.1	>38.1~43	>43~50	>50~60	>60	
抗拉强度 R_m/GPa		≤0.196	>0.196~0.441	>0.441~0.588	>0.588~0.784	>0.784~0.98	>0.98~1.176	>1.176~1.372	>1.372~1.568	>1.568~1.764	>1.764~1.96	>1.96~2.45	>2.45
断后伸长率 A(%)		≤10	>10~15	>15~20	>20~25	>25~30	>30~35	>35~40	>40~50	>50~60	>60~100	>100	
冲击韧度 α_k/kJ·m^{-2}		≤196	>196~392	>392~588	>588~784	>784~980	>1372~1764	>784~980	>1764~1962	>1962~2450	>2450~2940	>2940~3920	
热导率 λ/(W·m^{-1}·K^{-1})		293.08~418.68	<167.47~293.08	<83.74~167.47	<62.80~83.74	<41.87~62.80	<33.5~41.87	<25.12~33.5	<16.75~25.12	<8.37~16.75	<8.37		

2. 改善材料切削加工性的措施

(1) 调整化学成分

在不影响工件材料性能的条件下,适当调整化学成分,以改善其加工性。如在钢中加入少量的硫、硒、铅、磷等,虽略降低钢的强度,但也同时降低钢的塑性,是改善加工性的有效措施。

(2) 材料加工前进行合适的热处理

低碳钢通过正火处理后,细化晶粒,硬度提高,塑性降低,有利于减小刀具的黏结磨损,减小积屑瘤,能改善工件的表面粗糙度;高碳钢球化退火后,硬度下降,可减小刀具磨损;不锈钢以调质到 28HRC 为宜,硬度过低,塑性大,工件表面粗糙度差,硬度高则刀具易磨损;白口铸铁可在 950~1000℃ 范围内长时间退火而成为可锻铸铁,切削变得较容易。

(3) 选加工性好的材料状态

低碳钢经冷拉后，塑性大为下降，加工性好；锻造的坯件余量不均，且有硬皮，加工性很差，改为热轧后的坯件，则加工性得以改善。

(4) 其他

采用合适的刀具材料，选择合理的刀具几何参数，合理地制定切削用量与选用切削液等，都有利于改善工件材料的切削加工性。

1.5.4 切削液的合理选用

切削液又称为冷却润滑液，是为提高加工效果而使用的液体。

1. 切削液的作用

冷却作用：使切削热传导、对流和汽化，从而降低切削区温度。

润滑作用（边界润滑原理）：切削液渗透到刀具与切屑、工件表面之间形成润滑膜，它具有物理吸附和化学吸附作用。

洗涤和防锈作用：冲走细屑或磨粒；在切削液中添加防锈剂，起防锈作用。

2. 常用切削液及其选用

(1) 水溶液　水溶液就是以水为主要成分并加入防锈添加剂的切削液，主要起冷却作用。常用的有电解水溶液和表面活性水溶液。

电解水溶液：在水中加入各种电解质（如 Na_2CO_3、$NaNO_2$），能渗透到表面油膜内部起冷却作用。主要用于磨削、钻孔和粗车等。

表面活性水溶液：在水中加入皂类、硫化蓖麻油等表面活性物质，用以提高水溶液的润滑作用。常用于精车、精铣和铰孔等。

(2) 切削油　主要起润滑作用。

10 号、20 号全损耗系统用油：用于普通车削、攻丝。

轻柴油：用于自动机上。

煤油：用于精加工有色金属、普通孔或深孔精加工。

豆油、菜油、蓖麻油等：用于螺纹加工。

(3) 乳化液　由水和油混合而成的液体。生产中的乳化液是由乳化剂（蓖麻油、油酸或松脂）加水配制而成。

浓度低的乳化液含水多，主要起冷却作用，适于粗加工和磨削；浓度高的乳化液含水少，主要起润滑作用，适用于精加工。

(4) 极压切削油和极压乳化液　在切削液中添加了硫、氯、磷极压添加剂后，能在高温下显著提高冷却和润滑效果。

1.5.5 刀具几何参数的合理选择

刀具几何参数主要包括：刀具角度、刀刃的刃形、刃口形状、前刀面与后刀面形式等。

1. 前角、前刀面的功用与选择

(1) 前刀面的功用与选择

前刀面：有平面形、曲面形和带倒棱形 3 种，如图 1-30 所示。

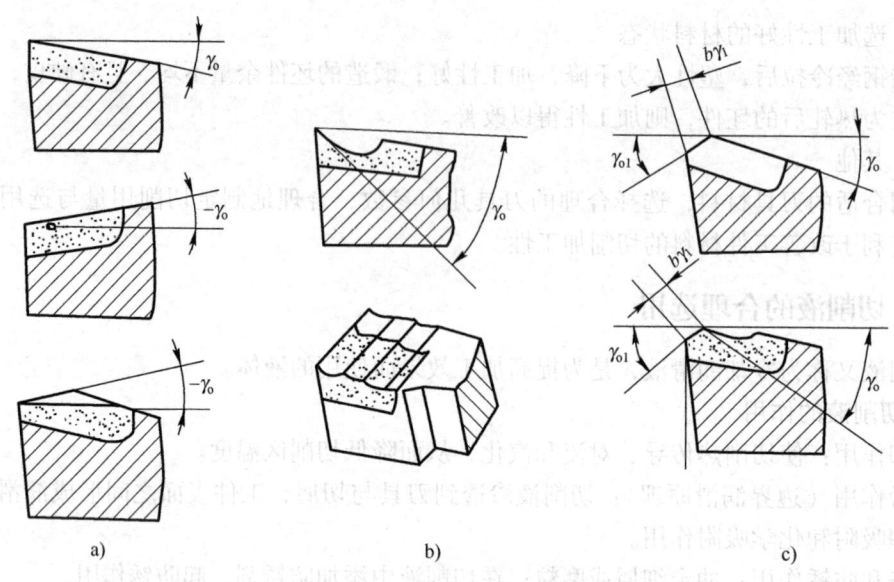

图 1-30 前刀面形式
a) 平面形　b) 曲面形　c) 带倒菱形

平面形前刀面：制造容易，重磨方便，刀具廓形精度高。

曲面形前刀面：起卷刃作用，并有助于断屑和排屑。故主要用于粗加工塑性金属刀具和孔加工刀具，如丝锥、钻头。

带倒菱形前刀面：是提高刀具强度和刀具寿命的有效措施。

（2）前角的功用与选择

前角影响切削过程中的变形和摩擦，同时又影响刀具的强度。

前角 γ_o 对切削的难易程度有很大影响。增大前角 γ_o 能使切削刃变得锋利，使切削更为轻快，并减小切削力和切削热；但前角 γ_o 过大，切削刃和刀尖的强度下降，刀具导热体积减少，影响刀具使用寿命；前角 γ_o 的大小对表面粗糙度、排屑和断屑等也有一定影响。

在刀具强度允许的条件下，尽可能选用大的前角 γ_o。

工件材料的强度、硬度低，前角 γ_o 应选得大些，反之应小些（如有色金属加工时，所选前角较大）；刀具材料韧性好（如高速钢）时，前角 γ_o 可选得大些，反之应选得小些（如硬质合金）；精加工时，前角 γ_o 可选得大些，粗加工时应选得小些。

2. 后角的功用与选择

（1）后角的功用

后角 α_o 的主要功用是减小后刀面与工件间的摩擦和后刀面的磨损，其大小对刀具寿命和加工表面质量都有很大影响。后角 α_o 同时又影响刀具的强度。

（2）后角的选用原则

粗加工以确保刀具强度为主，后角 α_o 可在 $4°\sim6°$ 范围内选取；精加工以加工表面质量为主，可在 $\alpha_o = 8°\sim12°$ 范围内选取。

一般，切削厚度越大，刀具后角 α_o 越小；工件材料越软，塑性越大，后角 α_o 越大。工艺系统刚性较差时，应适当减小后角 α_o（切削时起支承作用，增加系统刚性并起消振作用）；尺寸精度要求较高的刀具，后角 α_o 宜取小值。

3. 主偏角、副偏角的功用与选择

（1）主偏角的功用与选择

主偏角 κ_r 的大小影响切削条件（切削宽度和切削厚度的比例）和刀具寿命。

在工艺系统刚性很好时，减小主偏角 κ_r 可提高刀具寿命、减小已加工表面表面粗糙度，所以 κ_r 宜取小值；在工件刚性较差时，为避免工件的变形和振动，应选用较大的主偏角 κ_r。

（2）副偏角的功用与选择

副偏角 κ_r' 既影响加工表面表面粗糙度和刀具强度，又可减小副切削刃和副后刀面与工件已加工表面之间的摩擦，防止切削振动。κ_r' 的大小主要根据表面粗糙度的要求选取。通常在不产生摩擦和振动条件下，应选较小的 κ_r'。

4. 刃倾角的功用与选择

（1）刃倾角的功用

刃倾角 λ_s 的主要作用是可以控制切屑流出方向，影响切削刃的锋利程度和切削刃参加工作的长度，使切削过程平稳并保护刀尖。

（2）刃倾角的选择

刃倾角 λ_s 要根据刀具强度、流屑方向和加工条件而定。粗加工时，为提高刀具强度，λ_s 取负值；精加工时，为不使切屑划伤已加工表面，λ_s 常取正值或 0。

1.5.6 切削用量的合理选择

切削用量不仅是在机床调整前必须确定的重要参数，而且其数值合理与否对加工质量、加工效率、生产成本等有着非常重要的影响。所谓"合理的"切削用量是指充分利用刀具切削性能和机床动力性能（功率、转矩），在保证质量的前提下，获得高的生产率和低的加工成本的切削用量。

切削用量选择原则：能达到零件的质量要求（主要指表面粗糙度和加工精度），并在工艺系统强度和刚性允许条件下，同时在充分利用机床功率和发挥刀具切削性能的前提下选取一组最大的切削用量。

1. 确定切削用量时考虑的因素

（1）切削加工生产率

在切削加工中，金属切除率与切削用量 3 要素 a_p、f、v_c 均保持密切关系，即其中任何一个参数增大，都可使生产率提高。但是 3 个因素中，影响刀具寿命最大的是切削速度 v_c，其次是进给量 f，影响最小的则是背吃刀量 a_p。然而由于刀具寿命的制约，当任何一个参数增大时，其他两个参数必须减小。因此，在制定切削用量时，3 要素需获得最佳组合，此时的高生产率才是合理的。一般情况下尽量优先增大 a_p，以求一次进给全部切除加工余量。

（2）切削功率

背吃刀量 a_p 和切削速度 v_c 增大时，均使得切削功率成正比增加。进给量 f 对切削功率影响较小。所以，粗加工时，应尽量增大进给量 f。

（3）刀具的寿命

切削用量 3 要素对刀具寿命影响的大小，按顺序为 v_c、f、a_p。因此，从保证合理的刀具寿命出发，在确定切削用量时，首先应采用尽可能大的背吃刀量 a_p；然后再选用大的进给量 f；最后求出切削速度 v_c。

(4) 加工表面表面粗糙度

精加工时，增大进给量 f 将增大加工表面表面粗糙度。因此，它是精加工时抑制生产率提高的主要因素。在较理想的情况下，提高切削速度 v_c，能降低表面粗糙度；背吃刀量 a_p 对表面粗糙度的影响较小。

综上所述，合理选择切削用量，应该首先选择一个尽量大的背吃刀量 a_p，其次选择一个大的进给量 f。最后根据已确定的 a_p 和 f，并在刀具寿命和机床功率允许条件下选择一个合理的切削速度 v_c。但精加工时选择切削速度 v_c 要避开积屑瘤产生区，一般如果用硬质合金刀具切削，则采用高速切削，其切削速度 v_c 要达到 80~100 m/min 以上；高速钢刀具一般采用低速切削，切削速度 v_c 为 3~8 m/min。所以精加工时要首先选择切削速度 v_c，以确保不产生积屑瘤，从而保证加工质量要求。

2. 切削用量确定的步骤

粗加工的切削用量，一般以提高生产率为主，但也应考虑经济性和加工成本；半精加工和精加工的切削用量，应以保证加工质量为前提，并兼顾切削效率、经济性和加工成本。

(1) 背吃刀量 a_p 的选择

背吃刀量 a_p 应根据加工余量多少而定。除留给下道工序的余量外，其余的粗车余量尽可能一次切除，以使进给次数最小；当粗车余量太大或加工的工艺系统刚性较差时，则加工余量分两次或数次进给后切除。

(2) 进给量 f 的选择

可利用计算的方法或查手册资料来确定进给量 f 的值。

(3) 切削速度 v_c 的确定

按刀具寿命 T 所允许的切削速度 v_c 来计算。除了用计算方法外，生产中经常按实践经验和有关手册资料选取切削速度。

(4) 校验机床功率

$$v_c \leq P_E \times \eta / (1000 F_c)$$

3. 提高切削用量的途径

1) 采用切削性能好的新型刀具材料。
2) 在保证工件力学性能的前提下，改善工件材料的加工性。
3) 改善冷却润滑条件。
4) 改进刀具结构，提高刀具制造质量。

4. 切削用量选择实例

例 1-1 按图 1-31 所示工序图的要求，在 CA6140 型车床上车外圆。已知毛坯直径为 ϕ68 mm，工件材料为 45 钢，$R_m = 0.637$ GPa；采用牌号为 YT15 的焊接式硬质合金外圆车刀加工，刀杆截面尺寸为 16 mm × 25 mm；车刀切削部分几何参数为：$\gamma_o = 15°$，$\alpha_o = 8°$，$\kappa_r = 60°$，$\kappa_r' = 10°$，$\lambda_s = 0°$，$\gamma_{o1} = -10°$，$b_{\gamma 1} = 0.2$ mm。试为该零件车削工序选取切削用量。

解：为达到图 1-31 规定的加工要求，此工序需安排粗车和半精车两次进给，粗车时将 ϕ68 mm

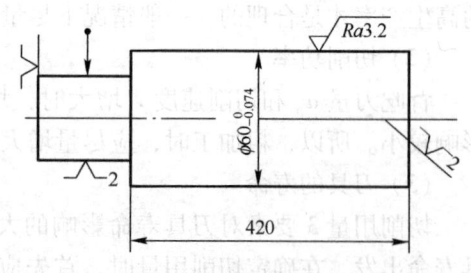

图 1-31 轴的车削加工

外圆车至 $\phi62$ mm，半精车时将 $\phi62$ mm 外圆车至 $\phi60_{-0.074}^{0}$ mm。

(1) 确定粗车切削用量

1) 背吃刀量 a_p。
$$a_p = [(68-62)/2]\text{mm} = 3\text{ mm}$$

2) 进给量 f。根据已知条件，从表中查得 $f = 0.5 \sim 0.7$ mm/r，根据所用 CA6140 型车床的技术参数，实际取 $f = 0.56$ mm/r。

3) 切削速度 v_c。切削速度可由公式计算，也可查表确定，本例采用查表法确定。由相关手册查表得，$v_c = 100$ mm/min。由 v_c 可推算出机床主轴转速 n
$$n = 1000v_c/\pi d_w = [1000 \times 100/(3.14 \times 68)]\text{ r/min} = 468\text{ r/min}$$
根据所用 CA6140 型车床的主轴转速数列，取 $n = 500$ r/min，故实际切削速度为
$$v_c = \pi d_w n/1000 = 106.8\text{ m/min}$$

4) 校核机床功率。校核结果表明，机床功率是足够的。

(2) 确定半精车切削用量

1) 背吃刀量 a_p。$a_p = 1$ mm。

2) 进给量 f。根据图样提供的加工表面表面粗糙度 $Ra3.2$ μm 的要求，查表得 $f = 0.25 \sim 0.30$ mm/r，按 CA6140 型车床进给量数列取 $f = 0.26$ mm/r。

3) 切削速度 v_c 由相关手册查表得，$v_c = 130$ mm/min。由 v_c 可推算出机床主轴转速 n
$$n = 1000v_c/\pi d_w = [1000 \times 130/(3.14 \times 62)]\text{ r/min} = 668\text{ r/min}$$
根据所用 CA6140 型车床的主轴转速数列，取 $n = 710$ r/min，故实际切削速度为
$$v_c = \pi d_w n/1000 = 138\text{ m/min}$$

因半精车中 a_p 和 f 的取值均不大，在通常条件下，可不校核机床功率。

综合训练

1. 金属切削过程的实质是什么？试述前角、切削速度的改变对切削变形的影响规律。
2. 为什么背吃刀量对切削力 F_c 的影响指数为 1，而进给量对 F_c 的影响指数小于 1？
3. 什么是切削层？切削层的参数是如何定义的？
4. 分别说明切削速度、进给量及背吃刀量的改变对切削温度的影响。
5. 刀具磨钝标准与刀具寿命之间有何关系？确定刀具寿命有哪几种方法？要提高刀具寿命，前角和主偏角应如何改变？
6. 试论述三个变形区的变形实质及其对加工过程和质量的影响。
7. 车削直径 80 mm，长 200 mm 棒料外圆，若选用 $a_p = 4$ mm，$f = 0.5$ mm/r，$n = 140$ r/min，试问切削速度 v_c 为多少？切削时间 t_m 为多少？若使用刀具主偏角 $\kappa_r = 75°$，试问其切削厚度、切削宽度、切削面积为多少？
8. 刀具切削部分材料应具备哪些性能？常用的刀具材料有哪些？
9. 简述断屑过程。断屑槽有几种形式，各有何特点？
10. 切削加工由哪些运动组成？它们各有什么作用？
11. 切削用量三要素是什么？
12. 刀具正交平面参考系由哪些平面组成？它们是如何定义的？

13. 刀具的工作角度和标注角度有什么区别？影响刀具工作角度的主要因素有哪些？
14. 什么是积屑瘤？试述其成因、影响和避免方式。
15. 金属切削层的 3 个变形区各有什么特点？
16. 切削热是如何产生的？它对切削过程有什么影响？
17. 刀具磨损的形式有哪些？磨损的原因有哪些？
18. 什么是刀具的磨钝标准？什么是刀具寿命？
19. 何谓工件材料的切削加工性？它与哪些因素有关？
20. 简述前角和后角的大小对切削过程的影响。
21. 简述刃倾角的作用。
22. 切削液的主要作用是什么？
23. 标注图 1-32 所示切断刀的角度。

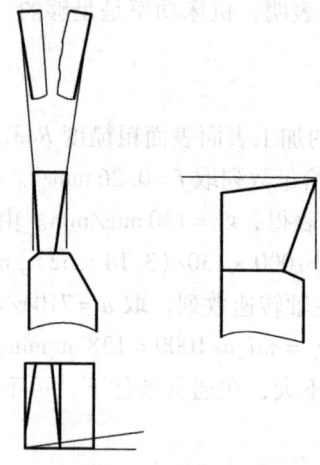

图 1-32 第 23 题图

24. 标注图 1-33 所示内孔镗刀刀具安装高低的工作角度的变化情况。

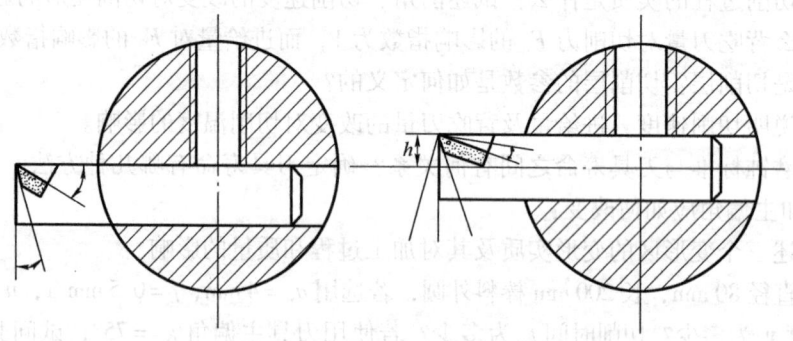

图 1-33 第 24 题图

第 2 章 常规加工技术及设备

知识要点
1. 车削、铣削等各种常规加工技术特点、常用工艺设备、装备及工艺方法。
2. 车削、铣削等各种工艺方法及参数的选用。

学习要求
1. 能根据各种加工方法的特点，合理选用加工方法。
2. 能根据加工的具体要求，进行加工方法工艺过程及参数的设计。

2.1 车削加工

2.1.1 典型车削加工过程

车削加工是指工件旋转作主运动，车刀作进给运动的加工方法，是机械加工方法中应用最广泛的方法之一，是加工轴类、套类零件的主要方法。应用车削加工方法可以加工各种回转体零件内外表面，如内外圆柱面、圆锥面、成形回转表面等。车削加工尺寸公差等级可达 IT6～IT7，表面粗糙度 $Ra0.8～1.6\ \mu m$，还可以进行精密和超精密加工。所以车削加工工艺范围广。在一般机械制造企业中，车削占普通机械加工的 20%～35%，可见车削加工在机械加工行业中的重要地位。图 2-1 所示为典型车削任务。

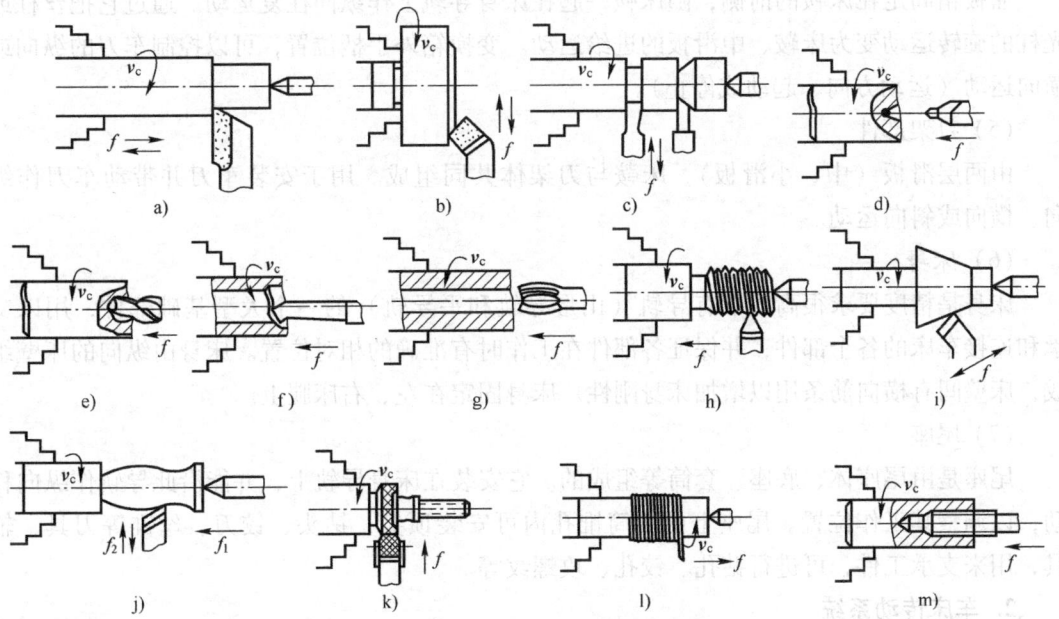

图 2-1 典型车削任务

a) 车外圆 b) 车端面 c) 切槽和切断 d) 钻顶 e) 钻孔 f) 车内孔 g) 铰孔 h) 车螺纹 i) 车圆锥 j) 车成形面
k) 滚花 l) 绕弹簧 m) 攻螺纹

2.1.2 车床

车床是车削加工所必需的工艺设备。它提供车削加工所需的成形运动、辅助运动和切削动力，保证加工过程中工件、夹具与刀具的相对位置正确。常用车床有卧式车床、落地车床与立式车床、转塔车床等。

1. 车床结构及各部分作用

车床尽管类型很多，结构布局各不相同，但其基本组成大致相同。现以卧式车床为例，说明其结构。

（1）主轴箱（旧标准称床头箱）

主轴箱固定在床身的左上部，箱内装有齿轮、主轴等，组成变速传动机构。该变速机构将电动机的旋转运动传递至主轴，通过改变箱外手柄位置，可使主轴实现多种转速的正、反旋转运动。

（2）交换齿轮箱（挂轮箱）

挂轮箱装在床身的左侧。其上装有交换齿轮（挂轮），它把主轴的旋转运动传递给进给箱，调整挂轮箱上的齿轮，并与进给箱内的变速机构相配合，可以车削出不同螺距的螺纹，并满足车削时对不同纵、横向进给量的需求。

（3）进给箱（旧标准称走刀箱）

进给箱固定在床身的左前下侧，是进给传动系统的变速机构。它通过挂轮把主轴的旋转运动传递给丝杠或光杠，可分别实现车削各种螺纹的运动及机动进给运动。

（4）溜板箱（旧标准称拖板箱）

溜板箱固定在床鞍的前侧，随床鞍一起在床身导轨上作纵向往复运动。通过它把丝杠或光杠的旋转运动变为床鞍、中滑板的进给运动。变换箱外手柄位置，可以控制车刀的纵向或横向运动（运动方向、起动或停止）。

（5）刀架部件

由两层滑板（中、小滑板）、床鞍与刀架体共同组成。用于安装车刀并带动车刀作纵向、横向或斜向运动。

（6）床身

床身是精度要求很高的带有导轨（山形导轨和平导轨）的一个大型基础部件，用以支承和连接车床的各个部件，并保证各部件在工作时有准确的相对位置。床身由纵向的床壁组成，床壁间有横向筋条用以增加床身刚性。床身固定在左、右床腿上。

（7）尾座

尾座是由尾座体、底座、套筒等组成的。它安装在床身导轨上，并能沿此导轨作纵向移动，以调整其工作位置。尾座上的套筒锥孔内可安装顶尖、钻头、铰刀、丝锥等刀具、辅具，用来支承工件，可进行钻孔、铰孔、攻螺纹等。

2. 车床传动系统

车削加工过程中，车床通过工件的主运动和车刀进给运动的相互配合来完成对工件的加工。其运动传动过程如图 2-2 所示。

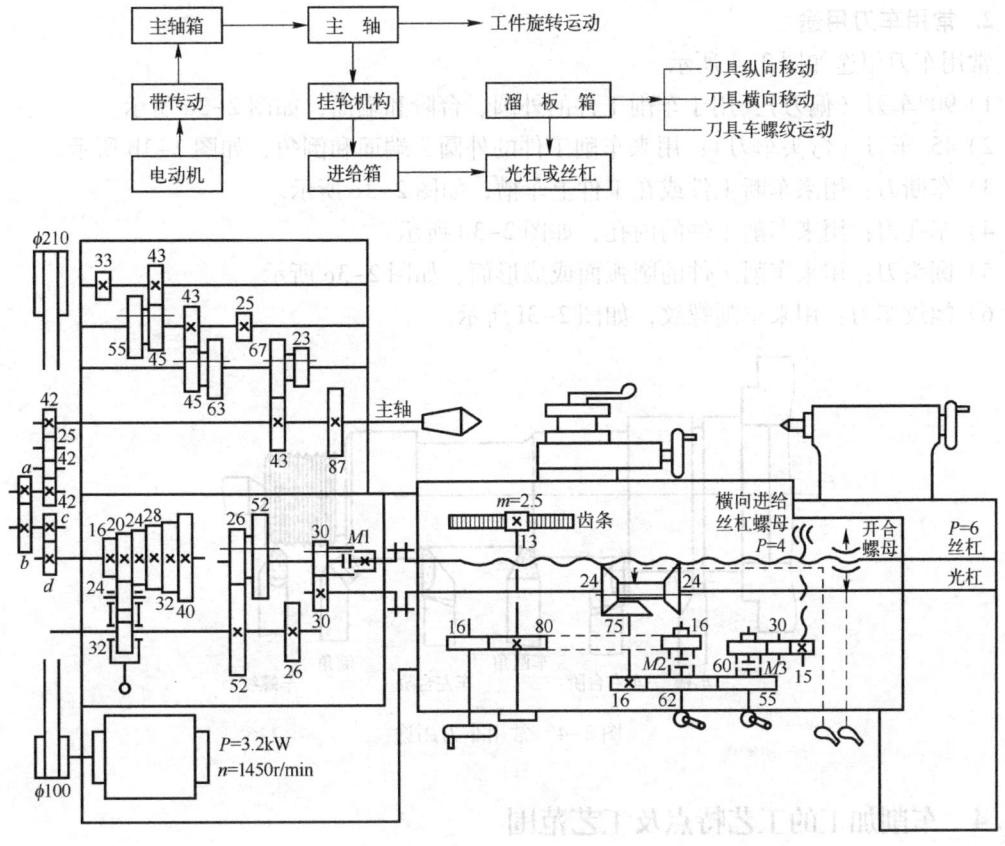

图 2-2 车床传动系统

2.1.3 车刀

1. 车刀的种类

常用车刀种类如图 2-3 所示。

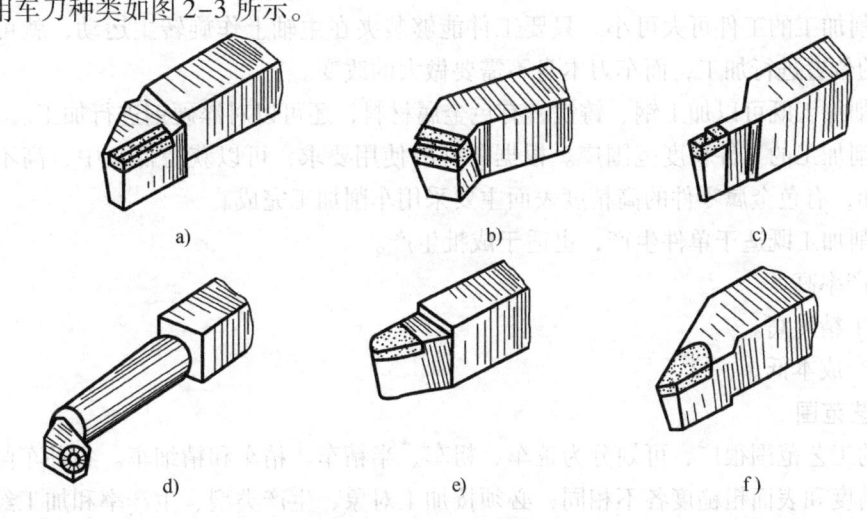

图 2-3 常用车刀种类

a) 外圆车刀（90°车刀） b) 端面车刀（45°车刀） c) 车断刀 d) 车孔刀 e) 圆头刀 f) 螺纹车刀

41

2. 常用车刀用途

常用车刀用途如图 2-4 所示。

1）90°车刀（偏刀）：用于车削工件的外圆、台阶和端面，如图 2-3a 所示。

2）45°车刀（弯头车刀）：用来车削工件的外圆、端面和倒角，如图 2-3b 所示。

3）车断刀：用来车断工件或在工件上车槽，如图 2-3c 所示。

4）车孔刀：用来车削工件的内孔，如图 2-3d 所示。

5）圆头刀：用来车削工件的圆弧面或成形面，如图 2-3e 所示。

6）螺纹车刀：用来车削螺纹，如图 2-3f 所示。

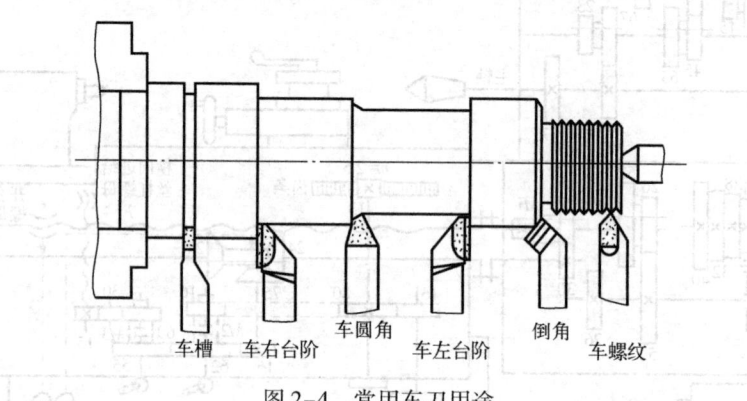

图 2-4 常用车刀用途

2.1.4 车削加工的工艺特点及工艺范围

1. 工艺特点

1）适应性好。

① 车削加工不仅是回转体零件不可缺少的加工方法，对于短杆、小支架类零件，只要能够装夹在车床上，它们的回转表面、端面都可以用车削加工。

② 车削加工的工件可大可小。只要工件能够装夹在主轴上作旋转主运动，就可以通过调整车刀的位置进行加工，而车刀本身不需要做大的改变。

③ 车削加工既可以加工钢、铸铁、有色金属材料，还可以对淬硬钢进行加工。

④ 车削加工的工件精度范围广。根据零件的使用要求，可以获得低、中、高不同加工精度。例如，有色金属零件的高精度表面主要采用车削加工完成。

⑤ 车削加工既适于单件生产，也适于成批生产。

2）生产率高。

3）加工精度高。

4）生产成本低。

2. 工艺范围

车削的工艺范围很广，可划分为荒车、粗车、半精车、精车和精细车。各种车削所能达到的加工精度和表面粗糙度各不相同，必须按加工对象、生产类型、生产率和加工经济性等方面的要求合理地选择。

车削时尺寸公差等级和相应的表面粗糙度见表 2-1。

表 2-1　常用车削公差等级与相应表面粗糙度

加工类别	公差等级	相应表面粗糙度 $Ra/\mu m$	表面特征
荒车	IT18 IT15	>80	表面粗糙
粗车	IT12 IT11	25~50	可见明显刀痕 可见刀痕
半精车	IT10 IT9	6.3 3.2	可见加工痕迹 微见加工痕迹
精车	IT8 IT7	1.6 0.8	不见加工痕迹 可辨加工痕迹方向
精细车	IT6 IT5	0.4 0.2	微辨加工痕迹方向 不辨加工痕迹方向

2.2　铣削加工

2.2.1　典型铣削加工过程

1. 铣削加工的特点与应用

铣削加工是在铣床上，以铣刀的旋转运动为主运动，铣刀或工件作进给运动的加工方法。它应用相切法成形原理，用多刃回转体刀具对平面、台阶面、沟槽、成形表面、型腔表面、螺旋表面进行加工。它是目前应用最广泛的加工方法之一。图 2-5 所示是铣削加工的工艺范围。

铣削加工可以对工件进行粗加工和半精加工。其加工公差等级可达 IT7~IT9，精铣表面粗糙度 Ra 可达 1.6~3.2 μm。

铣刀的每一个刀齿相当于一把车刀，同时多齿参与切削，就其中一个刀齿而言，其切削加工特点与车削加工基本相同。但就整体刀具的切削过程而言又有其特殊之处，主要表现在以下几个方面。

1）铣削加工生产率高。

由于多个刀齿参与切削，切削刃的作用总长度长，每个刀齿的切削载荷相同时，总的金属切除率就会明显高于单刃刀具切削的效率。

2）断续切削。

铣削时，每个刀齿依次切入和切出工件，形成断续切削，切入和切出时会产生冲击和振动。此外，高速铣削时刀齿还经受周期性的温度变化即热冲击的作用，这种热和力的冲击会降低刀具的寿命。振动还会影响已加工表面的表面粗糙度。

3）容屑和排屑。

由于铣刀是多刃刀具，相邻两刀齿之间的空间有限，每个刀齿切下的切屑必须有足够的空间容纳并能够顺利排出，否则会造成刀具破坏。

4）同一个被加工表面可以采用不同的铣削方式、不同的刀具，来适应不同工件材料和其他切削条件的要求，以提高切削效率和刀具寿命。

2. 铣削要素

铣削时，铣刀相邻的两个刀齿在工件上先后形成的两个过渡表面之间的金属层称为切削层。铣削时切削用量决定切削层的形状与尺寸。切削层的形状和尺寸对铣削过程有很大的影响。

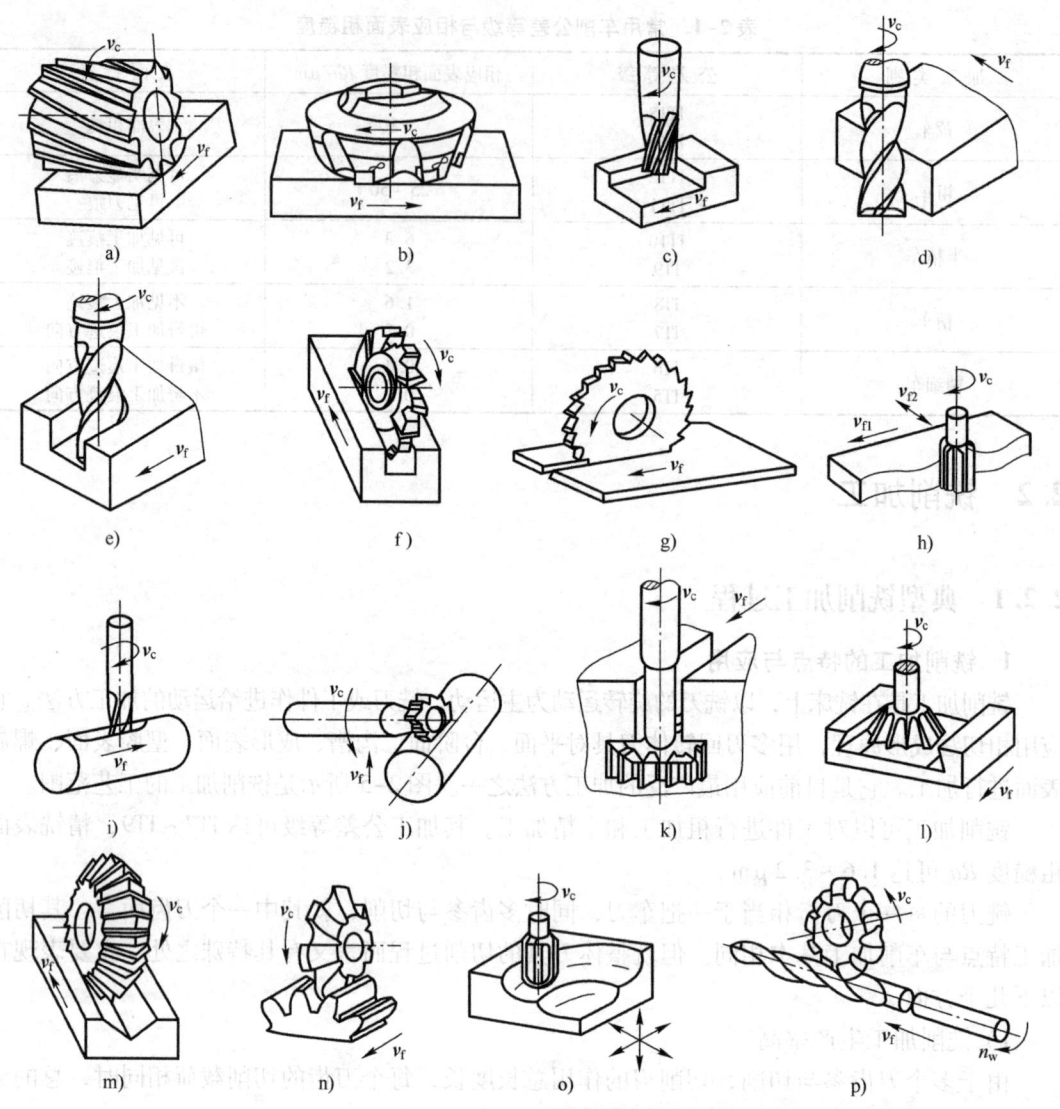

图 2-5 铣削加工的工艺范围

a)、b)、d) 铣平面　c) 铣台阶面　e)、f) 铣沟槽　g) 切断　h) 铣曲面　i)、j) 铣键槽
k) 铣 T 形槽　l) 铣燕尾槽　m) 铣 V 形槽　n) 铣成形面　o) 铣形腔　p) 铣螺旋面

(1) 铣削用量

如图 2-6 所示，铣削用量包括背吃刀量 a_p、侧吃刀量 a_e、铣削速度 v_c 和进给量 f。

根据切削刃在铣刀上分布位置不同，铣削可分为圆周铣削和端面铣削。切削刃分布在刀具圆周表面的切削方式称为周铣；切削刃分布在刀具端面上的铣削方式称为端铣。

1) 背吃刀量 a_p。

背吃刀量是通过切削刃基点并垂直于工作平面方向上测量的吃刀量，即平行于铣刀轴线测量的切削层尺寸。

2) 侧吃刀量 a_e。

侧吃刀量为在平行于工作平面并垂直于切削刃基点的进给运动方向上测量的吃刀量，即垂直于铣刀轴线测量的切削层尺寸。

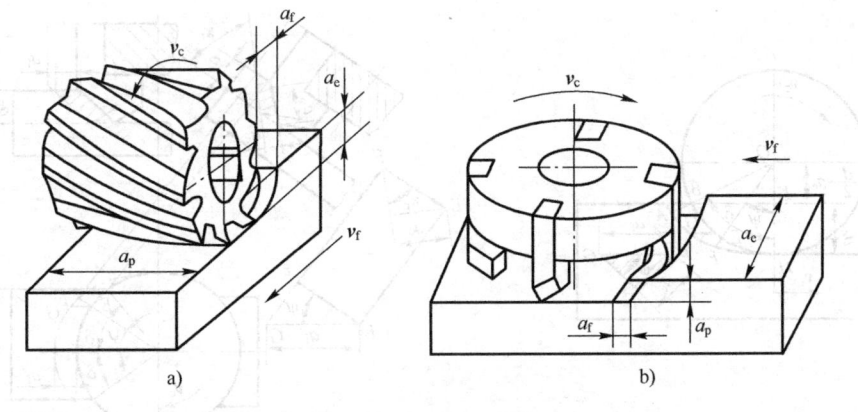

图 2-6 铣削用量要素
a）圆周铣削　b）端面铣削

3）铣削速度 v_c。

铣削速度为铣刀主运动的线速度，其值可用下式计算

$$v_c = \pi dn/1000 \tag{2-1}$$

式中　d——铣刀直径（mm）；
　　　n——铣刀转速（r/min）。

4）进给量 f。

进给量是铣刀与工件在进给方向上的相对位移量。它有3种表示方法：

① 每齿进给量 f_z 是铣刀每转一个刀齿时，工件与铣刀沿进给方向的相对位移量，单位为 mm/齿。

② 每转进给量 f_n 是铣刀每转一转时，工件与铣刀沿进给方向的相对位移，单位为 mm/r。

③ 进给速度 v_f 是单位时间内工件与铣刀沿进给方向的相对位移，单位为 mm/min。

三者之间的关系为

$$v_f = nf_n = nzf_z \tag{2-2}$$

式中　z——铣刀刀齿数；
　　　n——铣刀转速（r/min）。

铣床铭牌上给出的是进给速度 v_f，调整机床时，首先应根据加工条件选择 f_z 或 f_n，然后计算出 v_f，并按照 v_f 调整机床。

(2) 切削层要素

图 2-7 所示是圆周铣削和端面铣削时的切削层形状。

1）切削厚度 a_c。切削厚度是指由铣刀上相邻两个刀齿主切削刃形成的过渡表面间的垂直距离。

2）切削宽度 a_w。切削宽度为主切削刃参加工作的长度。如图 2-7a 所示，直齿圆柱铣刀的切削宽度等于背吃刀量 a_p。

3）切削层横截面积 A_c。铣刀同时有几个刀齿参加切削，铣刀的总切削层横截面积应为同时参加切削的刀齿切削层横截面积之和。但是由于切削时切削厚度、切削宽度和同时工作的齿数均随时间变化，所以计算较为复杂。为方便起见，常采用平面切削总面积 $A_c = Q/v_c$，其中 Q 为单位时间内的金属切除率。

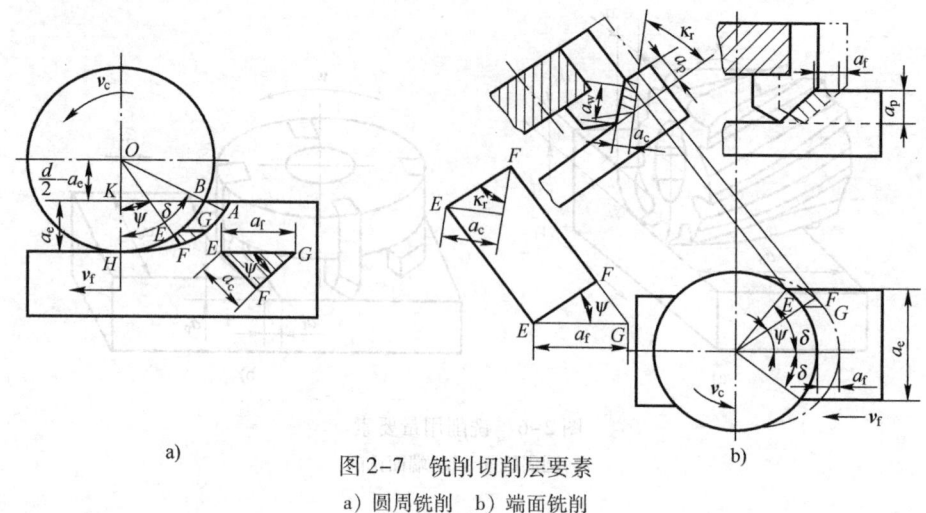

图 2-7 铣削切削层要素
a) 圆周铣削 b) 端面铣削

2.2.2 铣床

铣床的类型很多,主要有升降台铣床、龙门铣床、工具铣床等。此外还有仿形铣床、仪表铣床和各种专门化铣床。随着数控技术的应用,数控铣床和以镗削、铣削为主要功能的镗铣加工中心的应用也越来越普遍。

1. 升降台铣床

升降台铣床是普通铣床中应用最广的一种类型。其结构特征是,安装工件的工作台可在相互垂直的三个方向上调整位置,并可在各个方向上实现进给运动。安装铣刀的主轴作旋转运动。升降台铣床可用来加工中小型零件的平面、沟槽,配置相应的附件可铣削螺旋槽、分齿零件等。

根据主轴的布置形式,升降台铣床可分为卧式和立式两种。图 2-8 所示为卧式升降台铣床。

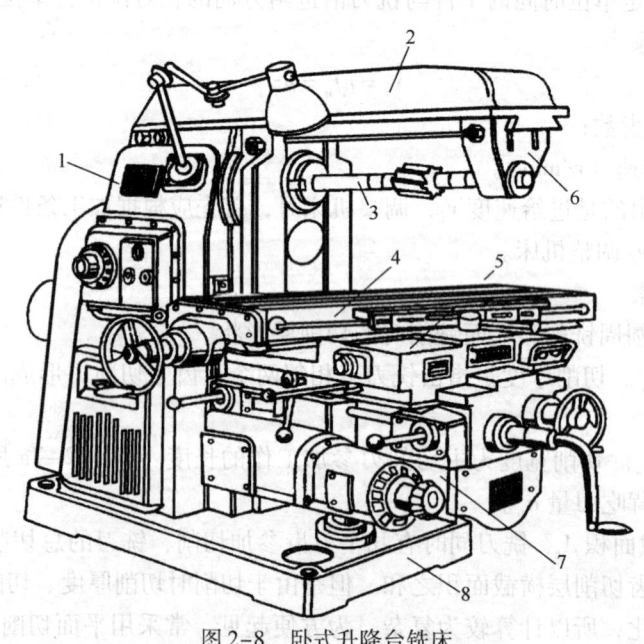

图 2-8 卧式升降台铣床
1—床身 2—悬梁 3—铣刀轴 4—工作台 5—滑座 6—悬梁支架 7—升降台 8—底座

(1) 卧式升降台铣床

卧式升降台铣床是目前最常用的铣床，机床结构比较完善，变速范围大，刚性好，操作方便，其外形如图2-8所示。

(2) 立式升降台铣床

X5032型立式升降台铣床是一种常见的立式升降台铣床（图2-9）。其主轴位置与工作台面垂直，安装在可以回转的铣头壳体内。工作台与横向溜板连接处没有回转盘，所以工作台在水平面内不能扳转角度。

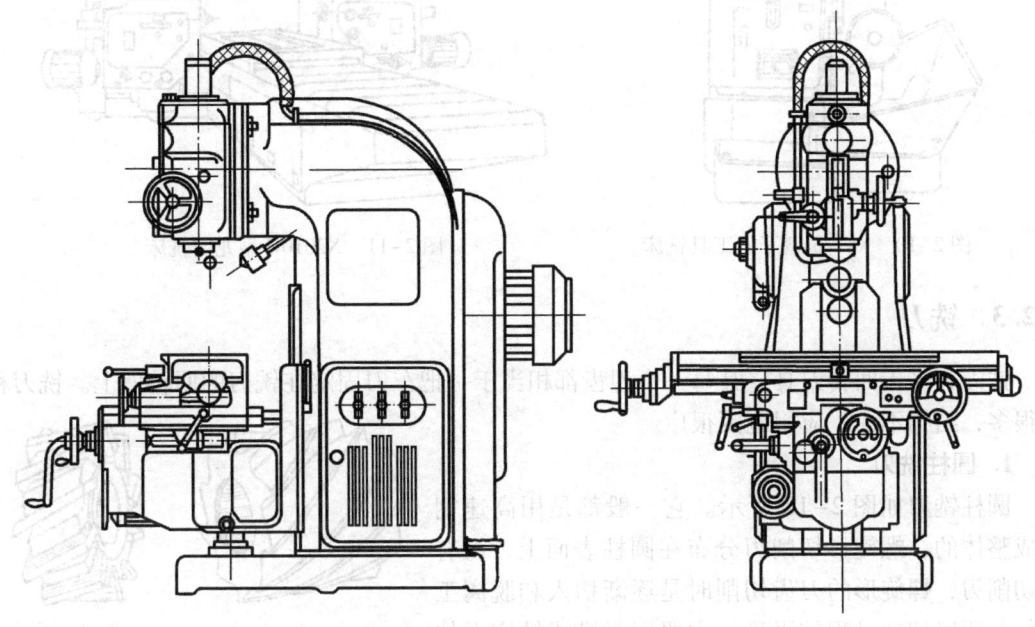

图2-9 X5032型立式升降台铣床

2. 其他铣床

(1) X8126型万能工具铣床

X8126型万能工具铣床（图2-10）的加工范围很广。它具有水平主轴和垂直主轴，能完成卧铣和立铣的铣削工作内容。其横向进给运动由主轴座的移动来实现，纵向及垂直方向进给运动由工作台及升降台的移动来实现。万能工具铣床除了能完成卧式铣床和立式铣床的加工外，配备固定工作台、可倾斜工作台、回转工作台、平口钳、分度头、立铣头、插削头等附件后，可大大增加机床的万能性。它适用于工具、刀具及各种模具加工，也可用于仪器、仪表等行业加工形状复杂的零件。

(2) X2010C型龙门铣床

龙门铣床是一种大型高效通用机床（图2-11）。它在结构上呈框架式结构布局，具有较高的刚度及抗振性，有三轴和四轴两种布局形式。龙门铣床的垂直主轴能在±30°范围内按要求偏转，水平主轴的偏转角度为-15°~30°，以满足不同铣削的要求。龙门铣床主要用于大中型工件的平面、沟槽加工，可以对工件进行粗铣、半精铣，也可以进行精铣加工。由于龙门铣床上可以用多把铣刀同时加工几个表面，所以它的生产率很高，在成批和大量生产中得到广泛的应用。

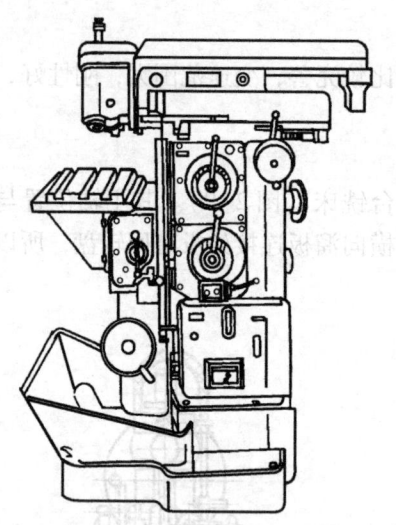
图 2-10　X8126 型万能工具铣床

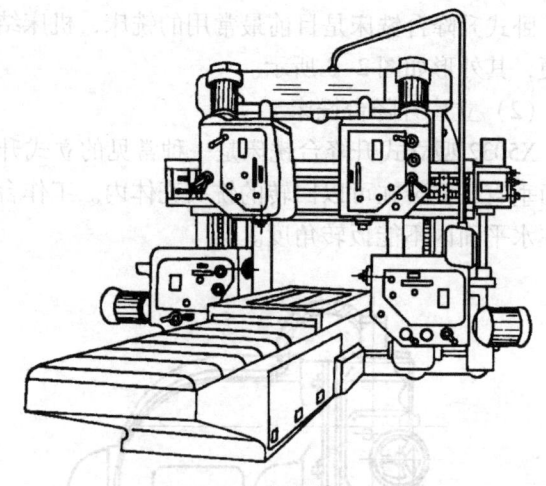
图 2-11　X2010C 型龙门铣床

2.2.3　铣刀

铣刀为多齿回转刀具，其每一个刀齿都相当于一把车刀固定在铣刀的回转面上。铣刀种类很多，结构不一，应用范围很广。

1. 圆柱铣刀

圆柱铣刀如图 2-12 所示。它一般都是用高速钢制成整体的，螺旋形切削刃分布在圆柱表面上，没有副切削刃，螺旋形的刀齿切削时是逐渐切入和脱离工件的，所以切削过程较平稳。主要用于卧式铣床上加工宽度小于铣刀长度的狭长平面。

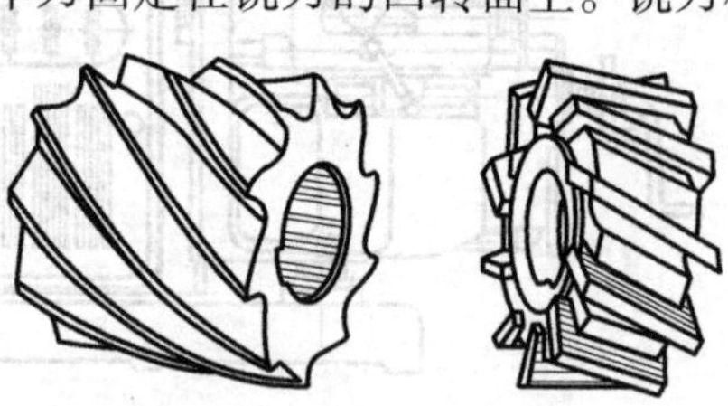

根据加工要求，圆柱铣刀有粗齿、细齿之分，粗齿的容屑槽大，用于粗加工；细齿用于精加工。铣刀外径较大时，常制成镶齿式。

图 2-12　圆柱铣刀
a) 整体式　b) 镶齿式

2. 面铣刀

面铣刀如图 2-13 所示，主切削刃分布在圆柱或圆锥表面上，端面切削刃为副切削刃，铣刀的轴线垂直于被加工表面，适合大平面的加工。用面铣刀加工平面，同时参加切削的刀齿较多，又有副切削刃的修光作用，使加工表面的表面粗糙度小，因此可以用较大的切削用量，生产率较高，应用广泛。

3. 立铣刀

立铣刀如图 2-14 所示，一般由 3~4 个刀齿组成，圆柱面上的切削刃是主切削刃，端面上分布着副切削刃，工作时不能沿铣刀轴线方向作进给运动。它主要用于加工凹槽，台阶面以及利用靠模加工成形面。

4. 三面刃铣刀

三面刃铣刀如图 2-15 所示，可分为直齿三面刃、交错齿三面刃和镶齿三面刃。它主要用在卧式铣床上，加工台阶面和一端或两端贯穿的浅沟槽。三面刃铣刀除圆周具有主切削刃外，两侧面也有副切削刃，从而改善了切削条件，提高了切削效率，减小了表面粗糙度。

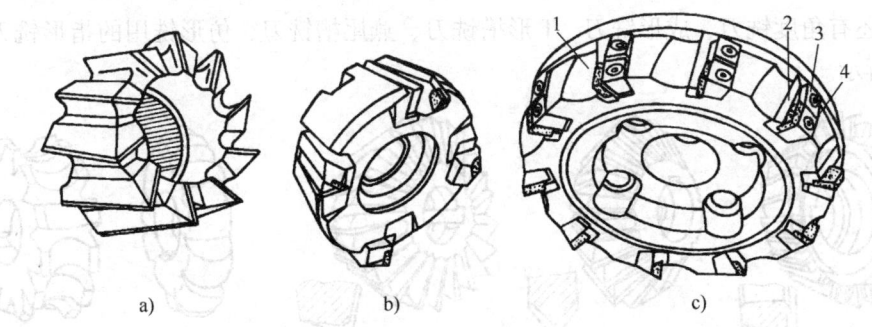

图 2-13 面铣刀

a）整体式刀片 b）镶焊接式硬质合金刀片 c）机械夹固式可转位硬质合金刀片
1—不重磨可转位夹具 2—定位座 3—定位座夹具 4—刀片夹具

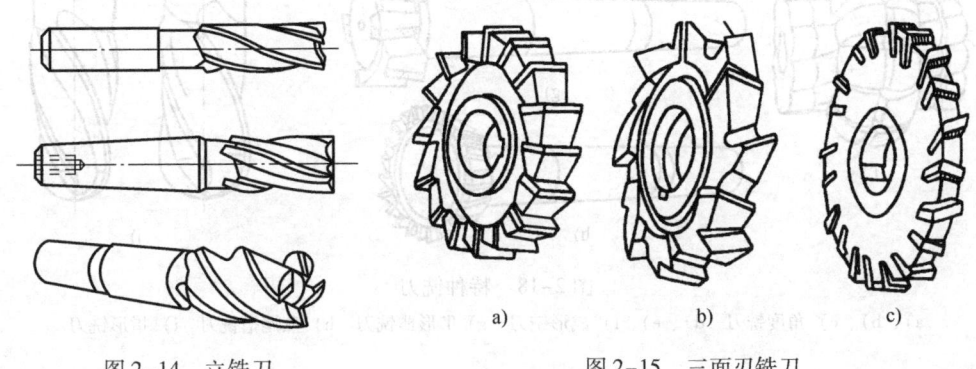

图 2-14 立铣刀

图 2-15 三面刃铣刀

a）直齿 b）交错齿 c）镶齿

5. 锯片铣刀

锯片铣刀如图 2-16 所示。锯片铣刀本身很薄，只在圆周上有刀齿，用于切断工件和铣窄槽。

6. 键槽铣刀

键槽铣刀如图 2-17 所示。它的外形与立铣刀相似，不同的是它在圆周上只有两个螺旋刀齿，其端面刀齿的刀刃延伸至中心，因此在铣两端不通的键槽时，可以作适量的轴向进给。它主要用于加工圆头封闭键槽，使用它加工时，要作多次垂直进给和纵向进给才能完成键槽加工。

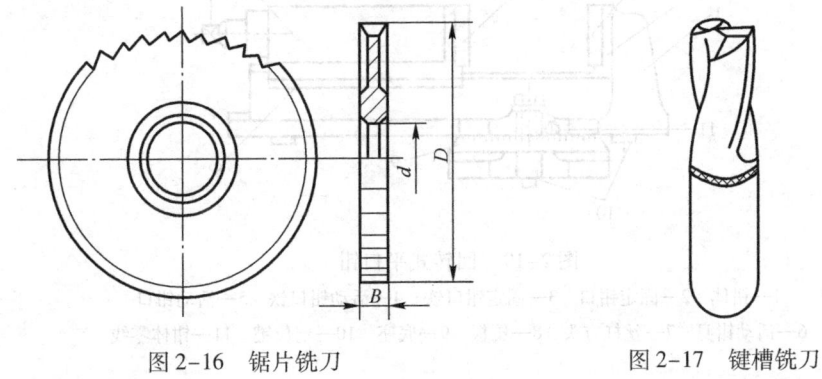

图 2-16 锯片铣刀　　图 2-17 键槽铣刀

其他还有角度铣刀、成形铣刀、T形槽铣刀、燕尾槽铣刀、仿形铣用的指形铣刀等,如图 2-18 所示。

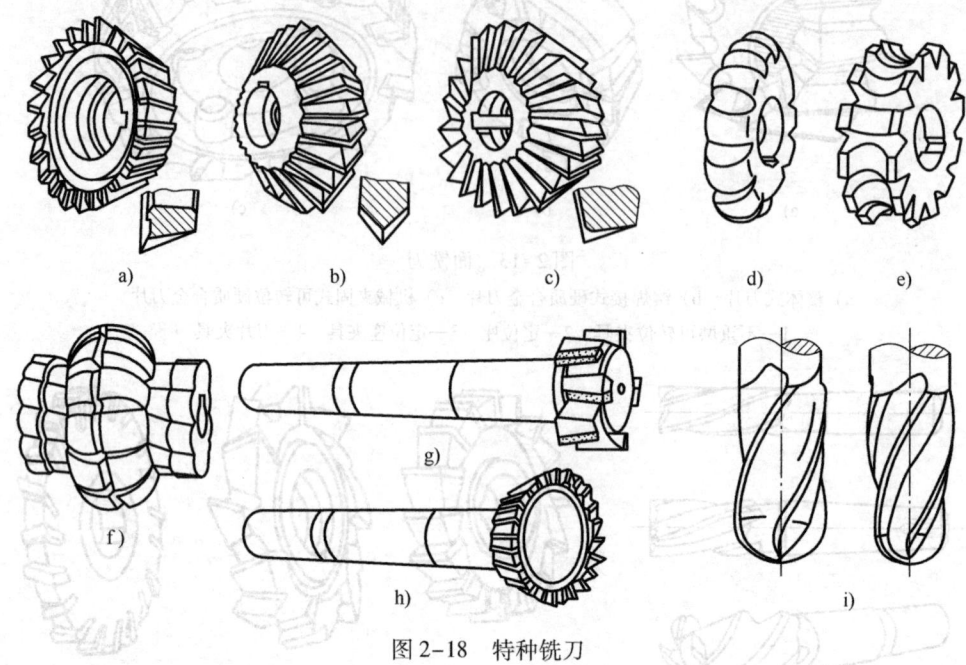

图 2-18 特种铣刀

a)、b)、c) 角度铣刀　d)、e)、f) 成形铣刀　g) T形槽铣刀　h) 燕尾槽铣刀　i) 指形铣刀

2.2.4 铣床夹具

在铣床上加工中小型工件时,一般采用平口钳来装夹;对于大中型工件,则多采用直接在铣床工作台上用压板来装夹。在成批、大量生产中,为提高生产率和保证加工质量,应采用专用铣床夹具来装夹。

1. 平口钳

平口钳是铣床上常用来装夹工件的附件。铣削一般长方体工件的平面、阶台面、斜面和轴类工件的键槽时,都可以用平口钳来装夹。

常用的平口钳有回转式和非回转式两种。图 2-19 所示为回转式平口钳。

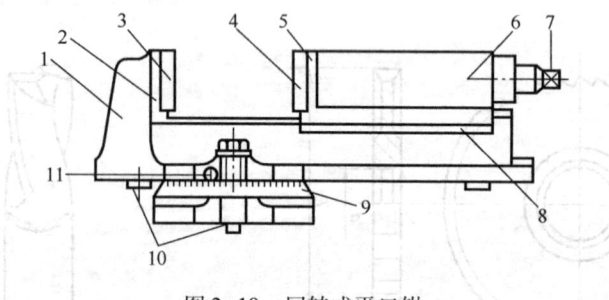

图 2-19 回转式平口钳

1—钳体　2—固定钳口　3—固定钳口铁　4—活动钳口铁　5—活动钳口
6—活动钳身　7—丝杠方头　8—压板　9—底座　10—定位键　11—钳体零线

2. 万能分度头

（1）结构

万能分度头结构如图2-20所示。

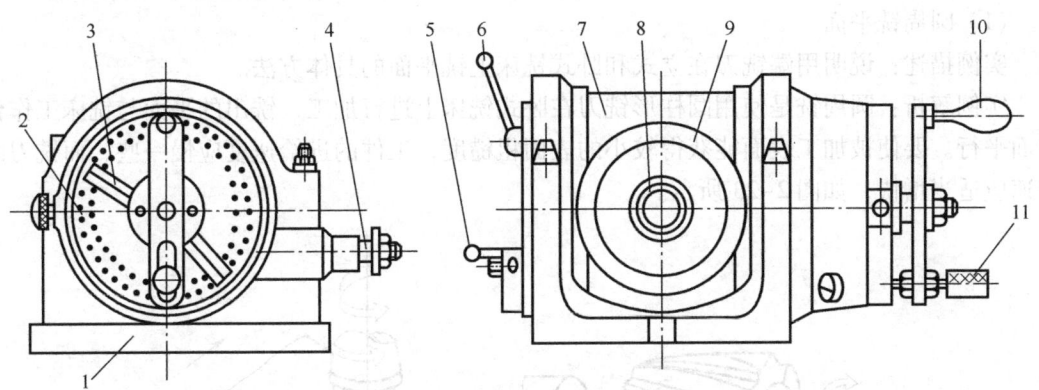

图2-20 万能分度头结构

1—基座 2—分度盘 3—分度叉 4—侧轴 5—蜗杆脱落手柄 6—主轴锁紧手柄
7—回转体 8—主轴 9—刻度盘 10—分度手柄 11—定位插销

（2）传动系统

万能分度头的传动系统如图2-21所示。

3. 回转工作台

回转工作台又称为圆转台，是铣床的主要附件之一。其结构如图2-22所示。

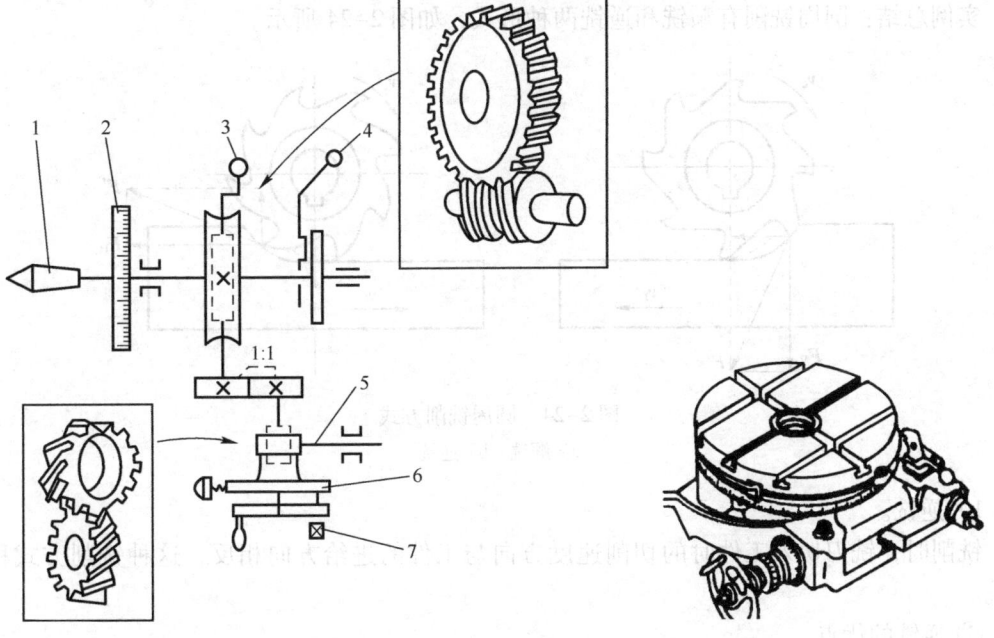

图2-21 万能分度头的传动系统

1—主轴 2—刻度盘 3—蜗杆脱落手柄 4—主轴锁紧手柄
5—侧轴 6—分度盘 7—定位插销

图2-22 回转工作台

2.2.5 铣削加工实例

1. 铣平面

（1）圆周铣平面

实例描述：说明用端铣刀在立式和卧式铣床上铣平面的具体方法。

实例解析：圆周铣是使用圆柱形铣刀在卧式铣床上进行加工，铣出的平面与铣床工作台台面平行。要使被加工表面能获得较小的表面粗糙度，工件的进给速度应慢一些，而铣刀的转速应适当增快，如图 2-23 所示。

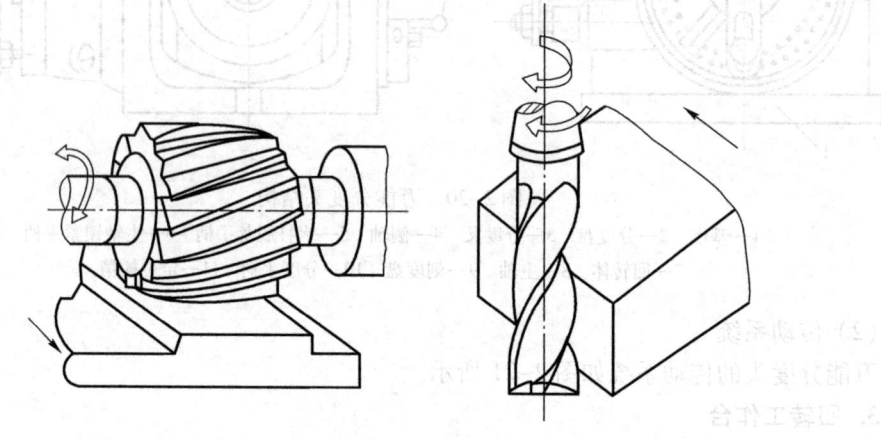

图 2-23 圆周铣削

实例总结：圆周铣削有顺铣和逆铣两种形式，如图 2-24 所示。

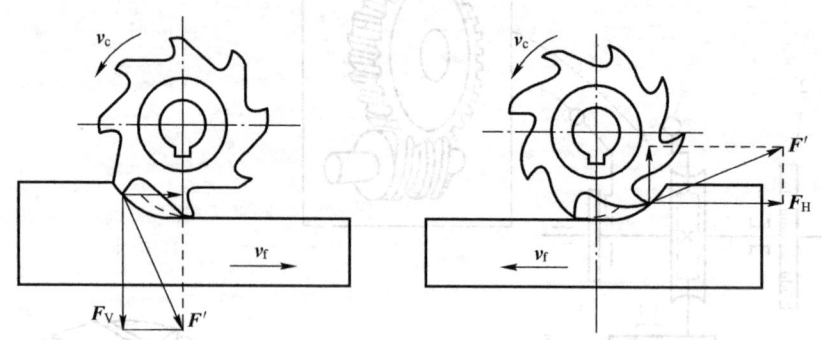

图 2-24 圆周铣削方式
a）顺铣 b）逆铣

1）逆铣。

铣削时，铣刀切入工件时的切削速度方向与工件的进给方向相反，这种铣削方式称为逆铣。

① 逆铣的优点。

第一，在铣刀中心进入工件端面后，刀刃沿已加工表面切入工件，铣削表面有硬皮的毛坯件时，对铣刀的刀刃影响较小。

第二，逆铣时，纵向铣削分力与驱动工作台移动的纵向力方向相反，使丝杠与螺母间的传动面始终贴紧,工作台不会发生窜动现象,铣削过程较平稳。

② 逆铣的缺点。

第一,逆铣时,刀齿的切削厚度从零逐渐增大。刀齿在开始切入时,由于切削刃钝圆半径的影响,刀齿在工件表面上打滑,产生挤压和摩擦,使这段表面产生严重的冷硬层。至滑行到一定程度时,刀齿方能切下一层金属层。下一个刀齿切入时,又在冷硬层上挤压、滑行,使刀齿容易磨损,降低铣刀耐用度,同时使工件表面粗糙度增大。

第二,逆铣加工时,铣削力在垂直方向上的分力始终向上,工件需要较大的夹紧力,易引起振动。

第三,消耗在进给运动的功率较大。

2) 顺铣。

铣削时,铣刀切出工件时的切削速度方向与工件的进给方向相同,这种铣削方式称为顺铣。

① 顺铣的优点。

第一,顺铣时,刀齿的切削厚度从最大逐渐递减至零,避免了逆铣时的刀齿挤压、滑行现象,已加工表面的加工硬化程度大为减轻,表面质量也较高,刀具寿命也比逆铣时高。

第二,垂直方向的切削分力始终压向工作台,对工件起夹紧作用,避免了工件的振动。

第三,消耗在进给运动的功率较小。

② 顺铣的缺点。

第一,顺铣时,切削刃从工件的外表面切入工件,因此当工件是有硬皮和杂质的毛坯件时,容易磨损和损坏刀具。

第二,顺铣时,铣削力的纵向分力方向始终与驱动工作台移动的纵向力方向相同。如果丝杠与螺母传动副中存在间隙,则当纵向铣削分力大于工作台与导轨之间的摩擦力时,会使工作台带动丝杠出现窜动,造成工作台振动,使工作台进给不均匀,严重时会出现打刀现象。因此,如采用顺铣,必须要求铣床工作台进给丝杠螺母副有消除间隙的装置,或采取其他有效措施。所以,在没有丝杠螺母间隙消除装置的铣床上,宜采用逆铣加工。

(2) 端铣平面

实例描述:说明用圆柱铣刀在立式和卧式铣床上铣平面的具体方法。

实例解析:使用端铣刀在立式铣床上进行加工,铣出的平面与铣床工作台台面平行,端铣也可以在卧式铣床上进行,铣出的平面与铣床工作台台面垂直,具体铣削方法如图 2-25 所示。

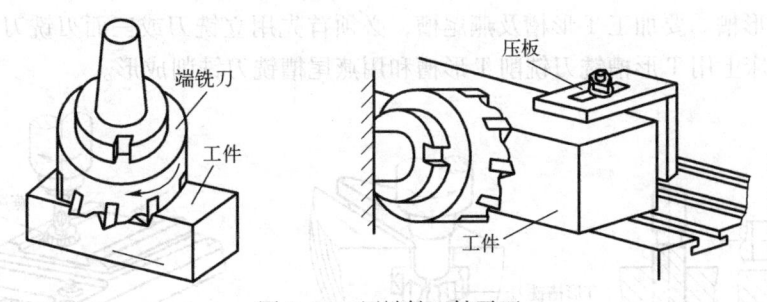

图 2-25 用端铣刀铣平面

实例总结:端铣时,根据铣刀与工件相对位置的不同,可分为对称铣削、不对称逆铣和不对称顺铣,具体如图 2-26 所示。对称铣削方式具有最大的平均切削厚度,可避免铣刀切入时对工件表面的挤压、滑行，铣刀寿命高。在精铣机床导轨面时，可保证刀齿在加工表面冷硬层下铣削，能获得较高的表面质量。不对称逆铣切削平稳，切入时切削厚度小，减小了冲击，从而可使刀具寿命和加工表面质量得到提高，适合于加工碳钢及低碳合金钢。不对称顺铣时，刀齿切出工件时，切削厚度较小，适于切削强度低，塑性大的材料。

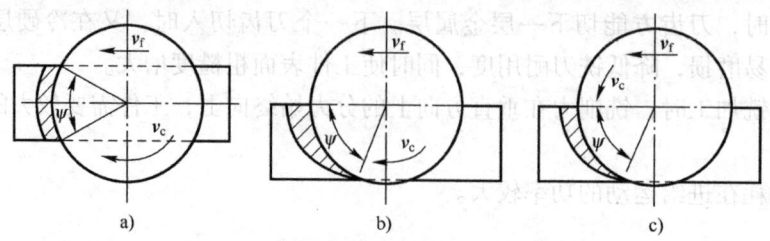

图 2-26　对称铣与不对称铣
a) 对称铣削　b) 不对称逆铣　c) 不对称顺铣

2. 铣槽

铣床上能加工的沟槽种类很多，如直槽、角度槽、V形槽、T形槽、燕尾槽和键槽等。

(1) 铣键槽

常见的键槽有封闭式和敞开式两种。在立式铣床上铣封闭式键槽，一般用键槽铣刀加工，如图 2-27 所示；对于敞开式键槽，可在卧式铣床上进行，一般采用三面刃铣刀加工，如图 2-28 所示。

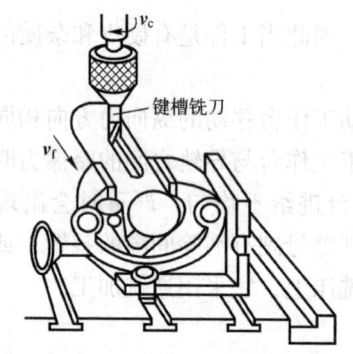
图 2-27　在立式铣床上铣封闭式键槽

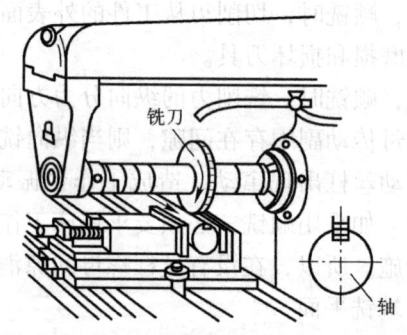
图 2-28　在卧式铣床上铣敞开式键槽

(2) 铣T形槽及燕尾槽

如图 2-29，图 2-30 所示。T形槽应用很多，如铣床和刨床的工作台上用来安放紧固螺栓的槽就是T形槽。要加工T形槽及燕尾槽，必须首先用立铣刀或三面刃铣刀铣出直角槽，然后在立式铣床上用T形槽铣刀铣削T形槽和用燕尾槽铣刀铣削成形。

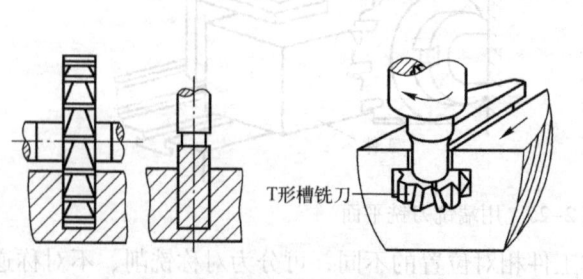
图 2-29　铣T形槽

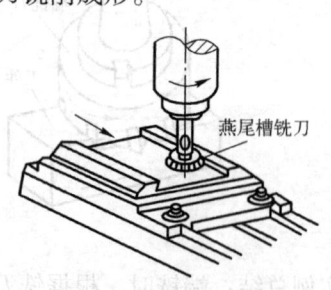
图 2-30　铣燕尾槽

3. 铣成形面

成形面一般在卧式铣床上用成形铣刀来加工，如图2-31a所示。成形铣刀的形状要与成形面的形状相吻合。如零件的外形轮廓是由不规则的直线和曲线组成，则一般在立式铣床上铣削，加工方法有：按划线用手动进给铣削；用圆形工作台铣削；用靠模铣削曲面，如图2-31b所示。

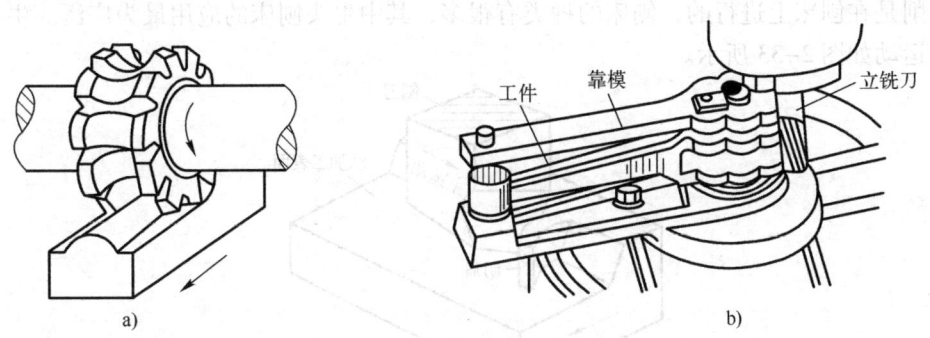

图2-31 铣成形面
a) 用成形铣刀铣成形面 b) 用靠模铣曲面

对于要求不高的曲线外形表面，可按工件上划出的线迹移动工作台进行加工，顺着线迹将打出的样冲眼铣掉一半。在成批及大量生产中，可以采用靠模夹具或专用的靠模铣床来对曲线外形面进行加工。

4. 铣齿形

齿轮齿形的加工方法可分为两大类：展成法和成形法。展成法是利用齿轮刀具与被切齿轮的互相啮合运转而切出齿形的方法，如插齿和滚齿加工等；成形法是利用仿照与被切齿轮齿槽形状相符的盘状铣刀或指状铣刀切出齿形的方法，如图2-32所示。在铣床上加工齿形的方法属于成形法。

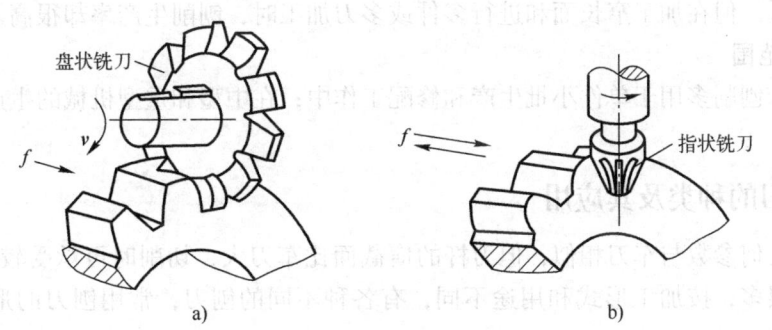

图2-32 用盘状铣刀和指状铣刀加工齿轮
a) 盘状铣刀铣齿轮 b) 指状铣刀铣齿轮

圆柱形齿轮和圆锥齿轮，可在卧式铣床或立式铣床上加工。人字形齿轮在立式铣床上加工。蜗轮则可以在卧式铣床上加工。卧式铣床加工齿轮一般用盘状铣刀，而在立式铣床上则使用指状铣刀。

2.3 刨削加工

在刨床上,刨刀的直线往复运动作主运动,工件的移动作进给运动的加工方法称为刨削加工。刨削主要用来加工水平面、垂直面、斜面、台阶、燕尾槽、直角沟槽、T形槽、V形槽等。

刨削是在刨床上进行的,刨床的种类有很多,其中牛头刨床的应用最为广泛。牛头刨床的刨削运动如图2-33所示。

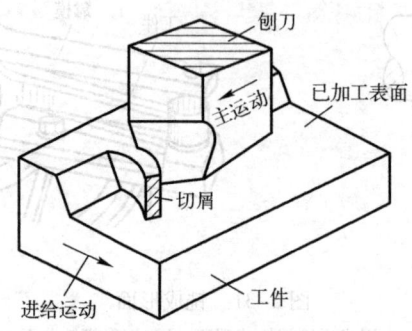

图2-33 牛头刨床的刨削运动

2.3.1 典型刨削加工过程

1. 工艺特点

1)刨床结构简单,调整、操作方便;刀具制造、刃磨容易,加工费用低。
2)刨削特别适宜加工尺寸较大的形槽、燕尾槽及窄长的平面。
3)刨削加工精度较低。粗刨的尺寸公差等级为IT11~IT13,表面粗糙度 Ra 为12.5μm,精刨后尺寸公差等级为IT7~IT9,表面粗糙度 Ra 为1.6~3.2μm。
4)刨削生产率较低。因刨削有空行程损失,主运动部件反向惯性力较大,故刨削速度低,生产率低。但在加工窄长面和进行多件或多刀加工时,刨削生产率却很高。

2. 应用范围

牛头刨床刨削多用于单件小批生产和修配工作中;在中型和重型机械的生产中龙门刨床使用较多。

2.3.2 刨刀的种类及其应用

刨刀的几何参数与车刀相似,但刀杆的横截面比车刀大,切削时可承受较大的冲击力。刨刀的种类很多,按加工形式和用途不同,有各种不同的刨刀,常用刨刀的形状及应用如图2-34所示。

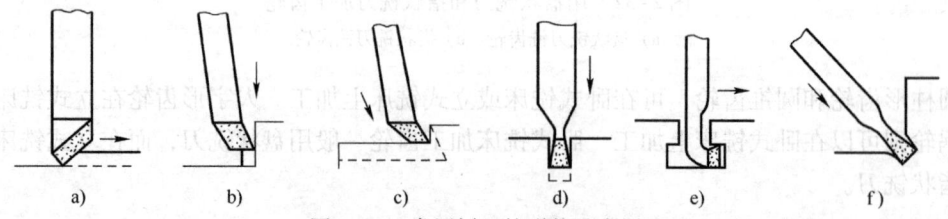

图2-34 常用刨刀的形状及应用
a)平面刨刀 b)偏刀 c)角度偏刀 d)切刀 e)弯切刀 f)成形刀

2.3.3 刨削加工实例

1. 刨平面

（1）刨水平面

刨削水平面时，进给运动由工作台（工件）横向移动完成，背吃刀量由刀架控制。刨刀一般采用两侧刀刃对称的尖头刀，以便于双向进给，减少刀具的磨损和节省辅助工时。

（2）刨垂直平面

刨削垂直平面时，摇动刀架手柄使刀架滑板（刀具）作手动垂直进给，吃刀量通过工作台的横向移动控制。

（3）刨倾斜平面

刨倾斜平面有两种方法：一是倾斜装夹工件，使工件被加工斜面处于水平位置，用刨水平面的方法加工；另一个方法是将刀架转盘旋转所需角度，摇动刀架手柄使刀架滑板（刀具）作手动倾斜进给，如图2-35所示。

实例描述：在图2-36所示工件上刨削一个V形槽，说明具体方法。

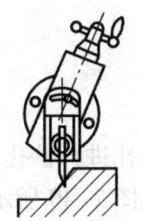
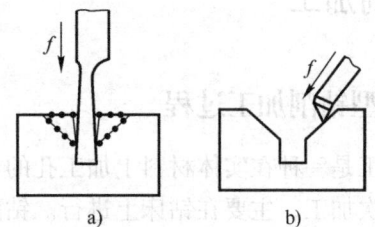

图2-35 刨倾斜平面　　图2-36 刨V形槽
　　　　　　　　　　a）刨V形槽底部直槽　b）刨V形槽斜面

实例解析：如图2-36所示，刨V形槽时，根据工件的划线找正，先用直槽刀刨出底部直槽，然后换装偏刀，倾斜刀架和偏转刀座，用刨斜面的方法分别刨出V形槽两侧面。

2. 刨沟槽

（1）刨直槽和V形槽

刨直槽时，如果沟槽宽度不大，可用宽度与槽宽相当的直槽刨刀直接刨到所需宽度，旋转刀架手柄实现垂直进给；如果沟槽宽度较大，则可横向移动工作台，分几次刨削达到所需槽宽。

（2）刨燕尾槽

刨燕尾槽的方法与刨V形槽相似，采用左、右偏刀按划线分别刨削燕尾斜面，具体方法如图2-37所示。

（3）刨T形槽

实例描述：在工件上刨削一个T形槽，说明具体方法。

实例解析：刨T形槽需要用直槽刀、左右弯切刀和倒角刀，按划线依次刨直槽、两侧横槽和倒角，如图2-38所示。

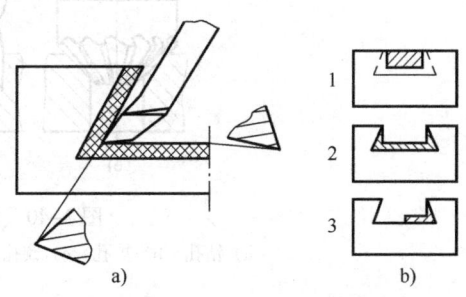

图2-37 刨燕尾槽
a）用角度偏刀刨燕尾槽　b）加工顺序

3. 刨曲面

1）先按曲面形状划线，按划线位置，通过工作台横向进给和手动刀架垂直进给配合刨出曲面。

2）用成形刨刀刨曲面，如图 2-39 所示。

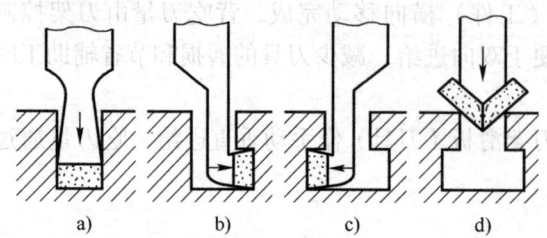

图 2-38 刨 T 形槽
a）刨直槽 b）刨右横槽 c）刨左横槽 d）刨倒角

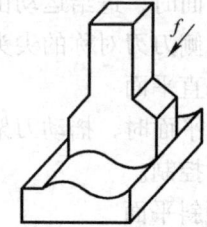

图 2-39 用成形刨刀刨曲面

2.4 钻削加工

2.4.1 典型钻削加工过程

钻削加工是一种在实体材料上加工孔的方法，包括对已有的孔进行扩孔、铰孔、锪孔及攻螺纹等二次加工，主要在钻床上进行。钻削加工的工艺范围如图 2-40 所示。

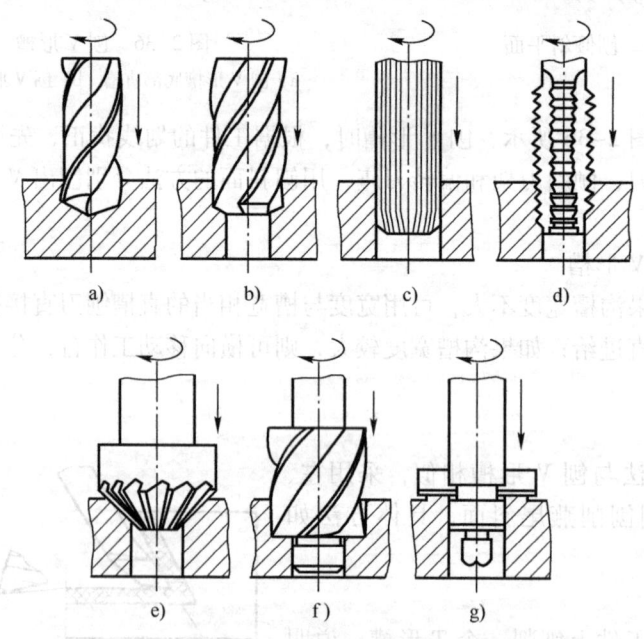

图 2-40 钻削加工的工艺范围
a）钻孔 b）扩孔 c）铰孔 d）攻螺纹 e）、f）锪孔 g）锪端面

孔加工的切削条件比加工外圆面差，刀具受孔径的限制，因此只能使用定尺寸刀具。加工时，排屑困难，散热慢，切削液不易进入切削区，钻头易钝化。钻孔能达到的尺寸公差等

级为IT11～IT12，表面粗糙度 Ra 为12.5～50 μm。对精度要求高的孔，还应进行扩孔、铰孔等工序。

在钻床上加工孔时，主运动是刀具绕自身轴线的旋转运动，刀具沿轴线移动作进给运动。由于常用钻床的孔中心定位精度、尺寸精度和表面粗糙度都不高，所以钻削加工属于粗加工，用于精度要求不高的孔加工或孔的粗加工。钳工加工中钻床是必不可少的设备之一。常见的钻床有立式钻床、卧式钻床、摇臂钻床、台式钻床、坐标镗钻床、深孔钻床、中心孔钻床等。

2.4.2 钻削加工实例

1. 钻孔

普通孔的钻削主要有两种方法：一种是在车床上钻孔，工件旋转而钻头不转；另一种是在钻床或镗床上钻孔，钻头旋转而工件不转。当被加工孔与外圆有同轴度要求时可在车床上钻孔，更多的模具零件孔是在钻床或镗床上加工的。

麻花钻是钻孔的常用刀具，一般由高速钢制成，经热处理后其工作部分硬度达62HRC以上。钻孔时，按工件的大小、形状、钻孔的位置和钻孔直径，选用适当的夹持方法和夹具，钻较硬的材料和大孔时，钻削速度要小；钻小孔时，钻削速度要大些；孔径大于 ϕ30 mm 的孔应分两次钻出，先钻出0.6～0.8倍孔径的小孔，再钻出要求的孔径。进给速度要均匀，快慢适中。钻不通孔时要做好深度标记；钻通孔时，当孔将要钻通时，应减小进给量，以免卡钻，甚至折断钻头。钻削时切削条件差，刀具不易散热，排屑不畅，故需加注切削液进行冷却和润滑。钻深孔时，必须不时地退出钻头，以排屑、冷却，注入切削液。

2. 扩孔

扩孔是用扩孔钻对已经钻出的孔进一步加工，以提高孔的加工精度的加工方法。扩孔钻结构与麻花钻相似，但齿数较多，有3～4个齿，导向性好；中心处没有切削刃，消除了横刃影响，改善了切削条件；切削余量较小，容屑槽小，使钻芯增大，刚度好。扩孔时，可采用较大的切削用量，故扩孔的加工质量和生产率都高于钻孔。

扩孔可作为孔的最终加工，但通常作为镗孔、铰孔或磨孔前的预加工。扩孔能达到的公差等级为IT9～IT10，表面粗糙度 Ra 为3.2～6.3 μm。

3. 锪孔

在原有孔的孔口表面需要加工成圆柱形沉孔、锥形沉孔或凸台端面时，可用锪钻锪孔，如图2-41所示。

4. 铰孔

铰孔是中小孔径的半精加工和精加工方法之一，是用铰刀在工件孔壁上切除微量金属层的加工方法。铰刀刚度和导向性好，刀齿数多，所以铰孔相对于扩孔在加工的尺寸精度和表面粗糙度上又有所提高。铰孔的加工精度主要不是取决于机床的精度，而在于铰刀的精度、安装方式和加工余量等因素。机铰公差等级达IT7～IT8，表面粗糙度 Ra 为0.2～1.6 μm；手铰公差等级达IT6～IT7，表面粗糙度 Ra 为0.2～0.4 μm。由于手铰切削速度低，切削力小，热量低，不产生积屑瘤，无机床振动等影响，所以加工质量比机铰高。

当工件孔径小于25 mm 时，钻孔后可直接铰孔；当工件孔径大于25 mm 时，钻孔后需扩孔，然后再铰。

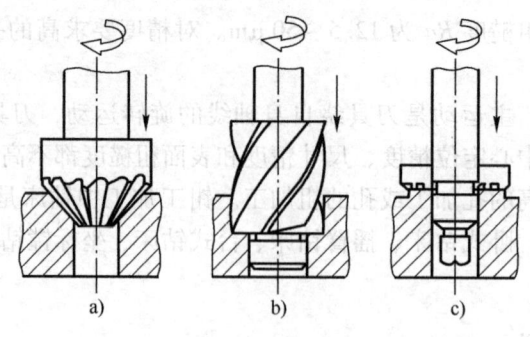

图 2-41 锪孔
a) 锪锥形沉孔 b) 锪圆柱形沉孔 c) 锪凸台端面

铰孔时,首先应合理选择铰削用量,铰削用量包括铰削余量、切削速度(机铰时)和进给量。应根据所加工孔的尺寸公差等级、表面粗糙度要求,以及孔径大小、材料硬度和铰刀长度等合理选择。

铰孔常用于推杆孔、浇口套和点浇口的锥浇道等的加工和镗削的最后一道工序。

2.5 镗削加工

2.5.1 典型镗削加工过程

镗削加工是镗刀旋转作主运动,工件或镗刀作进给运动的切削加工方法。镗削主要在镗床上进行。镗孔是最常用的孔加工方法之一。

在车床、钻床和铣床上也可以进行镗削加工,但对于形状复杂的箱体类零件,在镗床上加工最方便。例如,发动机缸体、机床变速箱等体积较大零件上大孔的加工,还有精度要求较高的各种孔系的加工,必须在专门的镗床上进行。

1. 镗削的特点

1) 镗削加工灵活性大,适应性强。
2) 镗削加工对工人操作技术要求高。
3) 镗刀结构简单,刃磨方便,成本低。
4) 镗孔可修正上一工序所产生的孔的轴线位置误差,保证孔的位置精度。

2. 镗削工艺范围

镗孔公差等级可以达到 IT7~IT11 级,甚至达到 IT6 级。表面粗糙度从 $Ra0.63$~$Ra80\ \mu m$,甚至更小。镗削加工的工艺范围较广,它可以镗削单孔或孔系,锪、铣平面,镗不通孔及镗端面等,如图 2-42 所示。

镗削加工范围广泛。根据工件的尺寸、形状、技术要求及生产批量的不同,镗孔可以在镗床、车床、铣床、数控机床和组合机床上进行。

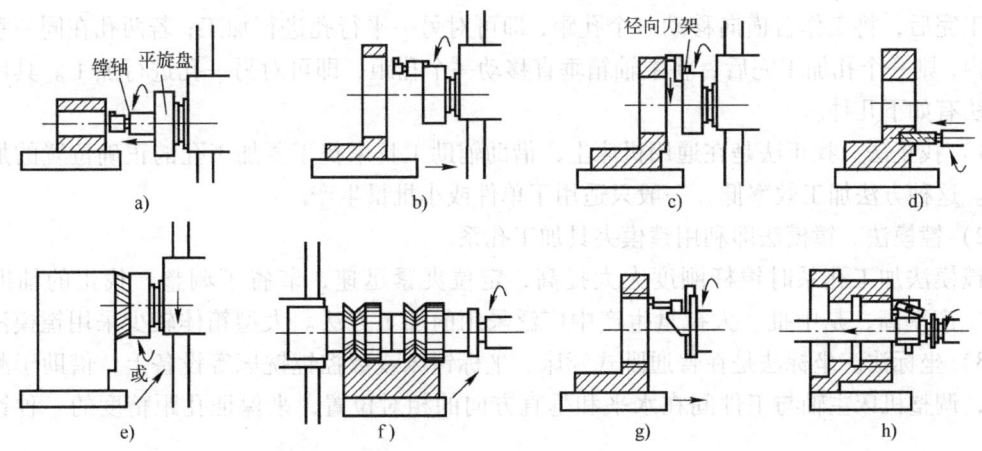

图 2-42 镗削的工艺范围

a) 镗小孔 b) 镗大孔 c) 镗端面 d) 钻孔 e) 铣平面 f) 铣组合面 g) 镗螺纹 h) 镗深孔螺纹

2.5.2 镗削加工实例

镗床的主要作用是用镗刀进行镗孔。此外，还可以进行钻孔、铣平面和车削等工作。一个箱体零件有时可以在镗床上完成全部加工。

1. 单一表面的镗削

单一表面的镗削如图 2-42 所示。镗削时，镗刀刀杆随主轴一起旋转，完成主运动；进给运动可由工作台带动零件纵向移动，也可由镗刀刀杆轴向移动来实现。镗刀有单刃镗刀和多刃镗刀之分，由于它们的结构和工作条件不同，它们的特点和应用也有所不同。

2. 孔系的镗削

按孔系位置关系的不同，一般把孔系分为同轴孔系、平行孔系和垂直孔系。

（1）同轴孔系的镗削

同轴孔系的镗削如图 2-43 所示。镗削时，将镗杆插入主轴的锥孔，另一端由后立柱支承，主轴带动镗杆作旋转主运动，工作台带动工件作纵向进给运动。若两孔直径不相等，可在镗杆相应位置上装两把镗刀，对同轴的两孔同时或先后镗削。当成批或大量生产时，镗削同轴孔系常采用镗模法；当单件或小批量生产时，可采用穿镗法和调头镗法。穿镗法中又可分为悬伸穿镗、导向支承套支承镗杆后穿镗和长镗杆与尾座联合穿镗等几种形式。

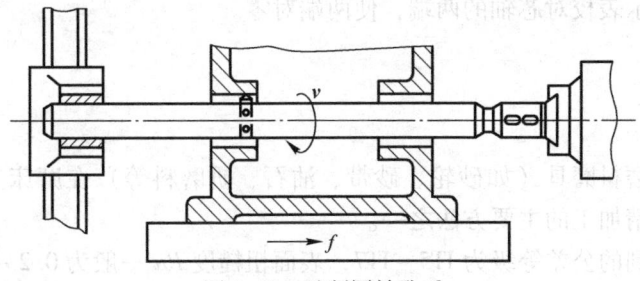

图 2-43 镗削同轴孔系

（2）平行孔系的镗削

平行孔系的镗削如图 2-44 所示。镗削时，若两平行孔的轴线在同一水平面内，则一个孔加工完后,将工作台横向移动一个孔距,即可对另一平行孔进行加工;若两孔在同一垂直平面内,则一个孔加工完后,将主轴箱垂直移动一个孔距,即可对另一孔进行加工。具体加工方法有如下几种。

1)找正法。找正法是在通用机床上,借助辅助工具来找正要加工孔的正确位置的加工方法。这种方法加工效率低,一般只适用于单件或小批量生产。

2)镗模法。镗模法即利用镗模夹具加工孔系。

镗模法加工孔系时镗杆刚度大大提高,定位夹紧迅速,节省了调整、找正的辅助时间,生产率高,是中批、大批量生产中广泛采用的加工方法。大型箱体较少采用镗模法。

3)坐标法。坐标法是在普通卧式镗床、坐标镗床或数控镗铣床等设备上,借助于测量装置,调整机床主轴与工件间在水平和垂直方向的相对位置,来保证孔距精度的一种镗孔方法。

(3) 垂直孔系的镗削

垂直孔系的镗削如图2-45所示。镗削时,一个方向的孔加工完后,将工作台调转90°,再加工第二个孔。如果是交叉孔系,则可通过垂直移动主轴箱进行调整。具体镗削方法如下。

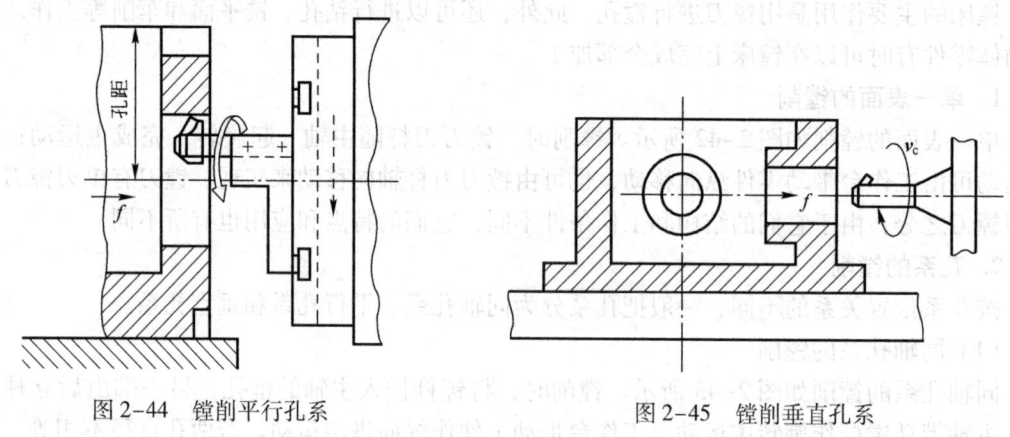

图2-44 镗削平行孔系　　　　图2-45 镗削垂直孔系

1)用回转工作台镗削法。利用工作台的定位精度,先镗好一个端面上的孔,然后将工作台回转90°,再镗削另一垂直端面上的孔。

2)用芯轴校正法。利用已加工好的孔,选配与该孔孔径相同的检验芯轴插入孔中,回转工作台后,用指示表校对芯轴的两端,使两端对零。

2.6 磨削加工

磨削加工是用磨料磨具(如砂轮、砂带、油石、研磨料等)在磨床上进行切削的一种加工方法,是零件精加工的主要方法之一。

通常磨削能达到的公差等级为IT5~IT7,表面粗糙度Ra一般为$0.2~0.8\ \mu m$。

磨削所用机床为磨床。磨床的种类很多,有外圆磨床、内圆磨床、平面磨床、工具磨床、专门化磨床等。磨床的工艺范围如图2-46所示。

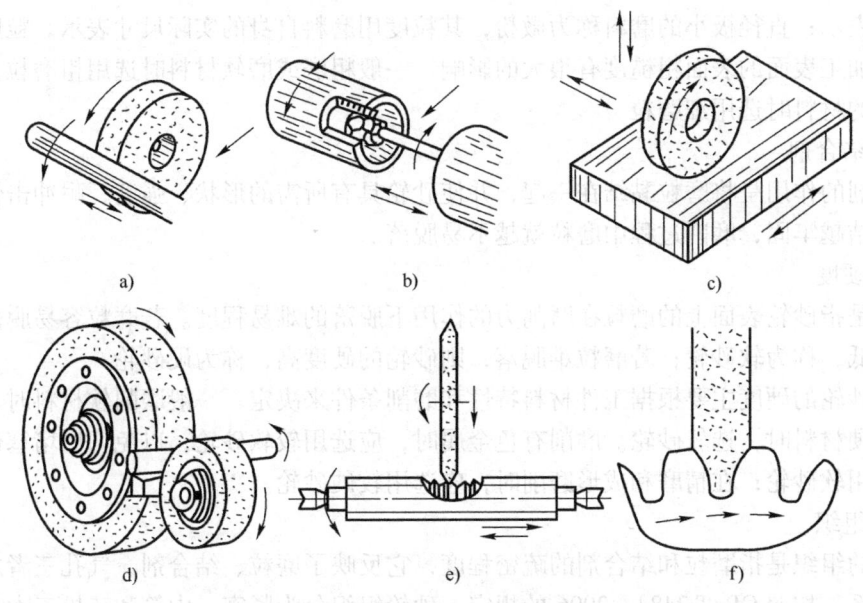

图 2-46 磨床的工艺范围

a）外圆磨削 b）内圆磨削 c）平面磨削 d）无心磨削 e）螺纹磨削 f）齿轮磨削

2.6.1 砂轮

砂轮是磨削加工的主要工具，它是由磨料和结合剂构成的疏松多孔物体。磨料、结合剂和空隙是构成砂轮的三要素。

1. 砂轮的特性

砂轮的特性由磨料、粒度、结合剂、硬度及组织等5个方面的因素决定。

（1）磨料

磨料是制造砂轮的主要原料，在磨削中担负主要的切削工作。磨料必须具备高硬度、高耐热性、耐磨性和一定的韧性，见表2-2。

表2-2 常用磨料的性能与用途

系 列	磨料名称	代号*	特 性	适于磨削的材料
氧化物系	棕刚玉	A（GZ）	棕褐色，硬度高，韧性大，价格便宜	碳钢、合金钢
	白刚玉	WA（GB）	白色，硬度比A高，韧性比A差	淬火钢、高速钢
碳化物系	黑碳化硅	C（TH）	黑色，硬度比WA高，性脆而锋利，导热性较好	铸铁、黄铜
	绿碳化硅	GC（TL）	绿色，硬度及脆性比C高，有良好的导热性	硬质合金、宝石、陶瓷
高硬度磨料类	人造金刚石	JR	无色透明或淡黄色、黄绿色、黑色，硬度高	硬质合金、宝石、光学玻璃、半导体材料等
	立方氮化硼	CBN	黑色或淡白色，硬度仅次于JR，耐磨性高、发热小	高钒高速钢、不锈钢等难加工材料

* 括号内为旧代号。

（2）粒度

粒度用来表示磨料颗粒的大小。一般直径较大的磨料称为磨粒，其粒度用磨粒所能通过的筛网号表示；直径极小的磨料称为微粉，其粒度用磨料自身的实际尺寸表示。粒度对磨削生产率和加工表面的表面粗糙度有很大的影响。一般粗磨或磨软材料时选用粗磨粒；精磨或磨硬而脆的材料时选用细磨粒。

（3）结合剂

结合剂的作用是将磨粒黏结在一起，并使砂轮具有所需的形状、强度、耐冲击性、耐热性等。黏结越牢固，磨削过程中磨粒就越不易脱落。

（4）硬度

硬度是指砂轮表面上的磨粒在磨削力的作用下脱落的难易程度。若磨粒容易脱落，则砂轮的硬度低，称为软砂轮；若磨粒难脱落，则砂轮的硬度高，称为硬砂轮。

选择砂轮的硬度主要根据工件材料特性和磨削条件来决定。一般磨削软材料时，选硬砂轮；磨削硬材料时，选软砂轮。磨削有色金属时，应选用较软砂轮，以免切屑堵塞砂轮；粗加工时选用软砂轮；在精磨和成形磨削时，应选用较硬砂轮。

（5）组织

砂轮的组织是指磨粒和结合剂的疏密程度，它反映了磨粒、结合剂、气孔三者之间的体积比例关系。按照 GB/T 2484—2006 的规定，砂轮组织分为紧密、中等和疏松三大类。砂轮的组织对磨削生产率和工件表面质量有直接影响。一般的磨削加工广泛使用中等组织的砂轮；成形磨削和精密磨削则采用紧密组织的砂轮；而平面端磨、内圆磨削等接触面积较大的磨削及磨削薄壁零件、有色金属、树脂等软材料时应选用疏松组织的砂轮。

2. 砂轮的形状、尺寸与标志

为了适应不同类型的磨床上磨削各种形状工件的需要，砂轮有许多形状和尺寸。常用的砂轮形状、代号及用途见表 2-3。

表 2-3 常用砂轮的形状、代号及用途

砂轮种类	断面形状	形状代号	主要用途
平形砂轮		1	磨外圆、内孔、平面及刃磨刀具
双斜边砂轮		4	磨齿轮及螺纹
双面凹砂轮		7	磨外圆、刃磨刀具、无心磨的磨轮和导轮
平形切割砂轮		41	切断、磨槽
筒形砂轮		2	主轴端磨平面
碗形砂轮		11	磨机床导轨、刃磨刀具
碟形一号砂轮		12a	刃磨刀具
碟形二号砂轮		12b	磨齿轮及插齿刀

砂轮的形状和尺寸是根据磨削条件和工件形状来选择的,其原则如下。

1)在可能的条件下,在安全线速度范围内,砂轮外径宜选大一些,以提高生产率和降低工件表面粗糙度。

2)纵磨时,应选用较宽的砂轮。

3)磨削内圆时,砂轮外径一般取工件孔径的2/3左右。

砂轮的标志印在砂轮的端面上。根据GB/T 2484—2006的规定,标志顺序如下:磨具形状、尺寸、磨料、粒度、硬度、组织、结合剂和最高工作速度。砂轮标志方法见示例:

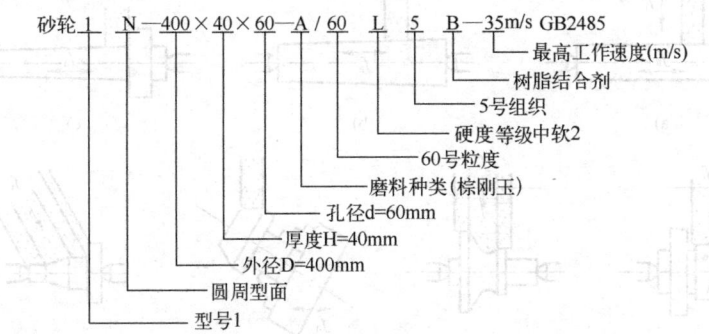

2.6.2 磨削原理

磨削过程是由磨具上的无数个磨粒对工件表面的微切削过程构成的。因此,磨削过程与其他切削方法相比具有自己的特点。具体过程如图2-47所示,主要由以下3个阶段组成。

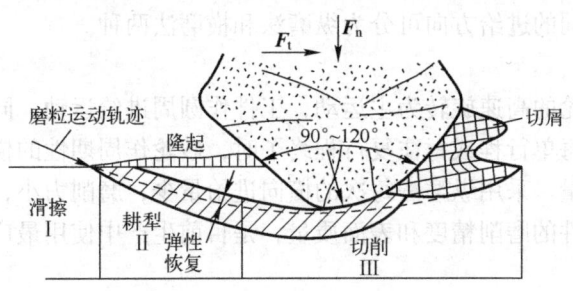

图2-47 磨粒切入过程

1. 滑擦阶段

磨粒切削刃开始与工件接触时,磨粒并未切削工件,而只是在其表面滑擦而过,工件仅产生弹性变形。其特点是磨粒与工件之间的相互作用主要是摩擦作用,其结果是在磨削区产生大量的热,使工件的温度升高。

2. 耕犁阶段

当磨粒继续切入时,工件表面产生塑性变形,在工件表面上耕犁出沟槽。这一阶段的特点是工件表面层材料在磨粒的作用下,产生塑性变形,表层组织内产生变形强化。

3. 切削阶段

随着磨粒继续向工件切入,切削厚度不断增大,金属材料产生剪切滑移而形成切屑。这一阶段以切削作用为主。

在一个砂轮上,各个磨粒随机分布,形状和高低各不相同,其切削过程也有差异。磨削过程是包含切削、耕犁和滑擦作用的综合复杂过程。

2.6.3 磨削加工方法

1. 外圆磨削

外圆磨削是用砂轮外圆周面来磨削工件的外回转表面的磨削方法。其加工类型如图 2-48 所示，它不仅能加工圆柱面，还能加工圆锥面、端面、球面和特殊形状的外表面等。

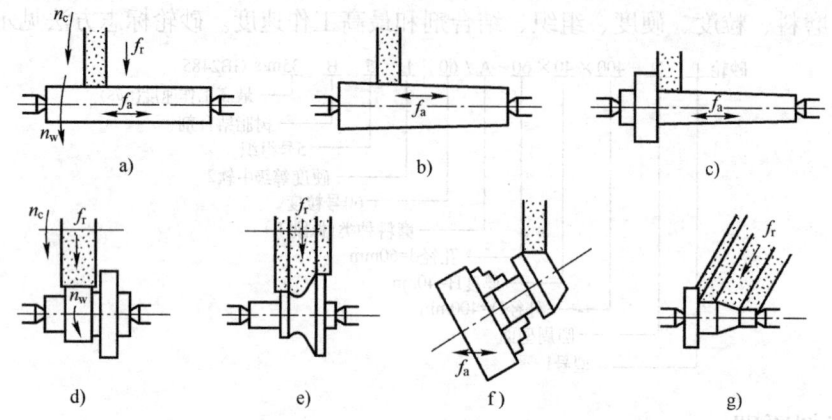

图 2-48 外圆磨削加工类型

a) 纵磨法磨外圆 b) 磨长锥面 c) 纵磨法磨外圆靠端面 d) 横磨法磨外圆
e) 横磨法磨成形面 f) 磨短锥面 g) 斜向横磨法磨成形面

外圆磨削按照不同的进给方向可分为纵磨法和横磨法两种。

（1）纵磨法

磨削外圆时，砂轮的高速旋转为主运动，工件作圆周进给运动，同时随工作台沿工件轴向作纵向进给运动。每单行程或每往复行程终了时，砂轮作周期性的横向进给运动，从而逐渐磨去工件的全部余量。采用纵磨法每次的横向进给量少，磨削力小，散热条件好，并且能以光磨次数来提高工件的磨削精度和表面质量，是目前生产中使用最广泛的一种方法。

（2）横磨法

采用这种磨削形式，在磨削外圆时工件不需作纵向进给运动，砂轮以缓慢的速度连续或断续地沿工件径向作横向进给运动，直至达到精度要求。因此就要求砂轮的宽度比工件的磨削宽度大，一次行程就可完成磨削加工的全过程，所以加工效率高，这种方法也适用于成形磨削。然而，在磨削过程中，砂轮与工件接触面积大，磨削力大，必须使用功率大、刚性好的机床。此外，磨削热集中，磨削温度高，影响工件的表面质量，必须用充分的切削液来降低磨削温度。

工业生产中，常常将这两种磨削方法综合起来使用，也就是在粗磨阶段用横磨法，精加工阶段使用纵磨法，以达到扬长避短、合理使用的目的。

2. 内圆磨削

普通内圆磨削方法如图 2-49 所示。与外圆磨削相比，内圆磨削有以下特点：

1）磨孔时砂轮直径受到工件孔径的限制，直径较小。小直径的砂轮很容易磨钝，需要经常修整和更换。

2）为了保证正常的磨削速度，小直径砂轮转速要求较高。

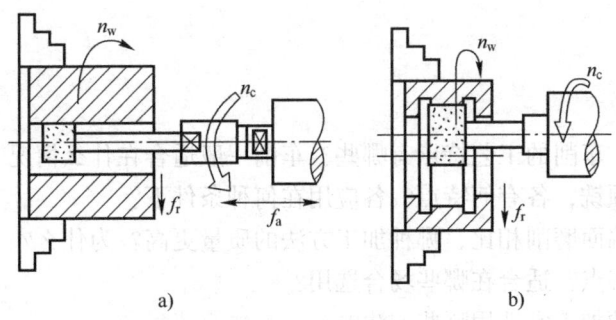

图 2-49 普通内圆磨削方法
a) 纵磨法磨内孔　b) 横磨法磨内孔

3) 砂轮轴的直径由于受孔径的限制，比较细小，而悬伸长度较大，刚性较差，磨削时容易产生弯曲和振动，使工件的加工精度和表面粗糙度难以控制，限制了磨削用量的提高。

3. 平面磨削

常见的平面磨削方式如图 2-50 所示。

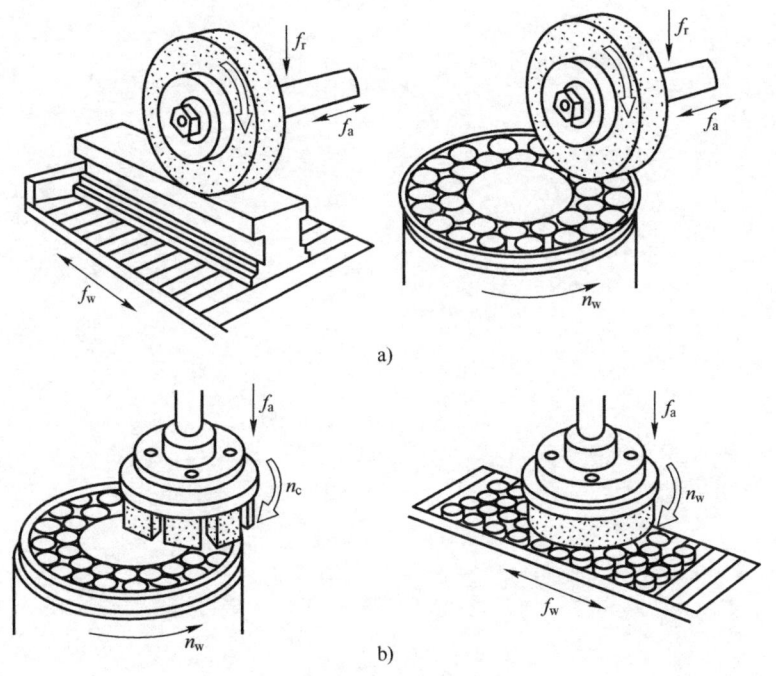

图 2-50 平面磨削方式
a) 周边磨削　b) 端面磨削

1) 周边磨削如图 2-50a 所示。砂轮与工件的接触面积小，排屑及冷却条件好，工件受热变形小，且砂轮磨损均匀，所以加工精度较高。但是，砂轮主轴刚性较差，不能采用较大的磨削用量，生产率较低。

2) 端面磨削如图 2-50b 所示。端面磨削时，可以采用较大的磨削用量。砂轮与工件的接触面积较大，生产率较高。同时磨削中发热量大，冷却条件差，工件热变形大，表面易烧伤，磨削质量比周边磨削时差。

综合训练

1. 什么是车削？车削的工艺特点有哪些？车削一般适合在什么情况下选用？
2. 何谓逆铣和顺铣，各有何特点？各应用在何种条件下？
3. 周边磨削和端面磨削相比，哪种加工方法的质量更高？为什么？
4. 钻削有哪些特点？适合在哪些场合选用？
5. 中、小型孔的加工常选用哪些方法？
6. 简述磨削的原理。
7. 什么是砂轮的粒度？不同加工条件下，如何选用不同的砂轮粒度？
8. 什么是砂轮的硬度？不同加工条件下，如何选用不同的砂轮硬度？

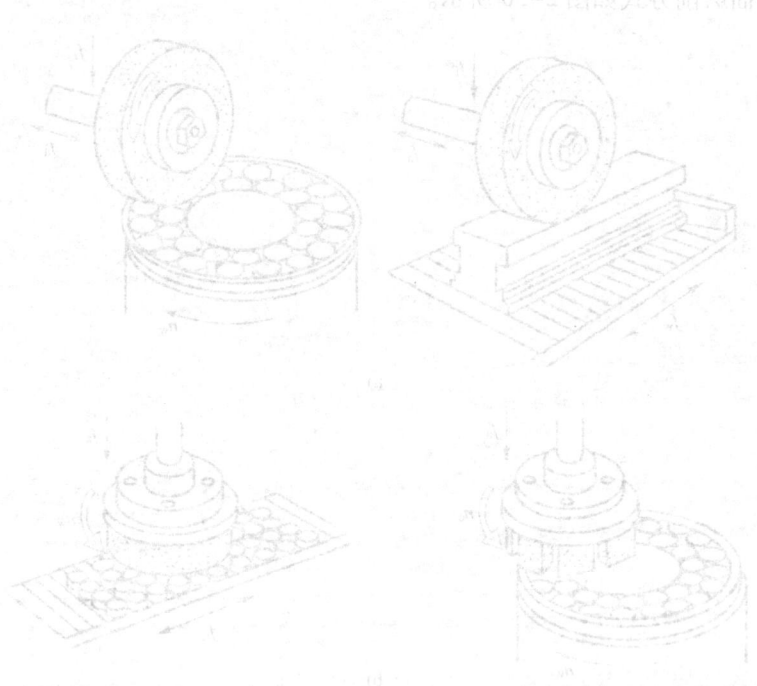

模块二　零件机械加工工艺制定

第 3 章　机械加工工艺规程的制定

知识要点
1. 毛坯的种类与选用方法。
2. 定位基准的选择方法。
3. 工艺路线的拟定方法及加工余量的确定。
4. 工艺尺寸链理论、工序尺寸及公差的确定方法。
5. 工艺设备、装备及相关工艺参数的选用。
6. 机械加工工艺规程的制定方法。

学习要求
1. 能根据加工要求，合理选择零件毛坯。
2. 正确选择零件加工的定位基准。
3. 掌握零件机械加工工艺路线的制定方法。
4. 掌握尺寸链的相关理论，并学会利用工艺尺寸链解决工艺问题。
5. 结合零件的加工工艺特点，能较合理地确定加工余量、工序尺寸及公差。
6. 能根据零件的生产纲领制定零件的加工工艺规程并规范填写工艺文件。

3.1　机械加工工艺过程

3.1.1　生产过程及其组成

　　机械制造厂的产品是指用机械制造的方法获得的各种物体。这些产品可以是一台机器、一个部件，或是某一种零件。例如，飞机制造厂的产品是整架飞机，汽车制造厂的产品是整辆汽车，机床制造厂的产品是整台机床，模具制造厂的产品是整套模具或模架部件，也可以是导柱、导套零件。

　　在这些工厂中，由原材料转化为最终产品的一系列相互关联的劳动过程的总和称为生产过程。它包括生产组织准备、原材料准备及储存、毛坯制造、零件的机械加工、热处理和表面处理、部件和产品的装配、调整、检验、试验、油漆和包装、发运等。

3.1.2　工艺过程及其组成

1. 工艺过程

　　生产过程中为改变生产对象的形状、尺寸、相对位置和性质等，使其成为成品或半成品的过程称为工艺过程。它是生产过程中的主要部分。采用机械加工的方法，直接改变毛坯的形状、尺寸和表面质量等，使其成为零件的过程称为机械加工工艺过程。

2. 机械加工工艺过程的组成

机械加工工艺过程是由一个或若干个顺序排列的工序组成的。

（1）工序

工序是一个或一组工人，在一个工作地（指机床、钳工台等），对一个（或同时加工的几个）工件所连续完成的那部分工艺过程。划分工序的主要依据是工人、工件、工作地是否变动和工作是否连续，兼顾其他因素，综合考虑。一般，工作地（设备）的改变应划为不同的工序。但在单件生产时，如模具制造中加工某孔由钳工划线与钻、扩、铰工艺组成，尽管在不同的工作地完成，也可划分为一道工序。在同一台设备上如加工内容不连续，则应划分为多个工序。

（2）安装

使工件在机床工作台或夹具中占据正确位置的过程称为定位。工件定位后将其固定，使其在加工过程中保持定位位置不变的操作称为夹紧。将工件在机床上或夹具中定位、夹紧的过程称为装夹。工件（或装配单元）经一次装夹后所完成的那部分工序内容称为安装。

（3）工位

为了完成一定的工序部分，一次装夹工件后，工件（或装配单元）与夹具或设备的可动部分一起相对刀具或设备的固定部分所占据的每一个位置称为工位。图 3-1 所示是利用万能分度头使工件依次处于工位Ⅰ、Ⅱ、Ⅲ、Ⅳ来完成对凸模槽的铣削加工。

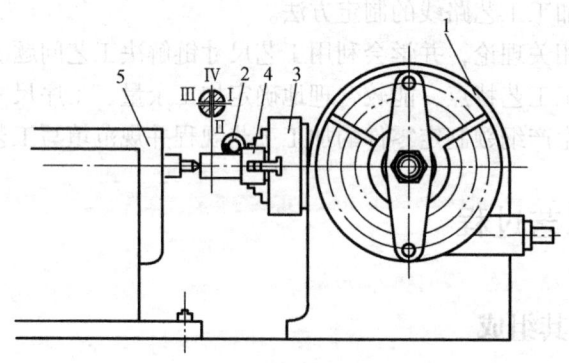

图 3-1 多工位加工
1—万能分度头 2—铣刀 3—自定义卡盘 4—工件 5—尾座

（4）工步

工步是指在加工表面和加工工具两个因素不变的情况下，所连续完成的那一部分工序。一道工序可能只有一个工步，也可能包含多个工步。

决定工步划分的两个因素之一若发生变化，则该工步一般应划分为另一工步。

为简化工艺文件，对于那些连续进行的若干个相同的工步，通常仅填写一个工步，如图 3-2 所示在缸盖上的钻孔 8×φ12。

若用几把刀具或者复合刀具同时加工同一工件上几个表

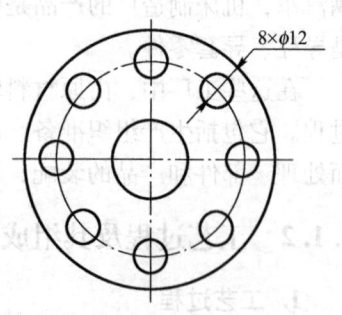

图 3-2 缸盖

面也可看做是一个工步,并称为复合工步。

(5) 进给

当需要切除的金属层较多,或为了提高加工精度、降低表面粗糙度时,往往需要对同一表面进行多次切削。刀具从被加工表面切下一层金属称为一次进给。因此,一个工步可能只有一次进给,也可能要几次进给。

3.1.3 生产纲领和生产类型

1. 生产纲领

企业在计划期内应当生产的产品产量(年产量)和进度计划称为生产纲领。可用以下公式计算

$$N = Qn(1+a)(1+b) \tag{3-1}$$

式中　N——零件的年产量(件/年);
　　　Q——产品的年产量(台/年);
　　　n——每台产品中,该零件的数量(件/台);
　　　a——备品的百分率;
　　　b——废品的百分率。

2. 生产类型

企业(或车间、工段、班组、工作地)生产专业化程度的分类称为生产类型。一般按年产量划分为以下3种类型。

(1) 单件生产

单件生产的基本特点是产品品种多,同一产品的产量少,很少重复生产。例如专用夹具、刀具、量具,以及模具的生产都是单件生产。

(2) 成批生产

成批生产的特点是一年中分批地制造若干相同产品,生产呈周期性重复的情况。按批量多少,成批生产又可分为小批、中批和大批生产3种。

(3) 大量生产

大量生产的基本特点是产品的产量很大,连续地大量生产同一种产品。大多数工作地按照一定的生产节拍,进行某种零件某道工序的重复加工。

各种生产类型的划分及工艺特征见表3-1和表3-2。

表3-1　生产类型与生产纲领的关系

生产类型	生产纲领/(台/年或件/年)			工作地每月担负的工序数
	小型机械或轻型零件	中型机械或中型零件	重型机械或重型零件	工序数/月
单件生产	≤100	≤10	≤5	不作规定
小批生产	>100~500	>10~15	>5~100	>20~40
中批生产	>500~5000	>150~500	>100~300	>10~20
大批生产	>5000~50000	>500~5000	>300~1000	>1~10
大量生产	>50000	>5000	>1000	1

表 3-2　各种生产类型的工艺特征

工艺特征	生产类型		
	单件小批	中批	大批大量
零件的互换性	用修配法，钳工修配，缺乏互换性	大部分具有互换性。当装配精度要求高时，灵活应用分组装配法和调整法，同时还保留某些修配法	具有广泛的互换性。少数装配精度较高处，采用分组装配法和调整法
毛坯的制造方法与加工余量	木模手工造型或自由锻造，毛坯精度低，加工余量大	部分采用金属铸造或模锻，毛坯精度和加工余量中等	广泛采用金属型机器造型、模锻或其他高效方法，毛坯精度高，加工余量小
机床设备及其布置形式	通用机床，按机床类别采用机群式布置	部分通用机床和高效机床，按工件类别分工段排列设备	广泛采用高效专用机床及自动机床，按流水线和自动线排列设备
工艺装备	大多采用通用夹具、标准附件、通用刀具和万能量具。靠划线和试切法达到精度要求	广泛采用专用高效夹具、复合刀具、专用量具或自动检测装置。靠调整法达到精度要求	广泛采用专用高效夹具、复合刀具、专用量具或自动检验装置。靠调整法达到精度要求
对工人的技术要求	需技术水平较高的工人	需一定技术水平的工人	对调整工的技术水平要求高，对操作工的技术水平要求较低
工艺文件	有工艺过程卡，关键工序要工序卡	有工艺过程卡，关键零件要工序卡	有工艺过程卡和工序卡，关键工序要调整卡和检验卡
成本	较高	中等	较低

3.1.4　工艺规程的作用及格式

规定产品或零部件制造工艺过程和操作方法等的工艺文件称为工艺规程。

1. 工艺规程的作用

生产过程中，工艺规程是指导工人操作和用于生产、工艺管理工作的主要技术文件，又是新产品投产前进行生产准备和技术准备的依据和新建、扩建车间或工厂的原始资料。此外，先进的工艺规程还起着交流和推广先进经验的作用。

2. 制定工艺规程的基本原则

保证以最低的生产成本和最高的生产率，可靠地加工出符合设计要求的产品。因此在制定工艺规程时，应从工厂实际条件出发，充分利用现有生产条件，尽可能地利用国内外先进技术和经验。

3. 工艺规程的格式

现推荐两种工艺规程的格式，分别见表 3-3 和表 3-4。

表 3-3　机械加工工艺过程卡

机械加工工艺过程卡片			产品型号		零(部)件图号				共 1 页
			产品名称		零(部)件名称				第 1 页
材料牌号	毛坯种类	型材	毛坯外形尺寸		每毛坯件数	每台件数		备注	
工序号	工序名称	工序内容	车间	工段	设　备	工艺装备	准终	工　时	单件
1									
2									
3									
4									
5									
6									
						编制(日期)	审核(日期)	会签(日期)	批准(日期)
标记	处记	更改文件号	签字	日期	标记	处记	更改文件号	签字	日期

表 3-4 机械加工工序卡

机械加工工序卡			产品型号			零(部)件图号				共 页
			产品名称			零(部)件名称				第 页
(工序简图)			材料牌号	硬度		净重/kg		每台件数		
			机床名称	型号		资产编号		切削液		
			夹具名称			夹具编号				
			批量	同时加工件数	准备终结时间(分)	单件工时(分)				班产件数
						机动时间	辅助时间	附加时间	单件时间	
工步	工步名称	工具名称及编号	直径或宽度/mm	加工计算长度/mm	加工余量/mm	进给次数	背吃刀量/mm	进给量/(mm/r)或(mm/min)	切削速度/(m/min)	转/分或行程数/分	工时(分)	
		刀具	量具	辅具									机动时间	辅助时间
1														
2														
3														
4														
5														
6														

3.1.5 制定工艺规程的原始资料与基本步骤

1. 制定工艺规程的原始资料

原始资料主要有产品的零件图和装配图，产品生产纲领，有关手册、图册、标准、类似产品的工艺资料，工厂的生产条件（机床设备、工艺装备、工人技术水平等），国内外有关的工艺技术的发展情况等。

2. 制定工艺规程的基本步骤

1）熟悉和分析制定工艺规程的主要依据，确定零件的生产纲领和生产类型，进行零件的结构工艺性分析。
2）确定毛坯，包括选择毛坯种类。
3）拟定工艺路线。
4）确定各工序的加工余量，计算工序尺寸及其公差。
5）确定各主要工序的技术要求及检验方法。
6）确定各工序的切削用量和时间定额。
7）进行技术经济分析，选择最佳方案。
8）填写工艺文件。

3.2 机械零件的工艺性分析

3.2.1 机械零件的工艺性概述

零件的工艺性是指所设计的零件在满足使用要求的前提下，制造的可行性和经济性。它包括零件的各个制造过程中的工艺性，如铸造、锻压、焊接、热处理、切削加工等工艺性。这里主要分析零件切削加工工艺性。

零件的切削加工工艺性具有相对性。同样结构的零件，在不同的生产类型和生产条件下，由于制造方式改变，其制造的可行性和经济性是不同的。同样结构的零件，随着新工艺新技术的产生与应用，其制造的工艺性不断改善。

零件的工艺性分析贯穿在产品设计、制造的全过程中。具体分为两个阶段：一是设计阶段；二是生产技术准备阶段。两个阶段工艺性分析的目的相同，发挥作用的侧重有所不同。

3.2.2 工艺性审查

一般情况下，在机械产品设计过程中，凡正式用于生产的零件图都必须经过工艺性分析，生产中称之为工艺性审查。其作用是协助设计人员改进零件工艺性，完善图样，使其更有利于制造。

零件工艺性审查的内容包括：零件的结构组成是否适合于切削加工；技术要求是否有利于切削加工。

1. 零件结构工艺性

1）零件的整体结构，组成各要素的几何形状应尽量简单统一。
2）尽量减少切削加工量，减少材料及切削刀具的消耗量。

3) 尽可能采用普通设备和标准刀、量具加工。
4) 要便于装夹，装夹次数少。
5) 零件加工部位要有足够的刚性，以减少加工过程中的变形量，提高加工精度。
6) 尽可能采用标准件、通用件、借用件和相似件。

表3-5列出常见的零件结构工艺性实例比较，供参考。

表3-5 常见零件结构工艺性实例比较

序号	结构工艺性		说明
	不好	好	
1			加工面积应尽量小，以减少加工量，减少材料及切削工具的消耗量
2			钻孔的入端和出端应避免斜面，以避免刀具损坏，提高孔的精度，提高生产率
3			几个孔的轴线平行，便于同时加工，减少加工量，简化夹具结构
4			键槽的尺寸、方位相同，可在一次装夹中加工出全部键槽，提高生产率
5			退刀槽尺寸相同，可减少换刀时间

（续）

序号	结构工艺性		说明
	不好	好	
6			三凸台表面在同一平面上，可在一次进给中加工完成
7			小孔与壁距离适当，便于引进刀具
8			方形凹坑的四角加工时无法清角，影响配合
9			型腔淬硬后，骑缝孔无法用钻铰方法配作
10			销孔太深，增加铰孔工作量，螺钉太长
11			将淬硬型芯安装在模底板上时，定位销无法配作，改用浅凹槽

2. 零件的技术要求分析

零件的技术要求主要指加工表面的尺寸公差、几何公差、表面粗糙度、材料及热处理、特种检验等。判断零件加工技术要求是否合理的原则，首要的是满足使用性能的要求。在满足使用要求的前提下，尽量降低加工质量，从而保证高效率低成本。但也不应片面地强调加工工艺性，而忽视使用要求。

3.3 毛坯选择

3.3.1 毛坯的种类和选择

1. 毛坯的种类

机械零件常用的毛坯主要有铸件、锻件、焊接件、各种型材及板料等。

2. 毛坯的选择

选择毛坯要综合考虑下列因素的影响。

1）零件材料及其力学性能。例如，若零件材料是铸铁，则选铸造毛坯；若材料是钢材，且力学性能要求高时，可选锻造件。冲模工作零件要求材料具有足够的抗冲击强度，一般宜选用锻造毛坯。反之，当力学性能要求较低时，可选用型材或铸钢。

2）零件材料的工艺性。例如，当材料具有良好的铸造性能时，应选灰铸铁。冷变形模具钢 Cr12、Cr12MoV 及高速钢 W6Mo5CrV 等，由于热轧原材料碳化物分布不均匀，一般采用镦拔锻造以击碎碳化物，使其细化，均匀分布，从而提高钢的强度与韧性，提高模具的使用寿命。

3）零件的结构形状和尺寸。例如，形状复杂的毛坯，常采用铸造方法。常见一般用途的钢质阶梯轴零件，如各台阶直径相差不大，可用棒料；反之，宜用锻件。大型锻件宜用自由锻。成批生产中，小型锻件可选模锻。

4）生产类型。例如大量生产宜选用精密铸造或特种铸造，或模锻、冷轧、冷拉型材等。单件小批生产则应用砂型铸造，或自由锻、热轧棒料、板料等。

5）工厂生产条件。尽量利用工厂现有生产设备和生产方法，以求达到最好的经济性。

3.3.2 毛坯的形状与尺寸公差

由于毛坯制造技术的限制，零件被加工表面的技术要求还不能从毛坯制造直接得到。所以毛坯上某些表面需要有一定的加工余量，通过机械加工达到零件的质量要求。毛坯尺寸与零件的设计尺寸之差称为毛坯余量，毛坯尺寸的制造公差称为毛坯公差。毛坯余量和公差的大小与零件材料、零件尺寸及毛坯的制造方法等因素有关，可根据有关标准（GB/T 6414—1999《铸件尺寸公差与机械加工余量》，GB/T 12362—2003《钢质模锻件公差及机械加工余量》）确定。毛坯一般为一件一坯，必要时也可将两个或两个以上的零件制成一个毛坯，经加工后再切割成单个零件。

3.4 定位基准的选择

3.4.1 基准及其分类

基准是用来确定生产对象上几何要素间的几何关系所依据的那些点、线、面。

1. 设计基准

设计基准是设计图样上所采用的基准。如图 3-3 所示，零件图样中的 $O-O$ 轴线是外圆和内孔的设计基准。端面 A 是 B、C 面的设计基准。

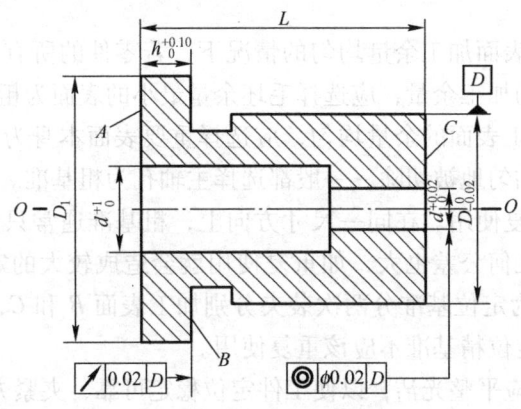

图 3-3 带肩圆凹模具

2. 工艺基准

工艺基准是在加工过程中所采用的基准。工艺基准按用途分为以下 4 种。

（1）工序基准

在工序图上用来确定本工序所加工表面加工后的尺寸、形状、位置的基准称为工序基准。简言之，它是工序图上的基准。工序基准可以选择设计基准，也可以重选其他点、线、面，视具体加工情况而定。图 3-3 所示 $O-O$ 轴线是加工外圆、孔的工序基准。

（2）定位基准

在加工时，为了保证工件相对于机床和刀具之间的正确位置所使用的基准称为定位基准，也是测量基准。

（3）测量基准

测量时所采用的基准称为测量基准。

（4）装配基准

它是装配时用来确定零件或部件在产品中的相对位置所采用的基准。

3.4.2 定位基准的选择原则

定位基准有粗基准和精基准之分。零件开始加工时，所有的面均未加工，只能以毛坯面作定位基准，这种以毛坯面作为定位基准的称为粗基准；以后的加工，必须以加工过的表面作为定位基准，称为精基准。

在加工中，首先使用的是粗基准，但在选择定位基准时，为了保证零件的加工精度，首先考虑的是选择精基准，精基准选定以后，再考虑合理地选择粗基准。

1. 粗基准选择

粗基准的选择应保证加工表面与非加工表面之间的位置要求及合理分配各加工表面的余量，同时要为后续工序提供精基准。具体可按下述原则选择。

1）为了保证加工表面与非加工表面之间的位置要求，应选非加工表面为粗基准。如图 3-4 所示的毛坯，铸造时孔 B 和外圆 A 有偏心。若采用非加工表面（外圆柱面）为粗基准加工孔 B，则加工后的孔 B 和外圆柱 A 的轴线是同轴的，即壁厚是均匀的，而孔 B 的加工余量不均匀。当工件上有多个非加工表面与加工表面之间有位置要求时，应以其中要求较高的非加工表面为粗基准。

2）在没有保证重要表面加工余量均匀的情况下，若零件的所有表面都要加工，为了保证各加工表面都有足够的加工余量，应选择毛坯余量最小的表面为粗基准。

3）为了保证重要加工表面的余量均匀，应选择重要表面本身为粗基准。例如，为保证车床主轴箱主轴孔余量均匀地被切除，一般都选择主轴孔为粗基准。

4）粗基准应避免重复使用。在同一尺寸方向上，粗基准通常只允许使用一次。因为粗基准表面一般较粗糙，几何公差也大，如重复使用就会造成较大的定位误差。如图 3-4 所示，如重复使用毛坯 A 为定位基准分两次装夹分别加工表面 B 和 C，则必然会使 B 和 C 同轴度误差加大。所以，定位精基准不应该重复使用。

5）作粗基准的表面应平整光洁，以使工件定位稳定可靠，夹紧方便。

2. 精基准选择

精基准选择时应能保证加工精度和装夹可靠方便，可按下列原则选取。

（1）基准重合原则

所谓基准重合，即采用设计基准作为定位基准。为避免基准不重合而引起的基准不重合误差，因此要保证加工精度应遵循基准重合原则。

如图 3-5 所示模具零件，加工 Ⅰ、Ⅱ 孔采用设计基准 D 面作为定位基准，直接保证尺寸 C 的精度，即遵循基准重合的原则。而加工孔 Ⅲ 时用夹具装夹，采用调整法加工，这样尺寸 B 只能通过控制尺寸 A、C 而间接保证。设尺寸 A、C 可能的误差变化范围分别为其偏差值，即 $\pm T_A/2$ 和 $\pm T_C/2$，那么加工一批零件，尺寸 B 可能的误差变化范围为 $B_{max} = A_{max} - C_{min}$；$B_{min} = A_{min} - C_{max}$，将上两式相减，可得：$B_{max} - B_{min} = C_{max} - C_{min} + A_{max} - A_{min}$。

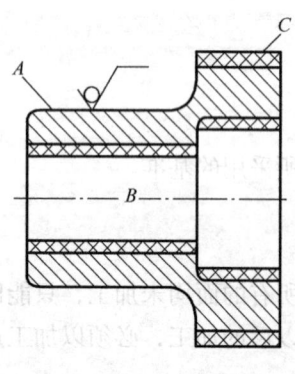

图 3-4 粗基准选择

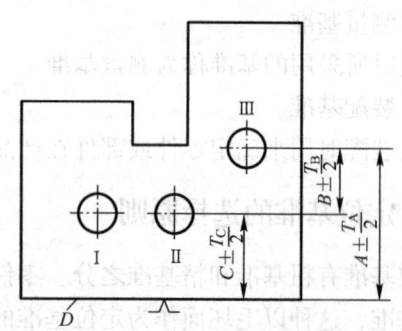

图 3-5 零件加工示意图

此式表明：尺寸 B 所产生的误差变化范围是尺寸 C 和尺寸 A 误差变化范围之和。为了保证尺寸 B 的精度要求，则必须满足 $T_A + T_C \leq T_B$。

讨论：

1) 尺寸 B 误差不仅受 A 的尺寸误差影响，还受 C 的尺寸误差的影响。T_C 对 B 的影响是由于基准不重合引起的，称 T_C 为基准不重合误差；

2) T_B 必然远大于 T_A。说明对尺寸 A 的公差原来并无严格的要求，但现在必须将其公差缩小加工，尽管精度大大提高，但加工难度增大。

（2）基准统一原则

当零件上有许多表面需要进行多道工序加工时，尽可能在各工序的加工中选用同一组基准定位，称为基准统一原则。基准统一可较好地保证各个加工表面的位置精度，同时各工序所用夹具定位方式统一，夹具结构相似，可减少夹具的设计、制造工作量。

基准统一原则在机械加工中应用较为广泛。如阶梯轴的加工，大多采用顶尖孔作为统一定位基准；齿轮的加工，一般都以内孔和一端面作为统一定位基准加工齿坯、齿形；箱体零件加工大多以一组平面或一面两孔作为统一定位基准加工孔系和端面。在自动机床或自动线上，一般也需遵循基准统一原则。这样既可避免因基准变换而引起的定位误差，又便于保证多个被加工表面间的位置精度，也有利于提高生产率。

（3）自为基准原则

当某些表面精加工要求加工余量小而均匀时，选择加工表面本身作为定位基准称为自为基准原则。例如在导轨磨床上先用指示表找正工件的导轨面，然后磨削导轨；又如采用浮动铰刀铰孔、圆拉刀拉孔及用无心磨床磨削外圆等都是以加工表面本身作为定位基准；此外，生产中常采用钳工划线，后续工序操作者按线找正后装夹加工，这也体现了自为基准的原则。

（4）互为基准原则

为了使加工表面获得均匀的加工余量和加工表面间有较高的位置精度，可采用加工表面间互为基准反复加工。例如加工精度和同轴度要求高的套筒类零件，精加工时，一般先以外圆定位磨内孔，再以内孔定位磨外圆。又如加工精密齿轮时，通常是齿面淬硬后再磨齿面及内孔。由于齿面磨削余量很小，为了保证加工要求，采用图 3-6 所示装夹方式，先以齿面为基准磨内孔，再以内孔为基准磨齿面，这样不但使齿面磨削余量小而均匀，而且能较好地保证内孔与外圆有较高的同轴度。

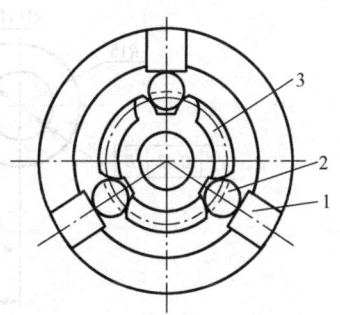

图 3-6 以齿面为基准加工内孔
1—卡盘 2—滚柱 3—齿轮

（5）装夹方便原则

所选定位基准应能使工件定位稳定，夹紧可靠，操作方便，夹具结构简单。

以上介绍了精基准选择的几项原则，每项原则只能说明一个方面的问题，理想的情况是使基准既"重合"又"统一"，同时又能使定位稳定、可靠，操作方便，夹具结构简单。但实际应用中往往会出现相互矛盾的情况，这就要求从技术和经济两方面进行综合分析，合理选择。

3.4.3 定位基准选择实例

如图 3-7 所示为车床进刀轴架零件，已知其工艺过程如下：
1）划线；
2）粗精刨底面和凸台；
3）粗精镗 $\phi32H7$ 孔；
4）钻、扩、铰 $\phi16H9$ 孔。
试选择各工序的定位基准。

第一道工序划线。当毛坯误差较大时，采用划线的方法能同时兼顾到几个不加工表面对加工表面的位置要求。选择不加工表面 $R22$ mm 外圆和 $R15$ mm 外圆为粗基准，同时兼顾不加工的上平面与底面距离 18 mm 的要求，划出底面和凸台的加工线。

第二道工序按划线找正，刨底面和凸台。

第三道工序粗精镗 $\phi32H7$ 孔。加工要求为尺寸 32 ± 0.1 mm、6 ± 0.1 mm 及凸台侧面 K 的平行度为 0.03 mm。根据基准重合的原则选择底面和凸台为定位基准，底面限制三个自由度，凸台限制两个自由度，无基准不重合误差。

第四道工序钻、扩、铰 $\phi16H9$ 孔。除孔本身的精度要求外，本工序应保证的位置要求为尺寸 4 ± 0.1 mm、51 ± 0.1 mm 及两孔的平行度要求为 0.02 mm。根据精基准选择原则，可以有 3 种不同的方案。

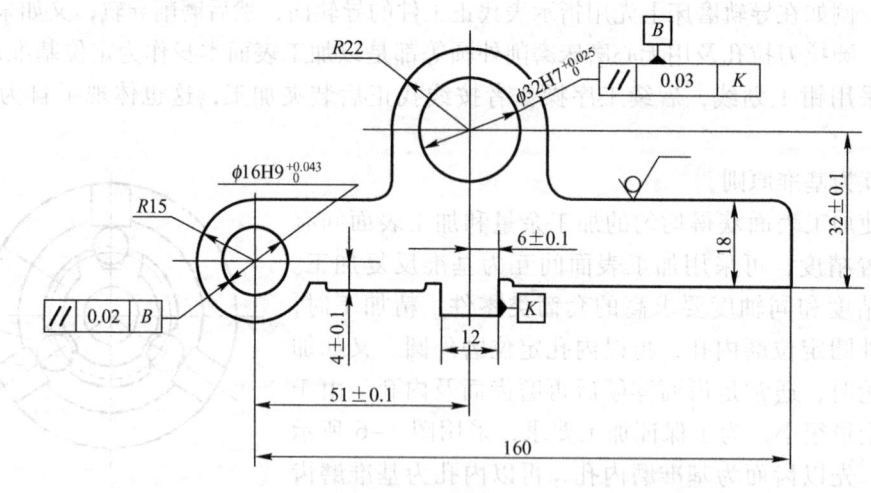

图 3-7 车床进刀轴架

1）底面限制三个自由度，K 面限制两个自由度。此方案加工两孔采用了基准统一原则。夹具比较简单。设计尺寸 4 ± 0.1 mm 基准重合；尺寸 51 ± 0.1 mm 的工序基准是孔 $\phi32H7$ 的中心线，而定位基准是 K 面，定位尺寸为 6 ± 0.1 mm，存在基准不重合误差，其大小等于 0.2 mm；两孔平行度 0.02 mm 也有基准不重合误差，其大小等于 0.03 mm。可见，此方案基准不重合误差已经超过了允许的范围，不可行。

2）$\phi32H7$ 孔限制四个自由度，底面限制一个自由度。此方案对尺寸 4 ± 0.1 mm 有基准不重合误差，且定位销细长，刚性较差，所以也不合适。

3）底面限制三个自由度，φ32H7孔限制两个自由度。此方案可将工件套在一个长的菱形销上来实现，对于三个设计要求均为基准重合，只有φ32H7孔对于底面的平行度误差将会影响两孔在垂直平面内的平行度，应当在镗φ32H7孔时加以限制。

综上所述，第三个方案基准基本上重合，夹具结构也不太复杂，装夹方便，故第三个方案为最佳方案。

3.5 工艺路线的拟定

工艺路线是工艺规程设计的总体布局。其主要任务是选择零件表面的加工方法、安排加工顺序、划分加工阶段以及进行工序集中程度的安排。在拟定工艺路线时应从工厂的实际情况出发，充分考虑应用新工艺、新技术的可行性和经济性，多提出几个方案，进行分析比较，以便确定一个符合实际情况的最佳工艺路线。

3.5.1 表面加工方法的选择

为了正确选择表面的加工方法，首先应了解加工经济精度和经济表面粗糙度的概念。

1. 加工经济精度及经济表面粗糙度

加工经济精度是指在正常的加工条件下（采用符合质量标准的设备、工艺装备和标准技术等级工人、不延长加工时间）所能保证的加工精度。

经济表面粗糙度是指在正常的加工条件下（采用符合质量标准的设备、工艺装备和标准技术等级工人、不延长加工时间）所能保证的表面粗糙度。

2. 选择零件表面加工方法的依据

选择零件表面加工方法主要根据以下几个方面。

1）零件材料性质及热处理要求。例如，淬火钢件的精加工采用磨削加工和特种加工；有色金属一般采用精细车、精细铣或金刚镗进行加工，应避免采用磨削加工，因磨削有色金属时切屑易堵塞砂轮。

2）零件加工表面的尺寸公差等级和表面粗糙度。例如，材料为淬火钢，尺寸公差等级为IT7，表面粗糙度 Ra 为 $0.2\mu m$。外圆柱面最终加工方法应选用磨削，其加工方案为粗车－半精车－粗磨－精磨。

3）零件加工表面的位置精度要求。例如，孔系加工中，为保证孔间距位置尺寸及位置精度要求，其最终加工方法适宜选用镗削或磨削，而不应采用铰削。

4）零件的形状和尺寸。例如，对于公差等级为IT7的孔采用镗、铰、拉和磨削都可以。但是箱体上的孔一般不宜采用拉或磨，常选择镗、铰。在孔的加工中，若孔径大时则选用镗或磨；如果选用铰孔，因其铰刀直径过大，制造、使用都不方便；若孔径小时则选用铰削较为适当，因小孔镗削或磨削加工，其刀杆直径过小，刚性差，不易保证孔的加工精度。

5）生产类型。选择加工方法要与生产类型相适应，考虑生产率和经济性。例如平面和孔的加工，在批量较大时可以采用拉削；而单件小批量生产时则采用刨、铣、磨平面和钻、扩镗、铰孔。

6）具体生产条件。应充分利用本企业现有设备和工艺手段，挖掘企业潜力，尽可能地降低生产成本。

3. 零件典型表面加工方案的选择

总体来说，机械零件都是由不同的基本表面构成的。不同零件上的不同表面，加工方法选择不同，加工方案也就有所区别。零件上不同表面的加工方案见表3-6～表3-8。

表3-6 外圆面的加工方案

加 工 方 案	经济精度（公差等级）	经济表面粗糙度 $Ra/\mu m$	适 用 范 围
粗车	IT11～13	12.5～50	
粗车-半精车	IT8～10	3.2～6.3	适用于淬火钢以外的金属
粗车-半精车-精车	IT7～8	0.8～1.6	
粗车-半精车-精车-滚压	IT7～8	0.0255～0.2	
粗车-半精车-磨削	IT7～8	0.4～0.8	主要用于淬火钢，也可用于未淬火钢，但不宜加工有色金属
粗车-半精车-粗磨-精磨	IT6～7	0.1～0.4	
粗车-半精车-粗磨-精磨-超精加工	IT5	0.012～0.1	
粗车-半精车-精车-精细车（金刚车）	IT6～7	0.025～0.4	主要用于要求较高的有色金属加工
粗车-半精车-粗磨-精磨-超精磨（或镜面磨）	IT5以上	0.006～0.025	极高精度的外圆加工
粗车-半精车-粗磨-精磨-研磨	IT5以上	0.012～0.1	

表3-7 平面的加工方案

加 工 方 案	经济精度（公差等级）	经济表面粗糙度 $Ra/\mu m$	适 用 范 围
粗车-半精车	IT8～10	3.2～6.3	
粗车-半精车-精车	IT7～8	0.8～1.6	回转体零件的端面
粗车-半精车-磨削	IT7～8	0.4～0.8	
粗刨（粗铣）-精刨（精铣）	IT8～10	1.6～6.3	精度要求不太高的不淬硬平面
粗刨（粗铣）-精刨（精铣）-刮研	IT6～7	0.1～0.8	精度要求较高的不淬硬平面
粗刨（粗铣）-精刨（精铣）-磨削	IT7	0.2～0.8	精度要求高的淬硬平面或不淬硬平面
粗刨（粗铣）-精刨（精铣）-粗磨-精磨	IT6～7	0.02～0.4	
粗铣-拉	IT7～9	0.2～0.8	大量生产的较小平面
粗铣-精铣-磨削-研磨	IT5以上	0.006～0.1	高精度平面

表3-8 内圆面的加工方案

加 工 方 案	经济精度（公差等级）	经济表面粗糙度 $Ra/\mu m$	适 用 范 围
钻	IT11～12	12.5	适用于加工孔径≤15～20mm的未淬火钢、铸铁或有色金属的实心毛坯
钻-铰	IT9	1.6～3.2	
钻-铰-精铰	IT7～8	0.8～1.6	

(续)

加 工 方 案	经济精度 (公差等级)	经济表面粗糙度 $Ra/\mu m$	适 用 范 围
钻－扩	IT10～11	6.3～12.5	适用于加工孔径 >15～20mm的未淬火 钢、铸铁或有色金属的 实心毛坯
钻－扩－铰	IT8～9	1.6～3.2	
钻－扩－粗铰－精铰	IT7	0.8～1.6	
钻－扩－机铰－手铰	IT6～7	0.1～0.4	
钻－扩－拉	IT7～9	0.1～1.6	适用于大批量生产
粗镗（或扩孔）	IT11～12	6.3～12.5	除淬火钢外的各种材 料，毛坯有铸出孔或锻 出孔
粗镗（粗扩）－半精镗（精扩）	IT8～9	1.6～3.2	
粗镗（扩）－半精镗（精扩）－精镗（铰）	IT7～8	0.8～1.6	
粗镗（扩）－半精镗（精扩）－精镗－浮动镗刀精镗	IT6～7	0.4～0.8	
粗镗（扩）－半精镗－磨孔	IT7～8	0.2～0.8	主要用于淬火钢，也 可用于未淬火钢，但不 宜用于有色金属
粗镗（扩）－半精镗－粗磨－精磨	IT6～7	0.1～0.2	
粗镗－半精镗－精镗－金钢镗	IT6～7	0.05～0.4	主要用于精度要求高 的孔的加工

3.5.2 加工工序的安排

1. 机械加工工序的安排

机械加工工序的安排应遵循以下几个原则。

1）基准先行。

选作精基准的表面应安排在工艺过程一开始就进行加工，以便为后续工序的加工提供精基准。

2）先粗后精。

整个零件的加工工序应是粗加工工序在前，接着为半精加工、精加工及光整加工工序。

3）先主后次。

先加工零件主要工作表面及装配基准面，然后加工次要表面。由于次要表面的加工工作量比较小，而且它们往往与主要表面有位置精度的要求，因此一般都放在主要表面的主要加工结束之后，而在最后精加工或光整加工之前进行。当次要表面的加工劳动量很大时，为了减少由于加工主要表面产生废品造成工时损失，主要表面的精加工工序也可安排在次要表面加工之前进行。

4）先面后孔。

对于箱体、支架等零件，平面的轮廓尺寸较大，用它定位比较稳定，因此应选平面作为精基准，先加工平面，然后以平面定位加工孔，有利于保证孔的加工精度。

5）主要表面的终加工可最后完成。

6）次要小表面的加工有时可放在装配后进行。

2. 热处理工序的安排

（1）预备热处理

预备热处理的目的是改善加工性能，为最终热处理做好准备，同时消除残余应力。如正火、退火和时效处理等。它安排在粗加工前、后和需要消除应力处；调质处理能得到组织均匀细致的回火索氏体，有时也作为预备热处理，常安排在粗加工后。对于马氏体型不锈钢（如2Cr13），为降低韧性，改善断屑性能，常先调质再进行切削加工。

（2）最终热处理

最终热处理的目的是提高力学性能，如调质、淬火、渗碳淬火、渗氮等。调质、淬火、渗碳淬火安排在半精加工之后，精加工之前进行，以便在精加工时纠正热处理变形。

渗氮处理温度低、变形小，且渗氮层较薄，应尽量靠后安排，如粗磨之后，精磨、研磨之前。对于模具工作零件最好经过试模确认完全合格后再进行渗氮处理。

3. 辅助工序的安排

辅助工序主要包括检验、去飞边、清洗、涂防锈油等。

（1）检验工序是主要的辅助工序

1）检验工序安排。

一般是对每道工序进行"三检"，即生产者自检、班组长或工段长互检、专职检验员检验；通常在重要零件粗加工或半精加工之后，重要工序加工之前，零件全部加工结束之后。

2）特种检验方法的应用。

检查零件表面及表层裂纹缺陷，对于钢铁采用磁粉探伤，对于有色金属采用荧光检验，或着色检验；检查零件材料内部缺陷采用X射线、γ射线或超声波；检查零件化学成分采用分光检验；检查零件材料力学性能采用硬度检查，或强度检查；检查零件材料组织结构采用显微组织（金相分析）、晶粒度评定。

（2）去毛刺也是不可缺少的工序

在成批生产中，对于车削回转表面的毛刺均由车工去除；对于车削非回转表面或刨、铣、磨钻等表面的毛刺均由钳工去除；在单件生产中，刨、铣、磨、钻等表面的毛刺可由相应工种的操作者去除。

4. 几种典型工艺路线的安排

尽管零件结构、技术要求、材料等各异，但工艺路线的确定也具有一定规律性，即以主要表面加工为主线，次要表面加工穿插在各阶段中进行。

现列举常用几种典型的工艺路线（除光整加工）。

（1）调质钢件

正火或退火－加工精基准面－粗加工主要表面－调质－半精加工主要表面－局部表面淬火、低温回火－精加工主要表面－去应力回火－检验。

（2）渗碳钢件

正火－加工精基准面－粗加工主要表面－半精加工主要表面－渗碳－淬火、低温回火－精加工主要表面－去应力回火－检验。

（3）高碳钢、工具钢件

正火－球化退火－加工精基准－粗加工主要表面－半精加工主要表面－淬火（+冷处理）、低温回火－人工时效－精加工主要表面－人工时效－检验。

（4）灰口铸铁件

时效－加工精基准－粗加工主要表面－半精加工主要表面－时效－精加工主要表面－检验。

(5）渗氮钢件

① 精密模具。

退火或正火－加工精基准面－粗加工－调质－半精加工－稳定化处理－精加工－装配－试冲模－渗氮－光整加工（如研磨、抛光）检验。

② 普通模具。

粗加工－调质－精加工－渗氮－研磨－检验。

3.5.3 加工阶段的划分

从上面典型的工艺路线看出，为保证加工质量，合理使用设备及人力等因素，整个加工过程一般可以分为粗加工、半精加工、精加工和光整加工阶段。

1. 各加工阶段主要任务及特点

（1）粗加工阶段

其主要任务是切除加工表面上的大部分余量，使毛坯的形状和尺寸尽量接近成品。粗加工阶段，加工精度要求不高，切削用量、切削力都比较大，所以粗加工阶段主要考虑如何提高劳动生产率。

（2）半精加工阶段

半精加工阶段是为主要表面的精加工做好必要的精度和余量准备，并完成一些次要表面的加工。对于加工精度要求不高的表面或零件，经半精加工后即可达到要求。

（3）精加工阶段

精加工阶段是使精度要求高的表面达到规定的质量要求。要求的加工精度比较高，各表面的加工余量和切削用量都比较小。

（4）光整加工阶段

光整加工阶段的主要任务是提高被加工表面的尺寸精度和减小表面粗糙度，一般不能纠正形状和位置误差。对于尺寸精度和表面粗糙度要求特别高的表面，才安排光整加工、超精加工。

2. 划分加工阶段的必要性

（1）有利于保证产品质量

粗加工阶段不可能达到高的加工精度和较小的表面粗糙度，完成零件的粗加工后再进行半精加工、精加工，逐步减小切削用量、切削力和切削热，可逐步减小或消除先行工序的加工误差，减小表面粗糙度，最后达到设计图样所规定的加工要求。

（2）有利于合理使用设备

粗加工阶段可以采用功率大、刚度好、精度低、效率高的机床进行加工以提高生产率；精加工阶段可采用高精度机床和工艺装备，严格控制有关的工艺因素，以保证加工零件的质量要求。所以粗、精加工分开，可以充分发挥各高精度机床的使用寿命。

（3）便于热处理工序的安排

例如，对一些精密零件，粗加工后安排去应力。在半精加工后安排淬火处理，不仅能满足零件的性能要求，也使零件的粗加工和半精加工更容易，零件因淬火产生的变形又可以通过精加工得以消除。对于精度要求更高的零件，在各加工阶段之间可穿插进行多次时效处理，以消除应力，最后再进行光整加工。

(4) 便于及时发现毛坯缺陷和保护已加工表面

由于工艺过程分阶段进行，在粗加工各表面之后，及时发现毛坯（尤其是铸件）缺陷（气孔、砂眼、缩孔、缩松和加工余量不足等），以便修补或发现废品，以免将本应报废的工件继续进行精加工，浪费工时和制造费用。

3. 划分加工阶段的依据

主要根据零件加工表面的尺寸公差等级、表面粗糙度、热处理要求等。显然，不同的热处理要求是划分加工阶段的重要标志。加工表面尺寸公差等级越高，则加工阶段划分越明显。表面粗糙度越低，越要经过由粗加工到精加工的过程。不同的加工阶段达到的表面粗糙度是不同的。

需要指出的是，划分加工阶段是对整个工艺过程而言的，以主要加工面为主线来分析，不应以个别表面（或次要表面）和个别工序判断。但是有的零件加工阶段并不明显，但对于同一表面仍有粗、半精、精加工工步之分。

3.5.4 工序集中与工序分散

根据所选定的表面加工方法和各加工阶段中表面的加工要求，可以将同一阶段中各表面的加工组合成不同的工序。在划分工序时可以采用工序集中或分散的原则。

1. 工序集中

每道工序安排加工内容多，而总的工序数目少，这种安排工序的方法称为工序集中。工序集中具有以下特点。

1）工件在一次装夹后，可以加工多个表面，能较好地保证加工表面之间的相互位置精度；可减少装夹工件的次数和辅助时间；减少工件在机床之间的搬运次数，有利于缩短生产周期。

2）可减少机床数量、操作工人数，节省车间生产面积，简化生产计划和生产组织工作。

3）采用的设备和工装结构复杂、投资大，调整和维修的难度大，对工人的技术水平要求高。

2. 工序分散

每道工序安排加工内容少，而总的工序数目多，这种安排工序的方法称为工序分散。工序分散具有以下特点。

1）机床设备及工装比较简单，调整方便，生产工人易于掌握。

2）可以采用最合理的切削用量，减少机动时间。

3）设备数量多，操作工人多，生产面积大。

3. 工序集中与工序分散的选用

一般情况下，单件小批生产及自动化生产采用工序集中，大批大量生产则采用工序分散。

3.6 加工余量的确定

机械零件上一个要求较高的加工表面，往往需要经过一系列工序的加工，逐渐提高加工精度，最后才达到图样设计要求。加工余量过大，不仅增加了机械加工的工作量，降低生产率,增加材料、工具和电力的消耗,提高了加工成本,而且对某些精加工来说,加工余量太大也会影响加工质量。若加工余量太小,不能消除工件表面残留的各种缺陷和误差,则会造成废品。因此,合理地确定加工余量,对提高加工质量和降低成本都有十分重要的意义。

3.6.1 加工余量基本知识

1. 加工余量的概念

加工余量是指加工过程中从加工表面所切去的金属层厚度。它有工序余量和加工总余量之分。工序余量是指某一工序所切除的金属层总厚度,即相邻两工序的工序尺寸之差;加工总余量是指某加工表面上切除的金属层总厚度,即毛坯尺寸与零件图设计尺寸之差。

$$Z_o = \sum_{i=1}^{n} Z_i \qquad (3-2)$$

式中 Z_o——加工总余量(毛坯余量);

Z_i——各工序余量,n 为工序数。

2. 工序余量与工序尺寸及公差的关系

由于毛坯尺寸和各工序尺寸不可避免地存在公差,因此,无论是加工总余量还是工序余量实际上是个变动值,于是加工余量又有基本余量、最大余量和最小余量之分。通常毛坯尺寸按双向标注上、下极限偏差,工序尺寸按"入体原则"标注极限偏差,对被包容表面上极限偏差为零,则公称尺寸即上极限尺寸;对包容表面下极限偏差为零,则公称尺寸即下极限尺寸。

工序余量与工序尺寸及公差的关系如图 3-8 所示。

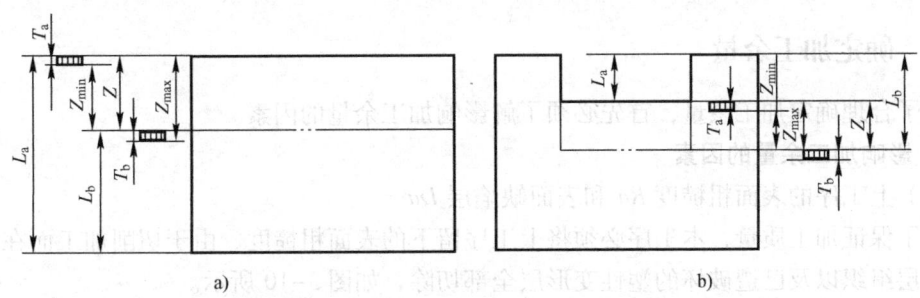

图 3-8 基本余量、最大余量与最小余量

对外表面(由图 3-8a 可知):

本工序的基本余量 $Z = L_a - L_b$

本工序的最大余量 $Z_{max} = L_{amax} - L_{bmin}$

本工序的最小余量 $Z_{min} = L_{amin} - L$

式中 L_a,L,L_{amin} 分别为上工序的公称尺寸、上极限尺寸和下极限尺寸。

L_b,L,L_{bmin} 分别为本工序的公称尺寸、上极限尺寸和下极限尺寸。

对内表面(由图 3-8b 可知):

$$Z = L_b - L_a$$
$$Z_{max} = L_{amax} - L_{bmin}$$
$$Z_{min} = L_{bmin} - L$$

加工余量的变动量即余量公差为

$$T_z = Z_{max} - Z_{min} = T_a + T_b$$

计算结果表明：本工序的余量公差即加工余量的变动量等于本工序的尺寸公差与上工序的尺寸公差之和。

加工余量还有双边余量和单边余量之分。对于孔和外圆等回转表面，加工余量是指双边余量，每次切削的金属层厚度为加工余量的一半，如图 3-9 所示。

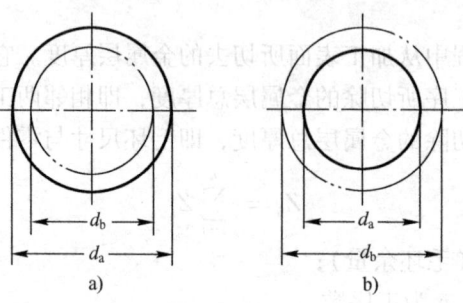

图 3-9 双边余量

对于轴（图 3-9a）：　　　　　　　　$Z = d_a - d_b$

对于孔（图 3-9b）：　　　　　　　　$Z = d_b - d_a$

式中　Z——为本工序的基本加工余量；

　　　d_a——为上工序的公称尺寸；

　　　d_b——为本工序的公称尺寸。

3.6.2　确定加工余量

为了合理确定加工余量，首先必须了解影响加工余量的因素。

1. 影响加工余量的因素

（1）上工序的表面粗糙度 Ra 和表面缺陷层 Da

为了保证加工质量，本工序必须将上工序留下的表面粗糙度、由于切削加工而在表面留下的一层组织以及已遭破坏的塑性变形层全部切除，如图 3-10 所示。

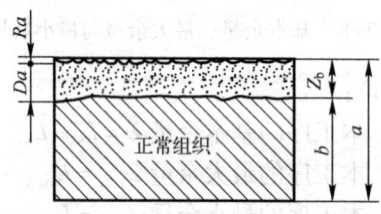

图 3-10　表面粗糙度及塑性变形层

（2）上工序的尺寸公差 T_a

由于工序尺寸有公差，上工序的实际工序尺寸有可能出现上或下极限尺寸。为了使上工序的实际工序尺寸在极限尺寸的情况下，本工序也能将上工序留下的表面粗糙度和表面缺陷层切除，本工序的加工余量应包括上工序的尺寸公差，如图 3-11 所示。

（3）工件各表面相互位置的空间偏差 ρ_a

工件上有些形状和位置偏差不包括在尺寸公差的范围内，但这些误差又必须在本工序的加工中纠正，因此在本工序的加工余量中必须包括它们。如图 3-12 所示的轴类零件，由于上工序轴线有直线度误差 w，因此本工序加工余量必须相应增加 $2w$。属于这一类偏差的有直线度、位置度、同轴度、平行度及轴线与端面的垂直度等。

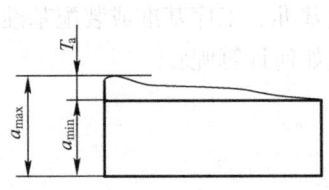

图 3-11　上工序留下的尺寸公差

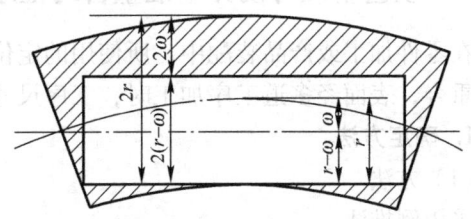

图 3-12　工件轴线弯曲对加工余量的影响

（4）本工序的装夹误差 ε_b

如果本工序有装夹误差（包括定位误差、夹紧变形误差、夹具本身误差等），使工件在加工时位置发生偏移，则本工序加工余量应考虑这些误差的影响。如图 3-13 所示，用自定心卡盘夹持工件外圆加工孔时，若工件轴心线偏移机床主轴回转轴线一个 e 值，造成内孔切削余量不均匀，为使上工序的各项误差和缺陷在本工序切除，应将孔的加工余量加大 $2e$。

通过以上分析，可得到加工余量的计算公式为

对单面余量：$Z_b = T_a + Ra + Da + |\vec{\rho_a} + \vec{\varepsilon_b}|$

对双面余量：$Z_b = T_a + 2(Ra + Da) + 2|\vec{\rho_a} + \vec{\varepsilon_b}|$

式中 $\vec{\rho_a}$ 与 $\vec{\varepsilon_b}$ 是有方向的，它们的合成应为向量和，然后取模。T_a、Ra、Da 的值可查阅相关工艺手册，$\vec{\rho_a}$ 和 $\vec{\varepsilon_b}$ 则需根据实际情况通过计算或实验统计求得。

2. 确定加工余量的方法

（1）计算法

应用上述加工余量计算公式通过计算确定加工余量。此法所确定的加工余量经济合理，但要有可靠的实验数据和资料，计算较繁杂，仅在贵重材料加工或大批量生产中采用。

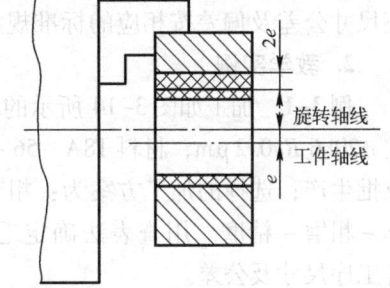

图 3-13　装夹误差对加工余量的影响

（2）经验估计法

技术人员根据工厂的生产技术水平，靠经验来确定加工余量。为防止余量不足而产生废品，通常所取的加工余量都偏大。此法一般用于单件小批量生产。

（3）查表法

根据各工厂长期的生产实践与试验研究所积累的有关加工余量资料，制成各种表格并汇编成手册，如机械加工工艺手册、机械工艺工程师手册、工艺设计手册等。确定加工余量时，查阅这些手册，再根据本厂实际加工情况进行适当修正后确定，目前此法应用较为普遍。查表时应注意表中数值是单边余量还是双边余量。

3.7　工序尺寸及其公差的确定

零件每一道工序加工规定达到的尺寸称为工序尺寸。工序尺寸可以是零件的设计尺寸，

也可以完全不是。工序尺寸及其公差的大小不仅受到工序余量的影响，而且与工艺基准的选择有密切的关系。

3.7.1 工艺基准与设计基准重合时工序尺寸及其公差的确定

在零件加工或产品装配中，所使用的定位基准、测量基准、工序基准或装配基准与设计基准重合，表面经多道工序加工时，工序尺寸及其公差应如何计算呢？

1. 确定方法

（1）方法

采用倒推法。

（2）顺序

先确定各工序余量的公称尺寸，再由后往前逐个工序推算，即由零件上的设计尺寸开始，由最后一道工序向前一工序推算，直到毛坯尺寸。

（3）公差等级

中间各工序尺寸公差等级都按经济精度确定，即在IT8及IT8以下。

（4）极限偏差

按"入体原则"确定，即轴按基本偏差"h"，孔按基本偏差"H"，长度按±IT/2。毛坯尺寸公差及偏差按相应的标准规定。

2. 教学实例

例 3-1 加工如图 3-14 所示的小轴外圆柱 ϕ20h6 Ra0.2 μm，材料 T8A 56~60HRC。成批生产；选择的加工方案为：粗车－半精车－粗磨－精磨。用查表法确定毛坯尺寸、各工序尺寸及公差。

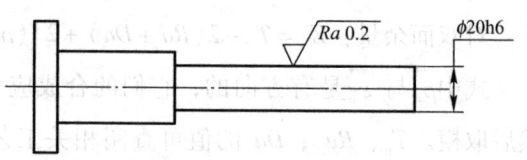

图 3-14 小轴外圆柱加工

解：先从工艺资料或手册中查取各工序的基本余量及各工序的尺寸公差等级，经过计算得各工序的尺寸（见表 3-9）。

最后还要验算最小余量必须能保证该道工序加工表面的质量要求。

表 3-9 加工外圆柱面 ϕ20h6 工序尺寸及公差等级

工序名称	工序余量/cm	工序尺寸公差等级	工序尺寸
精磨	0.3	IT6$\begin{pmatrix}0\\-0.013\end{pmatrix}$	ϕ20h6
粗磨	0.5	IT8$\begin{pmatrix}0\\-0.033\end{pmatrix}$	ϕ20.3h8
半精车	2.2	IT10$\begin{pmatrix}0\\-0.084\end{pmatrix}$	ϕ20.8h10
粗车	3	IT12$\begin{pmatrix}0\\-0.021\end{pmatrix}$	ϕ23h12
毛坯	总余量 6		ϕ26±0.5

3.7.2 工艺基准与设计基准不重合时工序尺寸及其公差的确定

在复杂零件加工中，很多情况下，工艺基准（例如定位基准或测量基准）不能直接选用设计基准，而必须经过基准转换，将设计尺寸换算成加工工艺所需要的尺寸即工艺尺寸。那么如何进行这种换算呢？这就需要利用工艺尺寸链。工艺尺寸链理论是合理确定工艺尺寸及其公差的基础，是编制零件工艺规程不可缺少的重要工具。

1. 尺寸链

（1）尺寸链的定义

如图 3-15 所示零件图样上标注的尺寸为 A_1、A_0，A、B 面已加工，现采用调整法加工 C 面。若以设计基准 B 面作定位基准，则夹具结构复杂，工件装卸不便，加工时刚性差；若以 A 面作定位基准，则直接保证的是对刀尺寸；图样上要求的设计尺寸 A_0，将由本工序尺寸 A_2 和上工序的尺寸 A_1 来间接保证。当 A_1 和 A_2 确定之后，A_0 随之确定。像这样一组相互关联的尺寸，顺次首尾相连，组成封闭的尺寸组合，如同链条一样环环相扣，因此形象地称为尺寸链。

同样，在测量、产品装配和设计过程中都会形成类似的尺寸链。如图 3-16 所示。图 3-16a 为测量用的工艺尺寸链。零件图上标注的尺寸为 A_1、A_0，但 A_0 不便测量，因此通过测量 A_1、A_2 来间接保证 A_0，由 A_1、A_2、A_0 组成了工艺尺寸链；图 3-16b 由孔的尺寸 A_1、轴的尺寸 A_2 及孔轴装配后形成的间隙 A_0（必须保证的装配精度）组成了装配尺寸链；图 3-16c 由零件图样上的设计尺寸 B_1、B_2、B_3 及标注尺寸 B_0 组成了零件尺寸链。尺寸链也可用尺寸链简图来表示，如图 3-15b 所示。

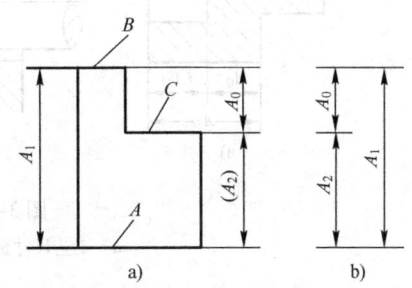

图 3-15 零件加工过程中的尺寸链

（2）尺寸链的组成

组成尺寸链中的各个尺寸称为环，而环又有封闭环与组成环之分。

1）封闭环。

在尺寸链中，凡最后被间接保证的尺寸，称为封闭环。

图 3-16 中的 A_0、B_0 就是封闭环。应该特别指出，在解算尺寸链时，区分封闭环是至关重要的，一旦封闭环判断错了，则一切计算结果都是错误的。在工艺尺寸链中，封闭环是随着加工方案或测量基准的改变而改变的，区分封闭环的关键在于要紧紧抓住"间接获得"或"最后形成"这一要点。

2）组成环。

组成环是加工过程中直接形成的尺寸。任一组成环的变动，必然引起封闭环的变动，根据它对封闭环的影响不同，组成环又可分为增环与减环。

① 增环。若该环尺寸增大，则封闭环随之增大，若该环尺寸减小，则封闭环也随之减小，那么该环称为增环，以 $\vec{A_i}$ 表示，如图 3-16a、b 中的 A_1 即为增环。

② 减环。若该环尺寸增大，则封闭环减小；该环尺寸减小，则封闭环增大，那么该环称为减环，以 $\overleftarrow{A_i}$ 表示，如图 3-16a、b 中的 A_2 即为减环。

③ 增减环的判别。当尺寸链中的组成环较多时，根据定义来区分增减环就比较麻烦，可用下述简单的方法来迅速判断：在尺寸链图中，先在任意环上任定一方向画一箭头，然后

沿此方向绕尺寸链回路依次在其余环上画出箭头,凡组成环上所画箭头方向与封闭环箭头方向相同的为减环,相反的为增环。

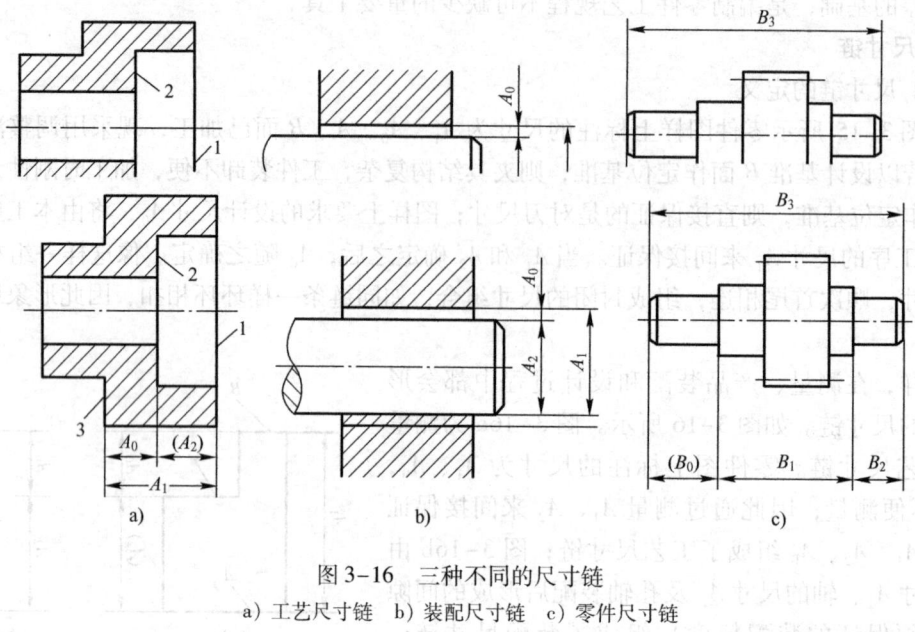

图 3-16 三种不同的尺寸链
a) 工艺尺寸链　b) 装配尺寸链　c) 零件尺寸链

(3) 尺寸链的特性

1) 封闭性。尺寸链是由一个封闭环和若干个相互连接的组成环所构成的封闭图形,不封闭则不构成尺寸链。

2) 关联性。由于尺寸链具有封闭性,因而封闭环随组成环的变动而变动,组成环是自变量,封闭环是因变量。

(4) 尺寸链的分类

1) 按应用场合分。

① 工艺尺寸链。全部组成环为同一零件工艺尺寸所形成的尺寸链,如图 3-15 和图 3-16a 所示。

② 装配尺寸链。全部组成环为不同零件设计尺寸所形成的尺寸链,如图 3-16b。

③ 零件尺寸链。全部组成环为同一零件设计尺寸所形成的尺寸链,如图 3-16c。

2) 按环的空间位置分。

① 直线尺寸链。全部组成环平行于封闭环的尺寸链。这是工艺尺寸链中最常见的一种尺寸链。

② 平面尺寸链。全部组成环位于一个或几个平行平面内,其中某些组成环不平行于封闭环的尺寸链。

③ 空间尺寸链。组成环位于几个不平行平面内的尺寸链。

3) 按环的几何特征分。

① 长度尺寸链。全部环为长度尺寸的尺寸链。

② 角度尺寸链。全部环为角度尺寸的尺寸链。

2. 直线尺寸链的基本计算公式

利用工艺尺寸链的目的是求解工艺尺寸链中某些环的公称尺寸及其上、下极限偏差。直线尺寸链是工艺尺寸链中最常见的一种形式，它的基本计算公式是求解平面尺寸链与空间尺寸链的基础。

尺寸链的计算方法有两种：极值法和概率法。

极值法是从最坏情况出发来考虑问题的，即当所有增环均为上（下）极限尺寸而减环恰好都为下（上）极限尺寸，计算封闭环的极限尺寸和公差。事实上，一批零件的实际尺寸是在公差带范围内变化的。在尺寸链中，所有增环不一定同时出现上（下）极限尺寸，即使出现，此时所有减环也不一定同时出现下（上）极限尺寸。

概率法又称为统计法，是运用概率理论，考虑各组成环尺寸在公差带范围内各种实际尺寸出现的积累和它们相遇的概率来计算封闭的极限尺寸和公差，因而在保证封闭环同样公差的情况下，各组成环的公差可以放宽很多，比较经济合理。但计算比较麻烦，且只有在一定的生产条件下才能应用，在工艺尺寸链中应用有限，主要用于装配尺寸链。这里只介绍极值法解尺寸链的基本计算公式。

（1）封闭环的公称尺寸 A_0

$$A_0 = \sum_{i=1}^{k} \vec{A_i} - \sum_{i=k+1}^{m} \overleftarrow{A_i} \tag{3-3}$$

式中，k 为增环的环数，m 为减环的环数。

即封闭环的公称尺寸等于所有增环公称尺寸之和减去所有减环公称尺寸之和。

（2）封闭环的最大极限尺寸 $A_{0\max}$

$$A_{0\max} = \sum_{i=1}^{k} \vec{A_{i\max}} - \sum_{i=k-1}^{m} \overleftarrow{A_{i\min}} \tag{3-4}$$

即封闭环的上极限尺寸等于所有增环上极限尺寸之和减去所有减环下极限尺寸之和。

（3）封闭环的下极限尺寸 $A_{0\min}$

$$A_{0\min} = \sum_{i=1}^{k} \vec{A_{i\min}} - \sum_{i=k+1}^{m} \overleftarrow{A_{i\max}} \tag{3-5}$$

封闭环的下极限尺寸等于所有增环下极限尺寸之和减去所有减环上极限尺寸之和。

（4）封闭环的上极限偏差 $ES(A_0)$

$$ES(A_0) = \sum_{i=1}^{k} ES(\vec{A_i}) - \sum_{i=k+1}^{m} EI(\overleftarrow{A_i}) \tag{3-6}$$

即封闭环的上极限偏差等于所有增环上极限偏差之和减去所有减环下极限偏差之和。

（5）封闭环的下极限偏差 $EI(A_0)$

$$EI(A_0) = A_{0\min} - A_0 = \sum_{i=1}^{k} EI(\vec{A_i}) - \sum_{i=k+1}^{m} ES(\overleftarrow{A_i}) \tag{3-7}$$

即封闭环的下极限偏差等于所有增环下极限偏差之和减去所有减环上极限偏差之和。

（6）封闭环的公差 T_0

$$T_0 = ES(A_0) - EI(A_0) = \sum_{i=1}^{m} T_i \tag{3-8}$$

即封闭环的公差等于所有组成环公差之和。

3. 工序尺寸及公差的解算实例

（1）测量基准与设计基准不重合时尺寸的计算

测量时，由于测量基准与设计基准不重合，需要的设计尺寸不能直接测得，只能由其他测量尺寸间接来保证，需要进行尺寸换算，下面以实例进行说明。

例 3-2 如图 3-17 所示为轴套加工图，加工时尺寸 $10_{-0.36}^{\ 0}$ 不便测量，改用深度游标卡尺测量孔深 A_2，通过孔深 A_2 及总长 $50_{-0.17}^{\ 0}$ mm（A_1）来间接保证设计尺寸 $10_{-0.36}^{\ 0}$ mm（A_0）。求孔深 A_2。

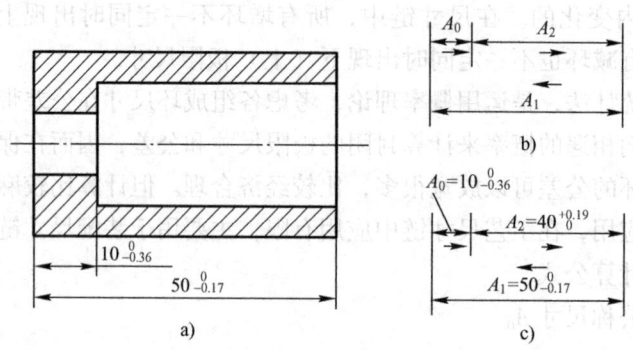

图 3-17 轴套的加工

解：

1）画出尺寸链简图，如图 3-17b 所示。

2）确定封闭环、增环、减环。其中 $10_{-0.36}^{\ 0}$ mm 为封闭环，$50_{-0.17}^{\ 0}$ 为增环，A_2 为减环。

3）计算：

由式（3-3）得 10 mm = 50 mm − A_2 求得 A_2 = 40 mm；

由式（3-6）得 0 = 0 − EI（A_2）   求得 $EI(A_2)$ = 0；

由式（3-7）得 −0.36 mm = −0.17 mm − ES（A_2）   求得 $ES(A_2)$ = 0.19 mm；

最后得 $A_2 = 40_{\ 0}^{+0.19}$ mm。

这就是说，只要按 $A_1 = 50_{-0.17}^{\ 0}$ mm，孔深 $A_2 = 40_{\ 0}^{+0.19}$ mm 进行检测，设计尺寸 $10_{-0.36}^{\ 0}$ mm 就可自然保证。从设计要求看，A_2 为图上未注尺寸，是零件尺寸链的封闭环，通过零件尺寸链不难求出设计允许的 A_2 尺寸为 $40_{-0.17}^{+0.36}$ mm。由此可见，当测量基准与设计基准不重合时，要通过尺寸换算来间接保证设计尺寸，零件的加工精度会提高很多。因此，在没有十分必要时，应尽量使测量基准与设计基准重合。

应该指出，按换算后的工序尺寸来间接保证原设计尺寸要求时，还存在一个假废品问题。在本例中，若孔深 A_2 的实际尺寸已超出了换算尺寸 $40_{\ 0}^{+0.19}$ mm，但仍符合原设计要求 $40_{-0.17}^{+0.36}$ mm，从工序尺寸来看，该零件被认为是不合格的。但是不是真的废品？还要看一看此时 A_1 的实际尺寸究竟是多少？例如当 A_2 的实际尺寸比换算尺寸允许的下极限尺寸 40 mm 还小 0.17 mm，为 39.83 mm 时，此时若 A_1 的实际尺寸刚好为下极限的尺寸 49.83 mm，则此时 A_0 的实际尺寸为：A_0 = (49.83 − 39.83) mm = 10 mm，因此零件是合格的。同样，当 A_2 的实际尺寸比换算尺寸允许的上极限尺寸 40.19 mm 还大 0.17 mm，为 40.36 mm 时，若此时 A_1 刚好也做成上极限尺寸 50 mm，则此时 A_0 的实际尺寸为：A_0 = (50 − 40.36) mm = 9.64 mm，此时零件仍然是合格的。由此可见，由换算尺寸来间接保证设计尺寸，只是保证设计尺寸合格的必要条件，而不是充分条件。因此，当换算尺寸在一定范围内超差时，还不能判断该零件是否报废，还需对有关尺寸进行复查，并计算间接保证尺寸的实际尺寸，才能判断该零件是否合格。

（2）定位基准与设计基准不重合时尺寸的换算

例 3-3 如图 3-18a 所示某支承座零件，孔 D 的设计基准是 C 表面。镗孔前，表面 A、B、C 已加工。镗孔时，为使工件装夹方便，选择表面 A 为定位基准，并按工序尺寸 L_3 进行加工，求 L_3 的公称尺寸及上、下极限偏差；对计算结果进行分析并提出合理的解决方案。

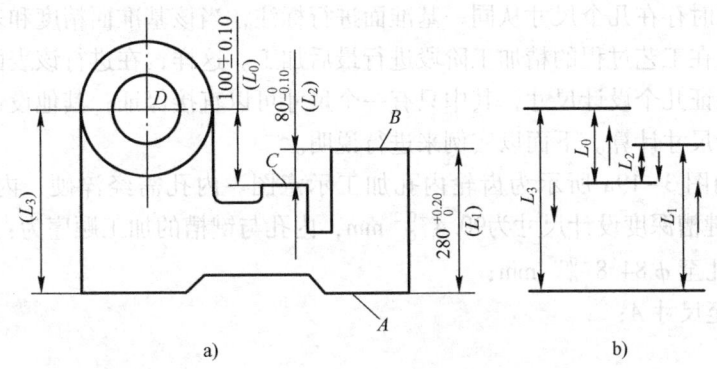

图 3-18 某支承座零件的加工

解：
1）建立尺寸链，画出尺寸链简图，如图 3-18b 所示。
2）L_0 为封闭环，L_2、L_3 为增环，L_1 为减环。
3）利用公式计算：

$$L_0 = L_2 + L_3 - L_1，得 L_3 = 300 \text{ mm}；$$
$$+0.1 = 0 + ES(A_3) - 0，得 ES = +0.1 \text{ mm}；$$
$$-0.1 = -0.1 + EI(A_3) - 0.2，得 EI = +0.2 \text{ mm}。$$

求出 $L_3 = 300^{+0.1}_{+0.2}$ mm。显然，这个结果是错误的，它要求 L_3 的上极限尺寸小于下极限尺寸，这是根本不可能的。

为什么会出现这种情况呢？仔细观察就会发现：加工前尺寸链中已知的两个组成环 L_1 与 L_2 的公差之和已大于封闭环 L_0 的公差。因此，即使 L_3 绝对准确，也无法间接保证设计尺寸 $L_0 = 100 \pm 0.1$ mm 的要求。

解决的办法有两个，一是改变定位方法，选择设计基准 C 表面作定位基准镗孔，使设计基准与定位基准重合，就不需要进行尺寸换算。但在本例中，由于工件装卸不便和夹具结构复杂是不可取的。另一方法是仍选 A 表面为定位基准镗孔，提高上工序尺寸 L_1 与 L_2 的加工精度，根据 $T_0 = \sum_{i=1}^{m} T_i$ 并考虑加工的难易程度，重新分配各工序尺寸的公差，上、下极限偏差的取向应符合原设计尺寸公差带的取向。本例中可取：

$L_1 = 280^{+0.05}_{0}$ mm，$L_2 = 80^{0}_{-0.07}$ mm，然后再求 L_3；

由 100 mm = 80 mm + L_3 − 280 mm   得 $L_3 = 300$ mm；

由 $0.1 \text{ mm} = 0 + ES(L_3) - 0$ 得 $ES(L_3) = +0.1 \text{ mm}$；

由 $-0.1 = -0.07 \text{ mm} + EI(L_3) - 0.05 \text{ mm}$ 得 $EI(L_3) = +0.02 \text{ mm}$；

最后得 $L_3 = 300^{+0.1}_{+0.02}$ mm。

通过上例说明了当工艺基准（包括测量基准与定位基准）与设计基准不重合时，通过尺寸换算间接保证图样上某一设计尺寸时，必然要提高零件的加工精度。若封闭环的公差大于已知组成环公差之和较多时，可只提高本工序的加工精度；若封闭环的公差小于或接近于已知组成环公差之和时，不仅要提高本工序的加工精度，还要提高其他工序尺寸的加工精度。

(3) 多工序尺寸换算

零件图上有时存在几个尺寸从同一基准面进行标注，当该基准面精度和表面粗糙度要求较高时，往往是在工艺过程的精加工阶段进行最后加工。这样，在进行该表面的最终一次加工时，要同时保证几个设计尺寸，其中只有一个尺寸可以直接保证，其他设计尺寸只能间接获得，需要进行尺寸计算。下面以实例来进行说明。

例 3-4 如图 3-19a 所示为齿轮内孔加工示意图。内孔需经淬硬，内孔设计尺寸为 $\phi 85^{+0.035}_{0}$ mm，键槽深度设计尺寸为 $90.4^{+0.2}_{0}$ mm，内孔与键槽的加工顺序为：

1) 半精镗孔至 $\phi 84.8^{+0.07}_{0}$ mm；
2) 插键槽至尺寸 A；
3) 淬火；
4) 磨内孔至尺寸 $\phi 85^{+0.035}_{0}$ mm，同时间接保证键槽深度 $90.4^{+0.2}_{0}$ mm。

求插键槽深度 A。

解：

1) 建立尺寸链，画尺寸链简图，如图 3-19b 所示。

2) 在尺寸链中，$90.4^{+0.2}_{0}$ mm 是间接获得的，故为封闭环；$42.4^{+0.035}_{0}$ mm 为减环，$42.5^{+0.0175}_{0}$ mm 及插键槽尺寸 A 为增环。

3) 利用公式计算。

由 $90.4 \text{ mm} = A + 42.5 \text{ mm} - 42.4 \text{ mm}$ 得 $A = 90.3 \text{ mm}$

由 $0.2 \text{ mm} = ES(A) + 0.0175 \text{ mm} - 0$ 得 $ES(A) = +0.1825 \text{ mm}$

由 $0 = EI(A) + 0 - 0.035 \text{ mm}$ 即 $EI(A) = +0.035 \text{ mm}$

即 $A = 90.2^{+0.1825}_{+0.035}$ mm

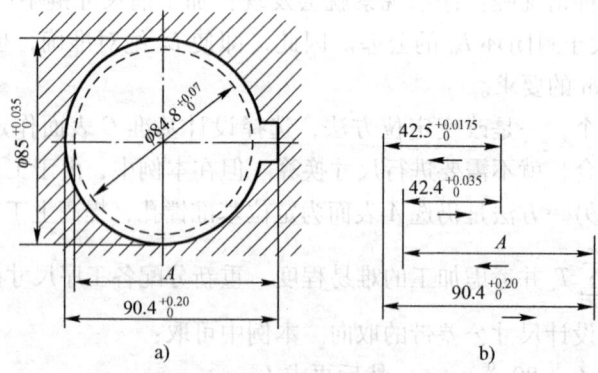

图 3-19 齿轮内孔的加工

（4）加工余量的校核

当某表面进行多次加工时，若采用的是同一工序基准，则本工序的加工余量的变动取决于该表面上下两道工序的公差，它们的关系如图 3-20 所示，其中加工余量 Z 为封闭环。

当采用不同的工序基准多次加工某一表面时，本工序的加工余量变动，不仅与本工序和上工序的公差有关，而且与其他有关工序的公差有关。此时，以加工余量为封闭环的工艺尺寸链，组成环数目增多，由于累积误差，有可能使本工序的余量过大或过小，故必须对加工余量进行校核。

如图 3-21a 所示为小轴的加工。1）车端面 1 及端面 2，保证 1 面和 2 面之间的尺寸 A_1 为 $49.5^{+0.30}_{0}$ mm；2）车端面 3，保证总长 A_2 为 $80^{0}_{-0.2}$ mm；3）磨端面 2，保证尺寸 A_3 为 $30^{0}_{-0.14}$ mm。试校核端面的磨削余量。

解：1）画尺寸链简图。由于端面 2 的车削和磨削采用的是不同的工序基准，因此磨削余量与工序尺寸有关，画出尺寸链简图如图 3-21b 所示。磨削余量 Z 为封闭环，A_2 为增环，A_3、A_1 为减环。

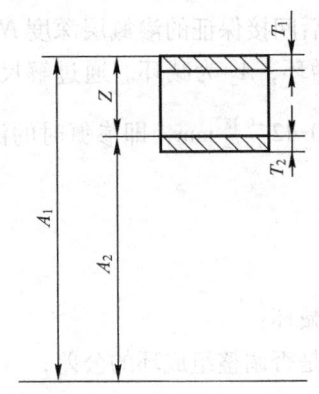

图 3-20 加工余量尺寸链

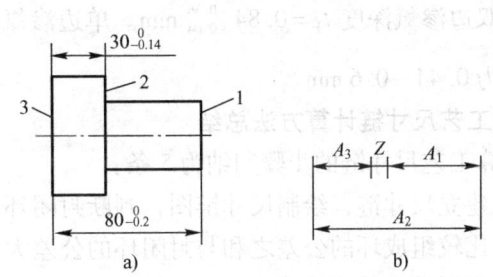

图 3-21 校核加工余量的尺寸链

2）计算各工序尺寸及偏差。

$$Z = A_2 - A_3 - A_1 = 80 \text{ mm} - 49.5 \text{ mm} - 30 \text{ mm} = 0.5 \text{ mm}$$

$$Z_{max} = 80 \text{ mm} - (30 - 0.14) \text{ mm} - 49.5 \text{ mm} = 0.64 \text{ mm}$$

$$Z_{min} = (80 - 0.2) \text{ mm} - 30 \text{ mm} - (49.5 + 0.3) \text{ mm} = 0$$

从计算结果看，尽管最大磨削余量合适，但最小磨削余量为 0，有的零件磨不起来，必须加大 Z_{min}。从最小余量 Z_{min} 的计算公式可以看出，Z_{2max}（尺寸为 30 mm）为设计尺寸，不能改变，只有减小 Z_{1min}。

令 $Z_{min} = 0.1$ mm，代入 Z_{min} 的计算公式，可求出 $Z_{1min} = 49.7$ mm，所以工序尺寸 A_1 应该改为 $49.5^{+0.2}_{0}$ mm。

（5）表面处理工序尺寸的计算

表面处理一般分两类：一类是渗入类，如渗碳、渗氮、液体碳氮共渗等；另一类是镀层类，如镀铬、镀锌、镀铜、镀镉等。渗入类的工艺尺寸计算需解决的问题是：渗入是在表面终加工前进行的，而终加工后，在保证图样设计尺寸的同时，要自动获得要求的渗层深度，需求渗入时的渗层深度。显然，设计要求保证的渗层深度为封闭环，渗入时的渗层深度为组成环。镀层的情况恰好相反，电镀后一般不再加工，电镀时直接保证的是镀层的厚度，而电镀后工件的尺寸是间接保证的。因此，需求电镀前工件的工序尺寸，显然，镀后要保证的工件设计尺寸是封闭环。

例如图 3-22a 所示衬套零件，直径为 $\phi 145^{+0.04}_{0}$ mm 的内孔需经渗氮处理，其有关工艺路线为粗磨-渗氮-精磨，精加工后要求保证渗氮层深度为 0.3～0.5 mm，即单边深度为 $0.3^{+0.20}_{0}$ mm，双边深度为 $0.6^{+0.4}_{0}$ mm。求渗氮时的渗层深度 t_1。

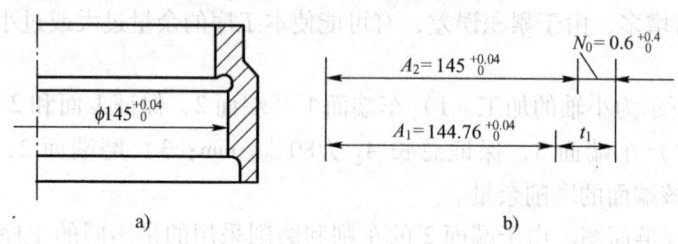

图 3-22 衬套的表面处理

解：查表得精磨的磨削余量 $Z = 0.24$ mm，渗氮前粗磨工序尺寸 A_1 为 $\phi 144.76^{+0.04}_{0}$ mm。由粗磨工序尺寸 A_1、渗氮深度 t_1、精磨工序尺寸 A_2 及精磨后间接保证的渗氮层深度 N_0 组成工艺尺寸链，如图 3-22b 所示。其中 N_0 为封闭环，A_1 为增环，A_2 为减环。通过解尺寸链，可求出双边渗氮深度 $t_1 = 0.84^{+0.36}_{+0.04}$ mm。单边渗氮深度 $\dfrac{t_1}{2} = 0.42^{+0.18}_{+0.02}$ mm，即渗氮时的渗氮层深度应为 0.44～0.6 mm。

4. 工艺尺寸链计算方法总结

解算工艺尺寸链的步骤归纳为5条：
1) 建立尺寸链，绘制尺寸链图，判断封闭环、增环或减环；
2) 比较组成环的公差之和与封闭环的公差大小，决定是否调整组成环的公差；
3) 根据基本公式计算；
4) 校核；
5) 写出结果。

3.8 机械加工时间定额的确定

3.8.1 时间定额分析

机械加工时间定额是在一定生产条件下，规定生产一件产品或完成一道工序所需消耗的时间，常作为劳动定额指标。它是安排生产计划、核算成本的重要依据，也是设计或扩建工厂（或车间）时计算设备和工人数量的依据。

合理的时间定额对调动工人的生产积极性、保证工人规范化生产及进行生产计划管理和成本核算等都有重要的意义。

1. 时间定额的组成

完成一个工件一道工序的时间称为单件时间 T_d。它由下列几部分组成。

（1）基本时间 T_j

它是直接改变生产对象的尺寸、形状、相对位置、表面状态或材料性质等工艺过程所消耗的时间。对机械加工来说，就是切除工序余量所消耗的时间，包括刀具的切入和切出时间。

(2) 辅助时间 T_f

辅助时间是为实现工艺过程所必须进行的各种辅助动作所消耗的时间，包括装卸工件、开停机床、引进或退出刀具、改变切削用量、试切和测量工件等所消耗的时间。

中批生产辅助时间可根据统计资料或手册来确定；大批大量生产时，为使辅助时间规定得合理，需将辅助动作进行分解，再分别确定各分解动作的时间，最后进行综合；单件小批生产可按基本的百分比来估算。

基本时间和辅助时间之和称为作业时间，它是用于制造产品所消耗的时间。

(3) 布置工作地时间 T_{bz}

布置工作地时间是指为使加工正常进行，工人照管工作地（如更换刀具、润滑机床、清理切屑、整理工具等）所消耗的时间。T_{bz} 不是直接消耗在每个工件上的，而是将一个工作班内消耗的时间折算到每个工件上的。一般按作业时间的 2%～7% 估算。

(4) 休息与生理需要时间 T_{xx}

休息与生理需要时间是指工人在工作班内为恢复体力和满足生理上的需要所消耗的时间，是按一个工作班为计算单位，再折算到每个工件上的。对由工人操作的机床加工工序，一般按作业时间的 2%～4% 估算。

以上4部分时间的总和为单件时间 T_d，即

$$T_d = T_j + T_f + T_{bz} + T_{xx}$$

(5) 准备与终结时间 T_z

T_z 是工人为生产一批产品或零、部件，进行准备和结束工作所消耗的时间。例如阅读零件图样；熟悉工艺文件；领取毛坯、材料、工艺装备、安装刀具和夹具；对机床和工艺装备进行必要的调整、试车；在加工一批工件结束后，拆下和归还工艺装备，因而分摊到每一个工件上的时间为 T_z/N（N 为批量的件数）。

2. 机械加工时间定额的计算

(1) 成批生产

将每一个工件的准备与终结时间 T_z/N 加到单件时间上，即为工件的单件核算时间 T_h。由此得：$T_h = T_d + T_z/N$。

(2) 大批大量生产

大批大量生产时，每个工作地始终完成某一固定工序，$T_z/N \approx 0$，故不考虑准备终结时间，即 $T_h = T_d$。

由于工序时间定额反映了生产率的高低。因此分析研究时间定额，对提高生产率有重要的作用。时间定额通常由定额员、工艺员和工人共同参与确定。其方法可以是直接估计或类比分析推算，或实际测定和分析。

3.8.2 提高机械加工生产率的工艺途径

1. 缩短基本时间（T_j）

1) 提高切削用量，但受到刀具寿命和机床刚度的制约。
2) 缩短工作行程长度。

3）多件加工。

2. 缩短辅助时间（T_f）

1）直接缩减辅助时间。

2）使辅助时间与基本时间重合。

3）减少换刀次数，并缩减每次换刀所需时间。

4）扩大零件的生产批量，减少调整机床、刀具和夹具的时间。

3. 实行多台机床看管

4. 新工艺、特种工艺的采用

在单件小批生产中广泛采用各种数控和柔性制造系统及推广成组技术等，都可以缩短单件时间，有效地提高劳动生产率。

综合训练

1. 解释下列名词术语的含义并比较其主要区别：
生产过程与工艺过程、生产纲领与生产类型、几何精度与加工精度、工艺基准与设计基准、定位基准与定位基面

2. 生产类型的主要工艺特点是什么？

3. 什么是工艺规程？在生产中起何作用？

4. 制定工艺规程的原则、主要依据、步骤及内容是什么？

5. 机械加工工艺过程卡与工序卡的主要区别是什么？

6. 粗、精基准选择的原则有哪些？各举一例说明其应用。

7. 为什么粗基准一般只在第一道工序中使用一次？

8. 加工某冲模模座的工序简图如图 2-23 所示，试指出：

（1）模腔表面 A，B，C 的工序基准；

（2）加工模腔表面 A，B，C 的定位基准；

（3）符合精基准选择原则中的哪几条？

9. 试分析下列加工情况的定位基准，并说明符合基准选择的哪一条原则：

（1）用自定心卡盘夹住圆棒料车削外圆、钻内孔；

（2）按钳工划线，找正后刨、铣模板表面，或钻孔；

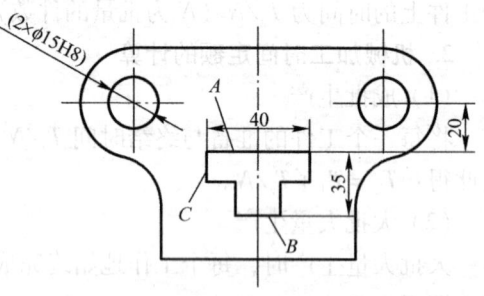

图 3-23　冲模模座

（3）平磨模座上、下平面；

（4）磨削床身导轨面。

10. 试分析图 3-24 所示零件在加工主要表面时，粗、精基准应如何选择？

11. 如图 3-25 所示套筒零件，加工 A 时要求保证尺寸 $L_3 = 10^{+0.20}_{0}$ mm。已知 $L_1 = 60 \pm 0.05$ mm，$L_2 = 30^{+0.1}_{+0.05}$ mm，若在铣床上采用调整法加工时，试求分别以左端面定位、以右端面及孔内端面定位的工序尺寸及上、下极限偏差。

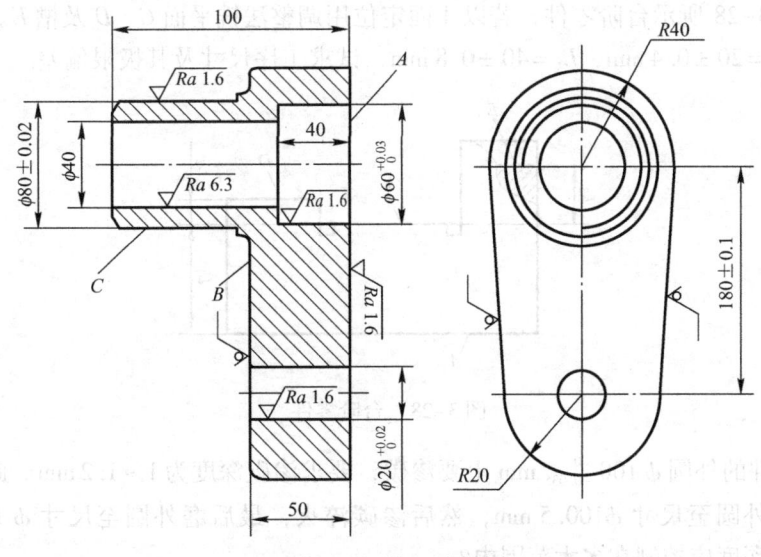

图 3-24 第 10 题图

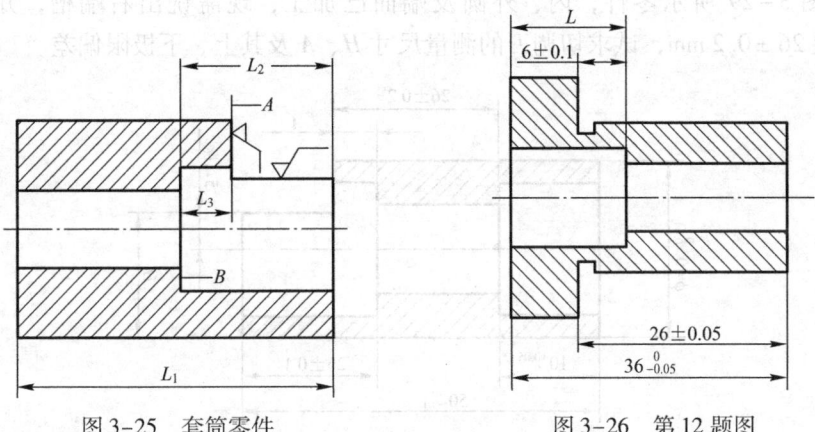

图 3-25 套筒零件　　　　　　　　图 3-26 第 12 题图

12. 如图 3-26 所示零件加工时，要求保证尺寸 6 ± 0.1 mm，但该尺寸不便测量，只好通过测量尺寸 L 来间接保证，试求工序尺寸及其上、下极限偏差。

13. 某零件的加工路线如图 3-27 所示，工序Ⅰ：粗车小端外圆、台阶及端面；工序Ⅱ：车大端外圆及端面；工序Ⅲ：精车小端外圆、台阶及端面。试校核工序Ⅲ精车小端面的加工余量是否合适，若加工余量不够应如何改进？

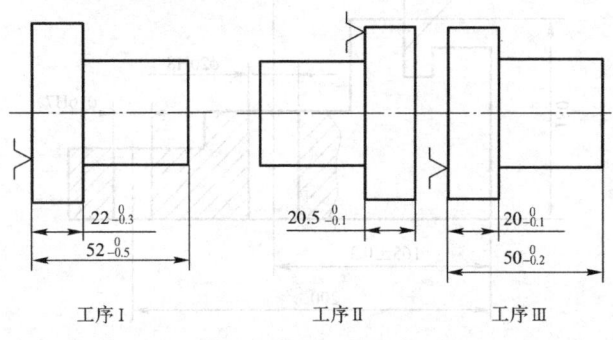

图 3-27 某零件的加工路线

14. 如图 3-28 所示台阶零件,若以 A 面定位用调整法铣平面 C、D 及槽 E。已知 $L_1 = 60 \pm 0.2$ mm,$L_2 = 20 \pm 0.4$ mm,$L_3 = 40 \pm 0.8$ mm,试求工序尺寸及其极限偏差。

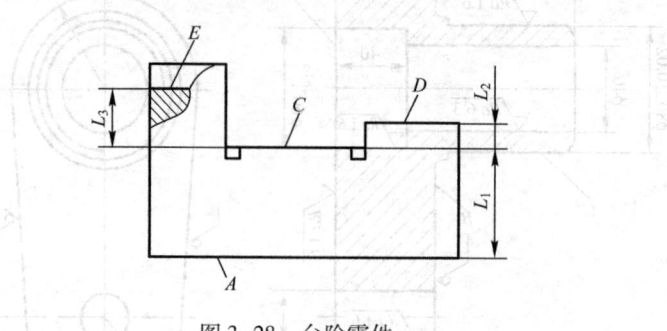

图 3-28 台阶零件

15. 某零件的外圆 $\phi 100_{-0.035}^{0}$ mm 上要渗碳,要求渗碳深度为 $1 \sim 1.2$ mm。此外圆的加工顺序是:先车外圆至尺寸 $\phi 100.5$ mm,然后渗碳淬火,最后磨外圆至尺寸 $\phi 100_{-0.035}^{0}$ mm,求渗碳时渗入深度应控制在多大范围内?

16. 如图 3-29 所示零件,内、外圆及端面已加工,现需铣出右端槽,并保证尺寸 $5_{-0.06}^{0}$ mm 及 26 ± 0.2 mm,试求切调刀的测量尺寸 H、A 及其上、下极限偏差。

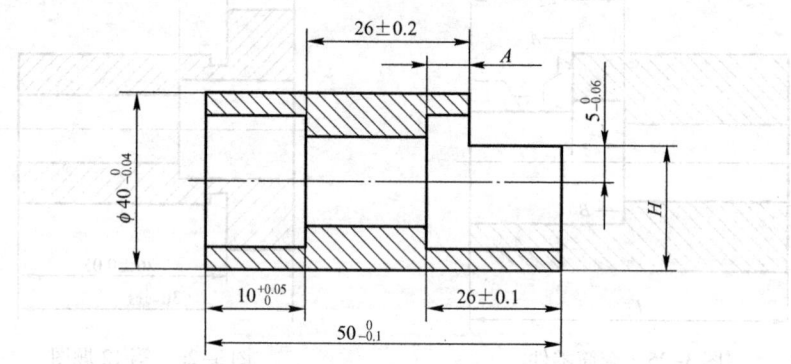

图 3-29 第 16 题零件

17. 如图 3-30 所示零件,除 $\phi 16H7$ 孔外各表面均已加工,现以 K 面定位加工 $\phi 16H7$ 孔。试计算其工序尺寸及上、下极限偏差。

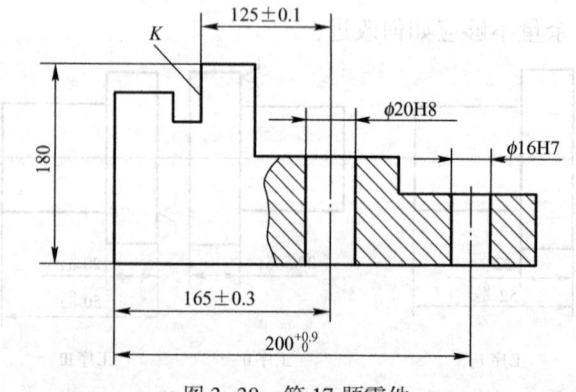

图 3-30 第 17 题零件

第4章 典型零件机械加工工艺制定

知识要点

轴类、套类、箱体及模具零件结构特点、功能及加工工艺的编制。

学习要求

1. 了解轴类、套类、箱体及模具零件结构、功用及技术要求。
2. 掌握各典型零件的加工工艺分析及加工工艺的编制方法。
3. 熟悉各类典型零件机械加工工艺文件的填写。

4.1 轴类零件加工工艺制定

4.1.1 轴类零件加工概述

1. 功用与结构特点

轴类零件是机器中的主要零件之一，它的主要功能是支承和传递转矩。轴类零件大多是长度 L 大于直径 d 的旋转体。若 $L/d \leqslant 12$，通常称为刚性轴；若 $L/d > 12$，则称为挠性轴。其加工表面主要有内外圆柱面、内外圆锥面、螺纹、花键、沟槽等。轴的种类如图4-1所示。

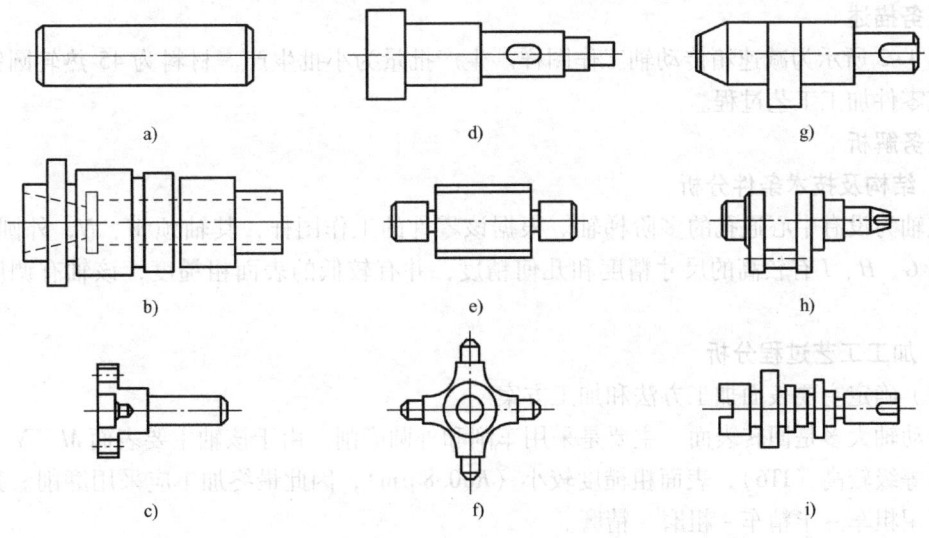

图4-1 轴的种类

a) 光轴 b) 空心轴 c) 半轴 d) 阶梯轴 e) 花键轴 f) 十字轴 g) 偏心轴 h) 曲轴 i) 凸轮轴

2. 技术要求

1) 轴类零件的支承轴颈一般与轴承配合，是轴类零件的主要表面，它影响轴的旋转精度。通常对其尺寸公差等级要求较高，最高为IT5~IT7。

2）轴类零件的形状精度主要是指支承轴颈的圆度、圆柱度，一般应将其限制在尺寸公差范围内。对精度要求高的轴，应在图样上标注其形状公差。

3）轴类零件位置精度的普遍要求是保证配合轴颈（装配传动件的轴颈）相对支承轴颈（装配轴承的轴颈）的同轴度或跳动量。

4）轴类零件的配合轴颈表面粗糙度 Ra 为 0.63~2.5 μm。

3. 材料与热处理

轴类零件根据不同的工作条件和使用要求，应选用不同的材料和不同的热处理方法，以获得一定的强度、韧度和耐磨性。一般轴类零件常选用 45 钢，中等精度而转速较高的轴常选用 40Cr，这类钢材经过调质后可得到良好的综合力学性能与较好的切削性能。重要表面经局部高频感应淬火再低温回火后硬度可达 45~52HRC。如果毛坯为锻压件，则热处理工艺为：正火或退火 – 调质 – 局部高频感应淬火、低温回火。

较高精度的轴可选用轴承钢 GCr15 或弹簧钢 65Mn，经调质和高频感应淬火后再回火，硬度可达 50~58HRC，具有较高的耐疲劳性能和耐磨性。对于高转速、重载荷等条件下工作的轴，可选用 20CrMnTi、20Mn2B 等低碳合金钢，经渗碳淬火后可获得很高的表面硬度、较软的心部及较好的冲击韧性。

4. 毛坯选择

光轴、直径相差不大的阶梯轴常选用热轧棒料或冷拉棒料。一般比较重要的轴都采用锻件，以提高抗拉、抗弯及抗扭强度。对于某些大型或结构复杂的轴（如曲轴）在保证质量的情况下允许采用铸件。

4.1.2 减速箱传动轴的机械加工工艺制定

任务描述

图 4-2 所示为减速箱传动轴工作图样。生产批量为小批生产。材料为 45 热轧圆钢。试制定该零件加工工艺过程。

任务解析

1. 结构及技术条件分析

该轴为没有中心通孔的多阶梯轴。根据该零件的工作图样，其轴颈 M、N，外圆 P、Q 及轴肩 G、H、I 有较高的尺寸精度和几何精度，并有较低的表面粗糙度，该轴有调质处理要求。

2. 加工工艺过程分析

（1）确定主要表面加工方法和加工方案

传动轴大多是回转表面，主要是采用车削和外圆磨削。由于该轴主要表面 M、N、P、Q 的公差等级较高（IT6），表面粗糙度较小（$Ra0.8$ μm），因此最终加工应采用磨削。其加工方案可用粗车 – 半精车 – 粗磨 – 精磨。

（2）划分加工阶段

该轴加工划分为三个加工阶段，即粗车（粗车外圆、钻中心孔），半精车（半精车各处外圆、台肩和修研中心孔等），粗、精磨各处外圆。

（3）选择定位基准

轴类零件的定位基面，最常用的是两中心孔。因为轴类零件各外圆表面、螺纹表面的同轴度及端面对轴线的垂直度是相互位置精度的主要项目，而这些表面的设计基准一般都是轴的中心线，采用两中心孔定位就能符合基准重合原则。而且由于多数工序都采用中心孔作为定位基面，能最大限度地加工出多个外圆和端面，这也符合基准统一原则。

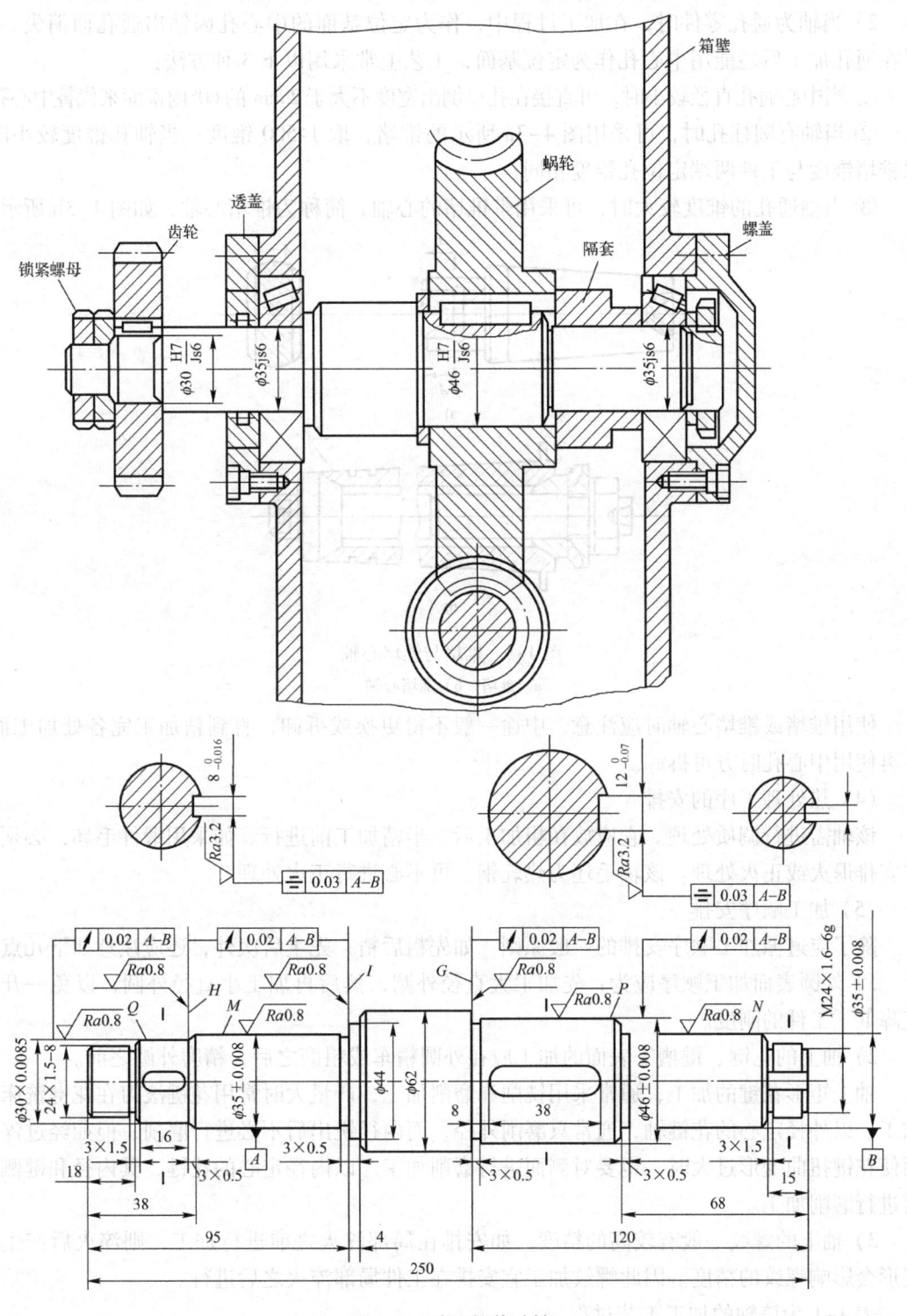

图 4-2 减速箱传动轴

但下列情况不能用两中心孔作为定位基面。

1）粗加工外圆时，为提高工件刚度，采用轴外圆表面为定位基面，或以外圆和中心孔共同作为定位基面，即一夹一顶。

2）当轴为通孔零件时，在加工过程中，作为定位基面的中心孔因钻出通孔而消失。为了在通孔加工后还能用中心孔作为定位基面，工艺上常采用以下 3 种方法：

① 当中心通孔直径较小时，可直接在孔口倒出宽度不大于 2 mm 的 60°内锥面来代替中心孔；

② 当轴有圆柱孔时，可采用图 4-3a 所示的锥堵，取 1∶500 锥度；当轴孔锥度较小时，取锥堵锥度与工件两端定位孔锥度相同；

③ 当轴通孔的锥度较大时，可采用带锥堵的心轴，简称为锥堵心轴，如图 4-3b 所示。

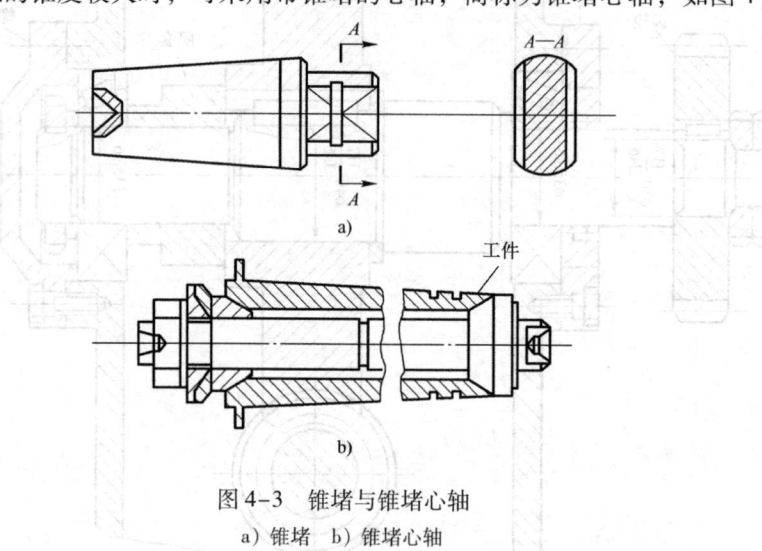

图 4-3　锥堵与锥堵心轴
a）锥堵　b）锥堵心轴

使用锥堵或锥堵心轴时应注意，中途一般不得更换或拆卸，直到精加工完各处加工面，不再使用中心孔时方可拆卸。

（4）热处理工序的安排

该轴需进行调质处理。它应放在粗加工后，半精加工前进行。如采用锻件毛坯，必须首先安排退火或正火处理。该轴毛坯为热轧钢，可不必进行正火处理。

（5）加工顺序安排

除了应遵循加工顺序安排的一般原则，如先粗后精、先主后次外，还应注意如下几点。

1）外圆表面加工顺序应为：先加工大直径外圆，然后再加工小直径外圆，以免一开始就降低了工件的刚度。

2）轴上的花键、键槽等表面的加工应在外圆精车或粗磨之后，精磨外圆之前。

轴上矩形花键的加工，通常采用铣削和磨削加工，产量大时常用花键滚刀在花键铣床上加工。以外径定心的花键轴，通常只磨削外径，而内径铣出后不必进行磨削，但如经过淬火而使花键扭曲变形过大时，也要对侧面进行磨削加工。以内径定心的花键，其内径和键侧均需进行磨削加工。

3）轴上的螺纹一般有较高的精度，如安排在局部淬火之前进行加工，则淬火后产生的变形会影响螺纹的精度。因此螺纹加工宜安排在工件局部淬火之后进行。

表 4-1 为该轴的加工工艺过程。

表 4-1 传动轴加工工艺过程

工序号	工 种	工序内容	加工简图
1	下料	φ60 mm×265 mm	
2	车	车端面、钻中心孔,粗车各阶台	
		调头,车端面,保证总长250 mm;钻另一端中心孔,粗车各阶台	
3	热处理	调质处理 24~38HRC	
4	钳	修研两端中心孔	
5	车	半精车 3 个阶台,车螺纹、车槽及倒角	
	车	调头,半精车其余阶台到规定尺寸,车螺纹,车槽及倒角	

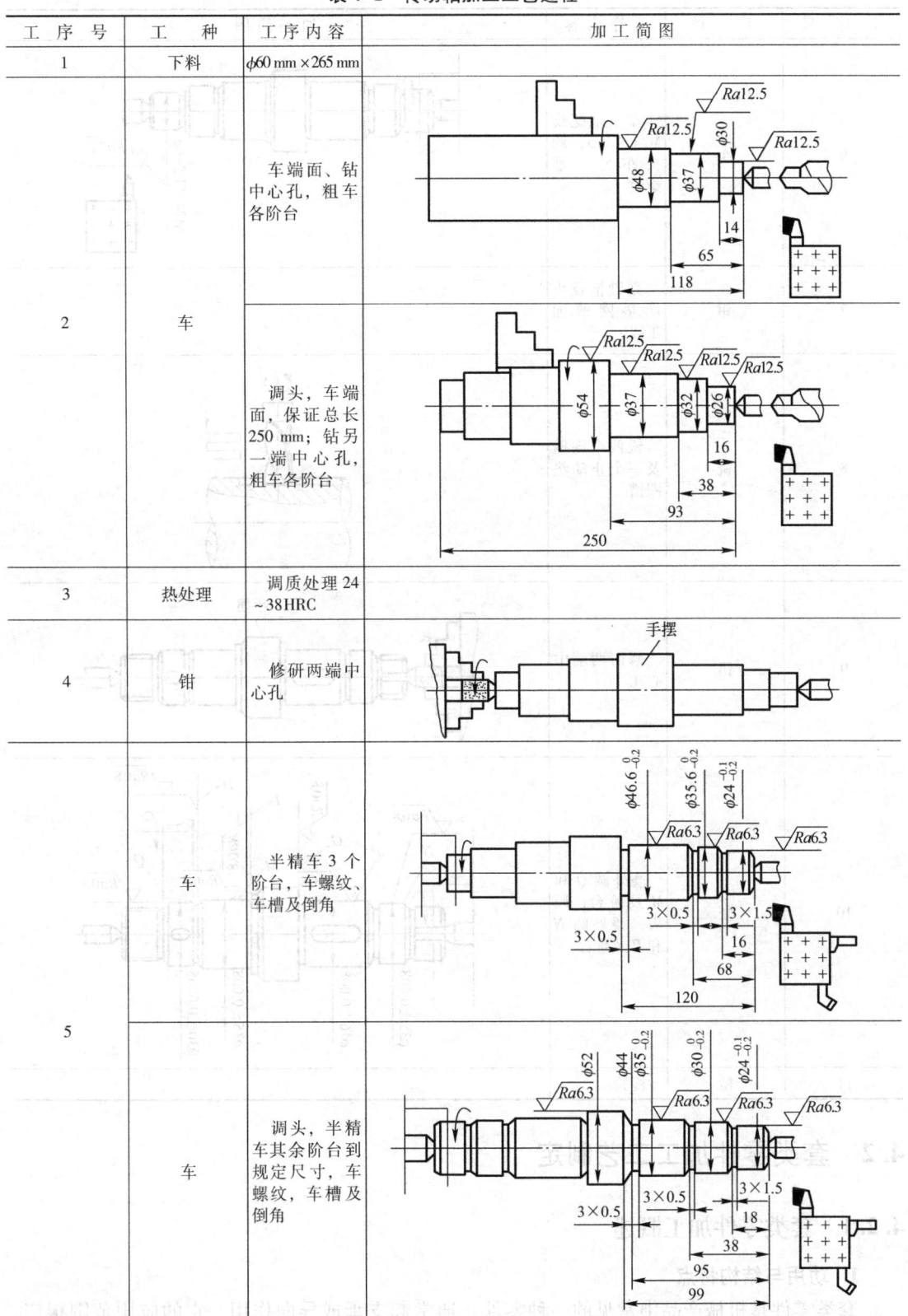

(续)

工 序 号	工 种	工序内容	加工简图
6	车	车一端螺纹 M24 × 1.5；调头车另一端螺纹	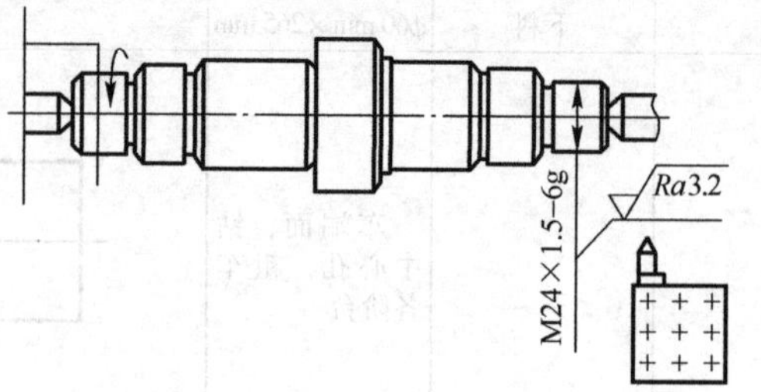M24×1.5−6g Ra3.2
7	钳	划键槽及止动垫圈槽加工线	
8	铣	铣两个键槽及一个止动垫圈槽	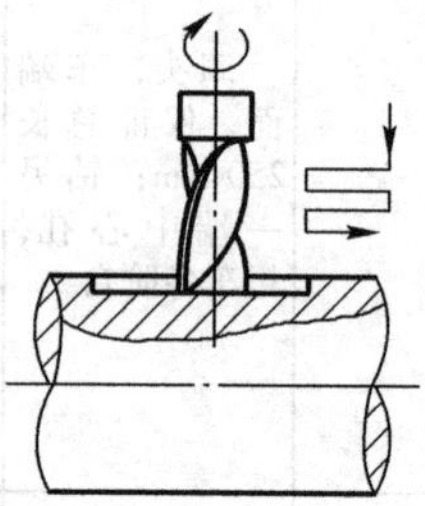
9	钳	修研两端中心孔	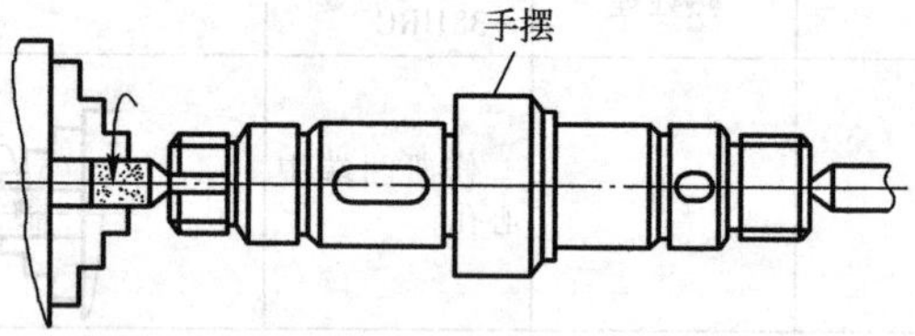手摆
10	磨	磨外圆 Q 和 M 及阶台；调头，磨外圆 N 和 P 及阶台	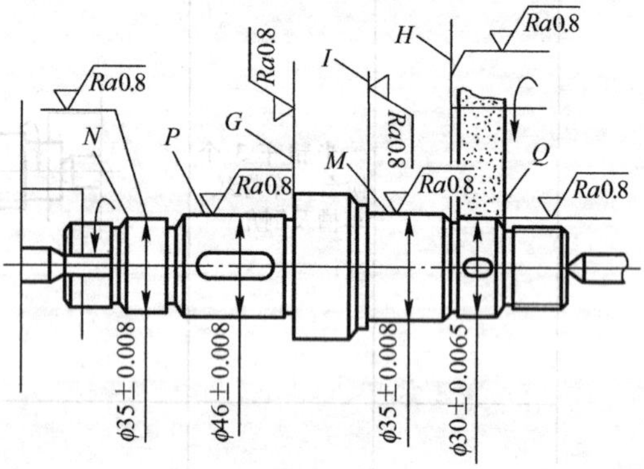H I G N P M Q Ra0.8 Ra0.8 Ra0.8 Ra0.8 Ra0.8 Ra0.8 Ra0.8 φ35±0.008 φ46±0.008 φ35±0.008 φ30±0.0065
11	检	检验	

4.2 套类零件加工工艺制定

4.2.1 套类零件加工概述

1. 功用与结构特点

套类零件是机械产品中常见的一种零件，通常起支承或导向作用，它的应用范围很广。

例如支承旋转轴上的各种形式的轴承、夹具上引导刀具的导向套、模具合模导向的导套、内燃机上的气缸套等，如图4-4所示。

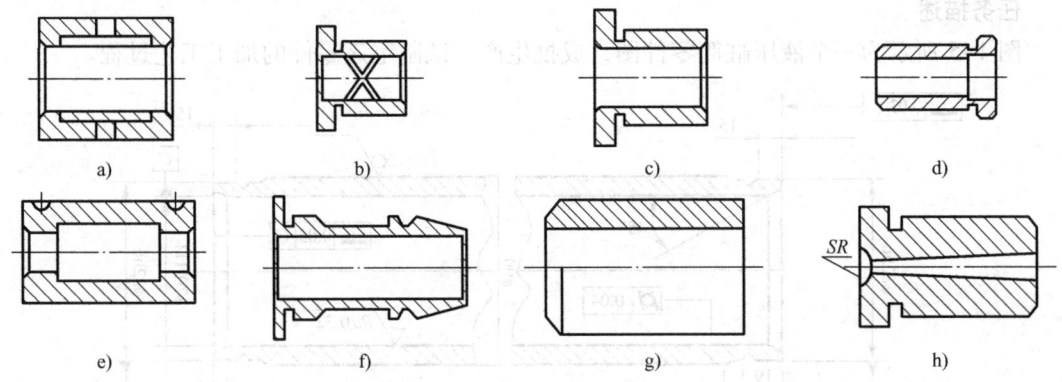

图4-4 常用套类零件种类

a)、b) 滑动轴承 c) 钻套 d) 导套 e) 轴承衬套 f) 气缸套 g) 衬套 h) 浇口套

套类零件主要加工表面为同轴度要求较高的内外旋转表面，零件壁较薄易变形，零件长度一般大于直径。

2. 技术要求

（1）尺寸公差

孔是套类零件起支承或导向作用最主要的表面。孔径尺寸公差等级一般为IT7，精密轴套为IT6，要求较低的为IT9。

外圆是套类零件的支承面，常采用过盈配合或过渡配合同箱体或机架或模座（板）上的孔相连接，尺寸公差等级一般取IT6～IT7。

（2）形状精度

外圆与内孔的形状精度，即圆度、圆柱度、直线度应控制在直径公差以内。对于一些精密套筒件一般为孔径公差的1/3～1/2。

（3）位置精度

若孔的最终加工方法是通过将套筒装入机座后进行加工的，其内、外圆柱面间同轴度要求可为一般同轴度；若孔的最终加工是在装入机座前完成的，则其同轴度要求较高，为0.01～0.05mm。孔轴线与端面的垂直度要求为0.01～0.05mm。

（4）表面粗糙度

孔的表面粗糙度要求较低，Ra 为 0.16～2.5 μm，要求高的表面粗糙度 Ra 为 0.04 μm。外圆表面粗糙度 Ra 为 0.63～5 μm。

3. 材料与热处理

套类零件一般用钢、铸铁、青铜或黄铜等优质金属材料制成，如38CrMoAlA、18CrNiWA。对于冲模导套常用20钢渗碳淬火。

套类零件毛坯选择与其材料、结构、尺寸及生产批量有关。孔径小的套筒一般选择热轧或冷拉棒料，也可采用实心铸件；孔径较大的套筒常选无缝钢管或带孔的铸件和锻件。大批量生产时，采用冷挤压和粉末冶金等先进毛坯制造工艺。

4.2.2 液压缸的机械加工工艺制定

任务描述

图 4-5 所示为一个液压缸筒零件图,成批生产。试制定该零件的加工工艺过程。

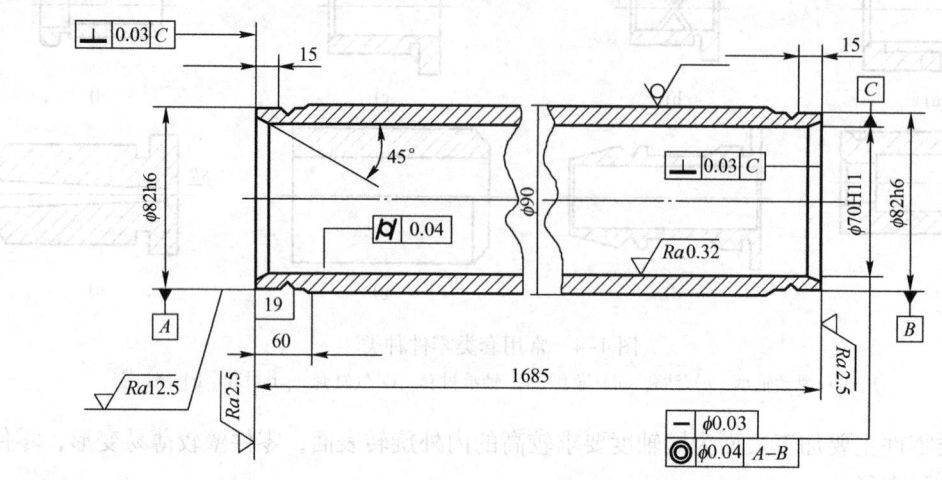

图 4-5 液压缸筒图

任务解析

1. 结构工艺性分析

该液压缸筒为长套筒典型件,有内外圆柱面、内圆锥面。外圆柱面的加工方法可以采用车、磨。内孔,可以采用镗及表面滚压加工等。

2. 技术要求分析

(1) 主要表面及其加工方案

该液压缸筒两端 φ82h6 外圆柱是支承部位,为装配基准;内孔是活塞运动的工作表面,有直线度、圆柱度要求,表面粗糙度低,因此是液压缸筒的主要加工表面。

内孔加工方案可选择:钻 – 粗镗 – 半精推镗 – 精推镗 – 精铰(浮动镗刀镗孔)– 滚压。

外圆加工方案可选择:粗车 – 半精车 – 精车。

(2) 定位基准

以外圆柱面定位加工内孔,以内孔定位加工外圆柱面,遵守互为基准的原则。

(3) 热处理

无缝钢管在热轧状态下使用,不进行热处理。

(4) 关键技术及其采取的措施

1) 主要表面粗糙度 Ra 小。

采取的措施:采用半精推镗 – 精推镗 – 精铰(浮动锥刀镗孔),最终加工方法采用滚压。

2) 内圆柱面轴线、直线度、内圆柱度公差等级高。

采取的措施:只能选择镗削方法,从粗到精多道工序加工;控制切削用量;防止夹紧变形;用中心架增加工件的刚性,减少变形。

3) 圆柱内、外面轴线的同轴度以及端面对孔轴线的垂直度要求较高。

采取的措施:采用先完成孔终加工,然后以孔为精基准使用专用心轴,最后精加工外圆。

4) 薄壁加工中常因夹紧力、切削力、残余应力和切削热等因素的影响而产生变形。

采取的措施：必须减少切削力与切削热的影响，粗、精加工分开进行，使粗加工产生的变形在精加工中得到纠正；减少夹紧力的影响。例如，在零件的外圆与自定心卡盘之间另加一衬套或采用软卡爪装夹；也可由径向夹紧改为轴向夹紧，或一端增加工艺螺纹供装夹使用。

5) 深孔加工。

该液压缸 $L/D = 24$，属于特殊深孔。

采取的措施：采用深孔刀具在深孔机床上进行加工。

3. 加工顺序的安排

1) 粗车、半精车外圆便于搭中心架；车出工艺螺纹便于装夹；
2) 半精镗、精镗、浮动镗、滚压内孔表面；
3) 最后精车外圆，镗内锥孔。

由此，以外圆柱表面为精基准定位加工孔，以孔为精基准定位精加工外圆柱表面，即内外圆柱表面互为基准，从而保证了内外圆柱表面同轴度以及端面对孔轴线的垂直度要求。

4. 加工阶段的划分

该液压缸筒的加工过程中没有明显的加工阶段，外圆柱表面粗车、半精车与精车安排在两道工序完成。同样，孔的加工划分为半精镗、精镗、浮动镗3个工步，且专门安排一道滚压强化工序，以使表面加工从粗到精，减少切削力和切削热的影响，保证孔的质量。

5. 机械加工工艺过程制定

液压缸机械加工工艺过程见表4-2。

表4-2 液压缸筒加工工艺过程

工 序	工序名称	工序内容
1	生产准备	下料切断
2	车削	① 车端面，车一端外圆至 $\phi 88$ mm 并车螺纹 M88 × 1.5 mm（工艺用）、倒角；② 调头车端面（总长 1686 mm），车另一端外圆至 $\phi 85$ mm、倒角
3	镗削	① 半精镗孔至 $\phi 68$ mm；② 精镗至 $\phi 69.85$ mm；③ 浮动镗至 $\phi 70 \pm 0.02$ mm
4	镗削	滚压孔至要求
5	镗削	① 车端面、切去工艺螺纹、车外圆 $\phi 82$ 至尺寸、割圆槽、镗内锥孔；② 调头车端面取总长 1685 mm、车外圆 $\phi 82$ 至尺寸、割圆槽、镗内锥孔
6	检验	

4.3 典型模具零件加工工艺制定

4.3.1 模具零件加工概述

1. 功用与结构特点

目前，在模具加工的零件中，冲压件占37%以上，因此，冲压模具中主要零件的加工制造在模具零件制造中占有一定的比例。

在冲压模具中,凸模、凹模、凸凹模、刃口镶块等工作零件的尺寸精度与表面质量直接决定冲压件的尺寸精度和表面质量。

模具的工作零件结构形式多样。按结构形式可分为整体式和组合式;按几何形状分为圆形、矩形、椭圆形、异形等。

2. 技术要求

(1) 主要技术要求

冲裁凸凹模的主要技术要求如下。

1) 保证凸凹模尺寸精度和凸、凹模之间的间隙均匀。

2) 表面形状和位置精度:侧壁应该平行,凸模的端面应与中心线垂直;多孔凹模、级进模、复合模都有位置精度要求。

3) 表面光洁、刃口锋利,刃口部分的表面粗糙度 Ra 为 $0.4\,\mu m$,配合表面的粗糙度 Ra 为 $0.8\sim1.6\,\mu m$,其余 Ra 为 $4.3\,\mu m$。

4) 凸凹模工作部分要求具有较高的硬度、耐磨性及良好的韧性。凹模工作部分的硬度要求通常为 $60\sim64HRC$,凸模为 $58\sim62HRC$。

(2) 材料与热处理

冲模常用材料为 T8A、T10A、9Mn2V、9CrSi、CrWMn、Cr12、Cr12MoV 及硬质合金等。

冲模工作零件的预备热处理是毛坯常采用的退火、正火工艺。冲模工作零件的最终热处理是在精加工前进行淬火、低温回火处理。

4.3.2 圆形凸模的机械加工工艺制定

任务描述

图 4-6 所示为某标准圆形凸模零件。试制定其加工工艺。

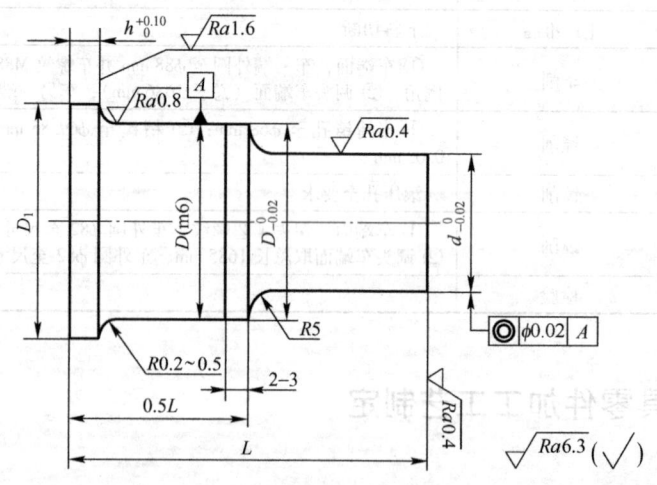

图 4-6 标准圆形凸模零件

任务解析

圆形凸模机械加工工艺见表 4-3。

表 4-3 圆形凸模机械加工工艺

工 序 号	工序名称	工序内容	定位基准	加工设备
1	生产准备	下料		锯床
2	车削	车两端面、打中心孔；切断	外圆	卧式车床
3	车削	粗车、半精车外圆，留磨削余量 0.3 mm	中心孔	卧式车床
4	热处理	淬火、低温回火 62~65HRC		加热炉
5	车削	修研中心孔	外圆	卧式车床
6	磨削	磨外圆	中心孔	万能外圆磨床
7	线切割	切去小端中心孔，保持总长	中心孔	线切割机
8	钳工	去毛刺；研磨刃口		
9	检验			

4.3.3 凹模的机械加工工艺过程

1. 圆形凹模加工工艺路线

（1）单孔凹模加工

钻－铰（镗）－热处理－磨削－研磨。

（2）多孔（孔系）凹模加工

方案1：在普通立式铣床上钻、镗孔－热处理－磨削（坐标磨床）（适用于型孔间距要求不太高的情况），或在普通立式铣座上钻、镗孔，留研磨量－热处理－钳工研磨型孔。

方案2：在高精度坐标镗床上钻、镗孔－热处理－磨削（坐标磨床）（适用于型孔间距要求高的情况）或在高精度坐标镗床上钻、镗孔，留研磨量－热处理－钳工研磨型孔。

2. 非圆形凹模加工工艺路线

下料－锻造－退火－粗加工六面－粗磨基准面－划线－型孔半精加工－（型孔精加工）－淬火、低温回火－磨上、下平面－精磨（研磨）。

若采用电火花线切割加工，则工艺路线如下。

下料－锻造－退火－粗加工六面－粗磨基准面－划线－钻穿丝孔－淬火、低温回火－磨上、下平面－电火花线切割加工型孔（粗、半精、精加工）－钳工研磨型孔。

4.4 箱体零件加工工艺制定

4.4.1 箱体零件加工概述

1. 功用与结构特点

箱体是各类机器的基础零件，它将机器和部件中的轴、套、齿轮等有关零件组合成一个整体，并使之保持正确的位置，以传递转矩或改变转速来完成规定的运动。

箱体的结构特点一般是结构组成比较复杂，壁薄且不均匀，加工部位多，有多个平面与孔要加工，加工难度大。

2. 技术要求

（1）尺寸精度

孔径的尺寸误差直接影响轴承与孔的装配精度，因此，对孔的精度要求较高，例如机床主轴孔的尺寸公差等级为 IT6，其余孔为 IT6～IT7。

（2）形状精度

主轴孔圆度公差为 0.05 mm，其余孔的形状精度未做规定，一般控制在尺寸公差范围内即可。装配基准面的平面度影响主轴箱与床身连接时的接触刚度，且作为定位基准时影响孔的加工精度；当成批生产时，顶面常作为定位基准面加工孔，因而规定平面度公差为 0.05 mm。

（3）位置精度

同一轴线上各孔的同轴度约为最小孔尺寸公差的 $\frac{1}{2}$，孔端面对其轴线的垂直度公差为 0.01 mm。它们的误差会使轴和轴承装配到箱体内时出现歪斜，造成主轴径向圆跳动和轴向圆跳动误差，加剧了轴承磨损。

孔系之间的平行度公差为 0.01/100，其误差会影响齿轮的啮合质量。

一般规定主轴轴线对装配基准面的平行度公差，因为它决定了主轴与床身导轨的位置关系。

（4）表面粗糙度

重要孔和主要平面的表面粗糙度会影响连接面的配合性质或接触刚度，一般要求主轴孔表面粗糙度 Ra 为 0.4 μm，其余各纵向孔的表面粗糙度 Ra 为 1.6 μm，孔的内端面表面粗糙度 Ra 为 3.2 μm，装配基准面和定位基准面表面粗糙度 Ra 为 0.63～2.5 μm，其他平面的表面粗糙度 Ra 为 2.5～10 μm。

3. 材料与毛坯

箱体铸铁材料采用最多的是各种牌号的灰铸铁，如 HT200、HT250 等。对一些要求较高的箱体，如镗床的主轴箱、坐标镗床的箱体，可采用耐磨合金铸铁（又称为密烘铸铁，例如 MTCrMoCu-300）、高磷铸铁（如 MTP-250），以提高铸件质量。

箱体毛坯制造方法有两种：一种是采用铸造；另一种是采用焊接或钢板焊接。铸造毛坯或焊接毛坯都需要安排一次人工时效处理，以消除残余应力。

4.4.2 车床主轴箱的机械加工工艺制定

任务描述

图 4-7 所示为车床主轴箱简图，试编制大批量生产时的加工工艺。

任务解析

1. 结构工艺性分析

从图 4-7 可以看出，该主轴箱外廓为近似六面体，内为空腔。有单个孔，孔系有通孔、不通孔、阶梯孔、交叉孔等。结构组成基本上为平面与圆柱孔或孔系。

其平面的加工方法常用刨、铣、平磨 3 种。刨削和铣削常用做平面的粗加工和半精加工，而磨削则用做平面的精加工。

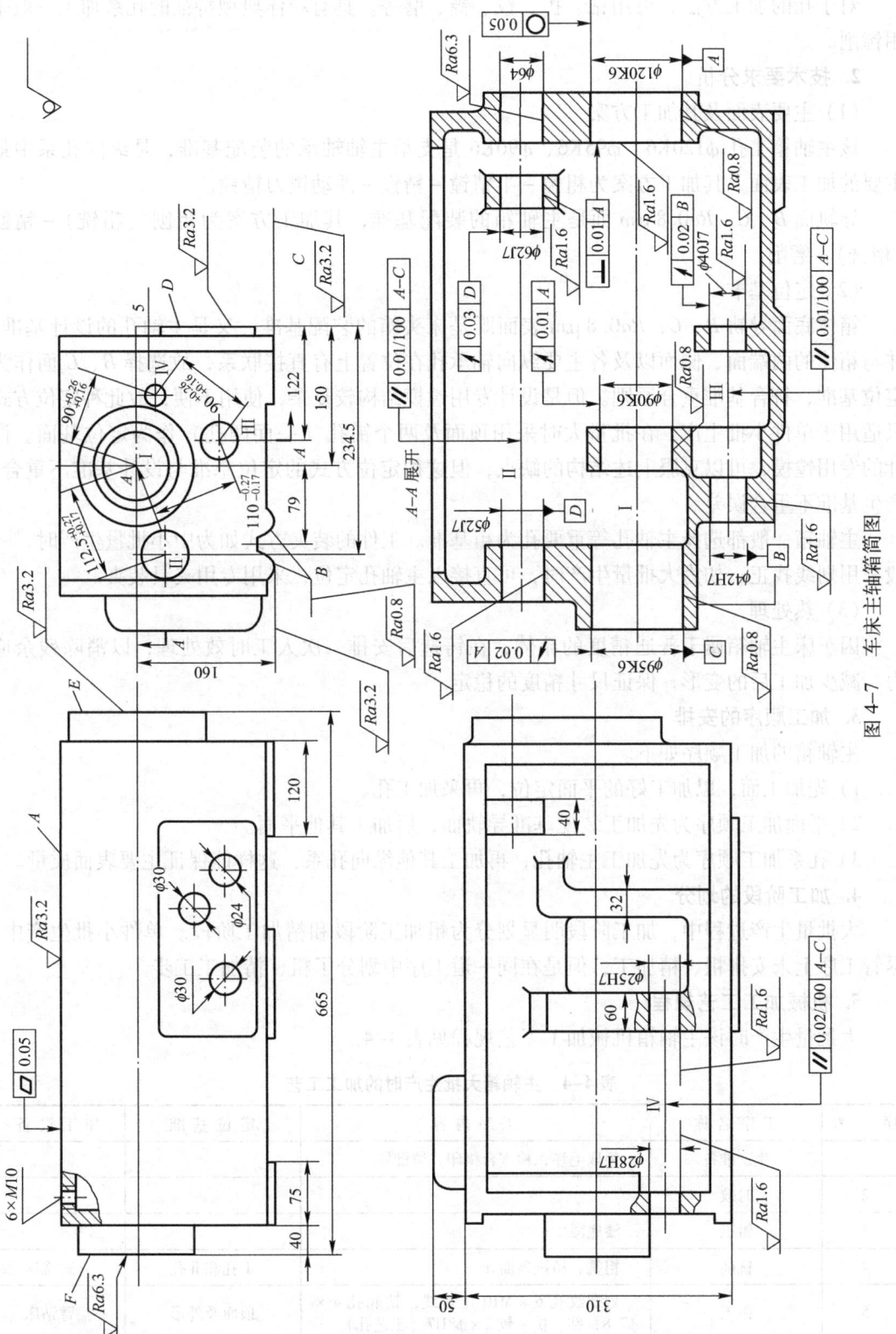

图 4-7 车床主轴箱简图

对于孔的加工方法，可用钻、扩、铰、镗、磨等。具有箱体典型特征的孔系加工一般采用镗削。

2. 技术要求分析

（1）主要表面及其加工方案

该主轴箱Ⅰ孔 ϕ120K6、ϕ95K6、ϕ90K6 是支承主轴轴承的装配基准，是纵向孔系中最主要的加工表面，其加工方案为粗镗－半精镗－精镗－浮动镗刀精镗。

导轨面 B、C，$Ra0.8\mu m$ 面是主轴箱的装配基准，其加工方案为粗刨（粗铣）－精刨（精铣）－磨削。

（2）定位基准

箱体底面导轨 B、C，$Ra0.8\mu m$ 表面既是床头箱的装配基准，又是主轴孔的设计基准，并与箱体的两端面、侧面以及各主要纵向轴承孔在位置上有直接联系，故选择 B、C 面作为定位基准，符合基准重合原则。但是设计专用镗模结构较复杂，使用不便，故此种定位方式只适用于单件小批生产。在批量大时采用顶面及两个销孔（一面两孔）作为定位基面。设计的专用镗模，可以克服上述结构的缺点，但这种定位方式的定位基准与设计基准不重合，产生基准不重合误差。

主轴箱一般都选择主轴孔等重要孔为粗基准。工件的装夹方式如为中小批量生产时，一般采用划线找正；如为大批量生产时，可直接以主轴孔定位，采用专用夹具装夹。

（3）热处理

因车床主轴箱属于普通精度的箱体，在铸造后安排一次人工时效处理，以消除残余应力，减少加工后的变形，保证尺寸精度的稳定。

3. 加工顺序的安排

主轴箱的加工顺序如下。

1）先加工面，以加工好的平面定位，再来加工孔。

2）平面加工顺序为先加工装配基准导轨面，后加工其他平面。

3）孔系加工顺序为先加工主轴孔，再加工其他纵向孔系，这样能保证主要表面质量。

4. 加工阶段的划分

大批量生产过程中，加工阶段明显划分为粗加工阶段和精加工阶段。单件小批生产中，尽管工序上未安排粗、精加工，但是在同一道工序中划分了粗、精加工工步。

5. 机械加工工艺规程

大批量生产时该主轴箱机械加工工艺规程见表4-4。

表4-4 主轴箱大批生产时的加工工艺

序号	工序名称	工序内容	定位基准	加工设备
1	生产准备	领取毛坯，检查合格印、炉批号		
2	时效			
3	钳工	漆底漆		
4	铣削	粗铣、精铣顶面 A	Ⅰ孔和Ⅱ孔	立式铣床
5	钳工	划螺纹孔 6×M10 位置线；钻底孔 4×ϕ7.8；钻－扩－铰 2×ϕ8H7（工艺孔）	顶面及外形	摇臂钻床

（续）

序号	工序名称	工序内容	定位基准	加工设备
6	铣削	铣两端面 E、F 及前面 D	顶面 A 及 2×φ8H7	立式铣床
7	铣削	铣导轨面 B、C	顶面 A 及 2×φ8H7	立式铣床
8	磨削	磨顶面 A	导轨面 B、C	平面磨床
9	镗削	粗镗各纵向孔	顶面 A 及 2×φ8H7	卧式镗床
10	镗削	精镗各纵向孔	顶面 A 及 2×φ8H7	卧式镗床
11	镗削	精镗主轴孔 I	顶面 A 及 2×φ8H7	卧式镗床
12	镗削	加工横向孔及各面上的其他孔	顶面 A 及 2×φ8H7	卧式镗床
13	磨削	磨导轨面 B、C 及前面 D	顶面 A 及 2×φ8H7	导轨磨床
14	钻削	扩钻孔 2×φ8H7、4×φ7.8 至 φ8.5	C、D 面并按划线找正	摇臂钻床
15	钳工	去毛刺、倒角、清洗		
16	检验			

综合训练

1. 轴类、杆类零件加工中，常以中心孔为定位基准，试分析其定位原理及其特点。
2. 试举例说明在轴类零件加工过程中，如何体现"基准统一""基准重合""互为基准""自为基准"的原则？
3. 套筒类零件加工方法有哪些？孔加工方案的选择通常考虑哪些因素？
4. 冲模凸凹模有什么功用？常选用哪些材料？
5. 箱体类零件孔系加工有哪些方法？各有何特点？
6. 图 4-8 所示为某阶梯轴零件图，单件小批量生产。试编写其机械加工工艺规程。要求写明工序号、工序名称、工序内容、定位基准、机床设备、刀具、夹具、量具。

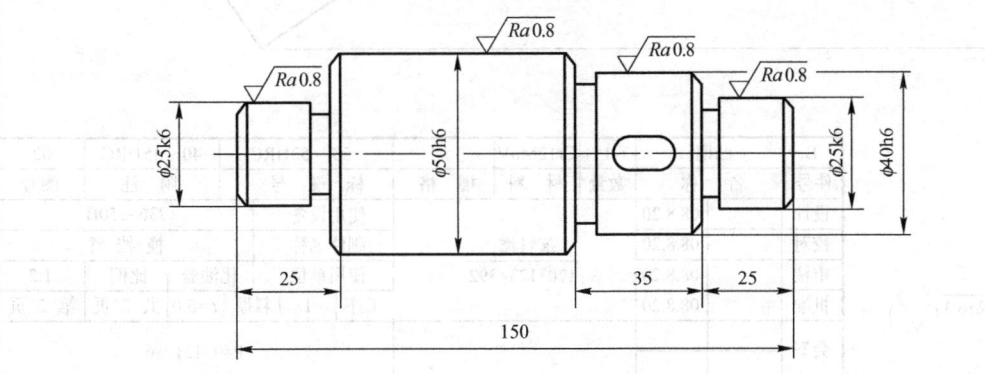

图 4-8　阶梯轴零件图

7. 图 4-9 所示为落料模凸模零件图，大批量生产。试编制其机械加工工艺规程。
（1）该零件属于哪类典型件？主要加工方法有哪些？

（2）指出该零件主要表面及其加工方案。

（3）选择该零件的定位基准是什么？符合精基准选择的哪些原则？

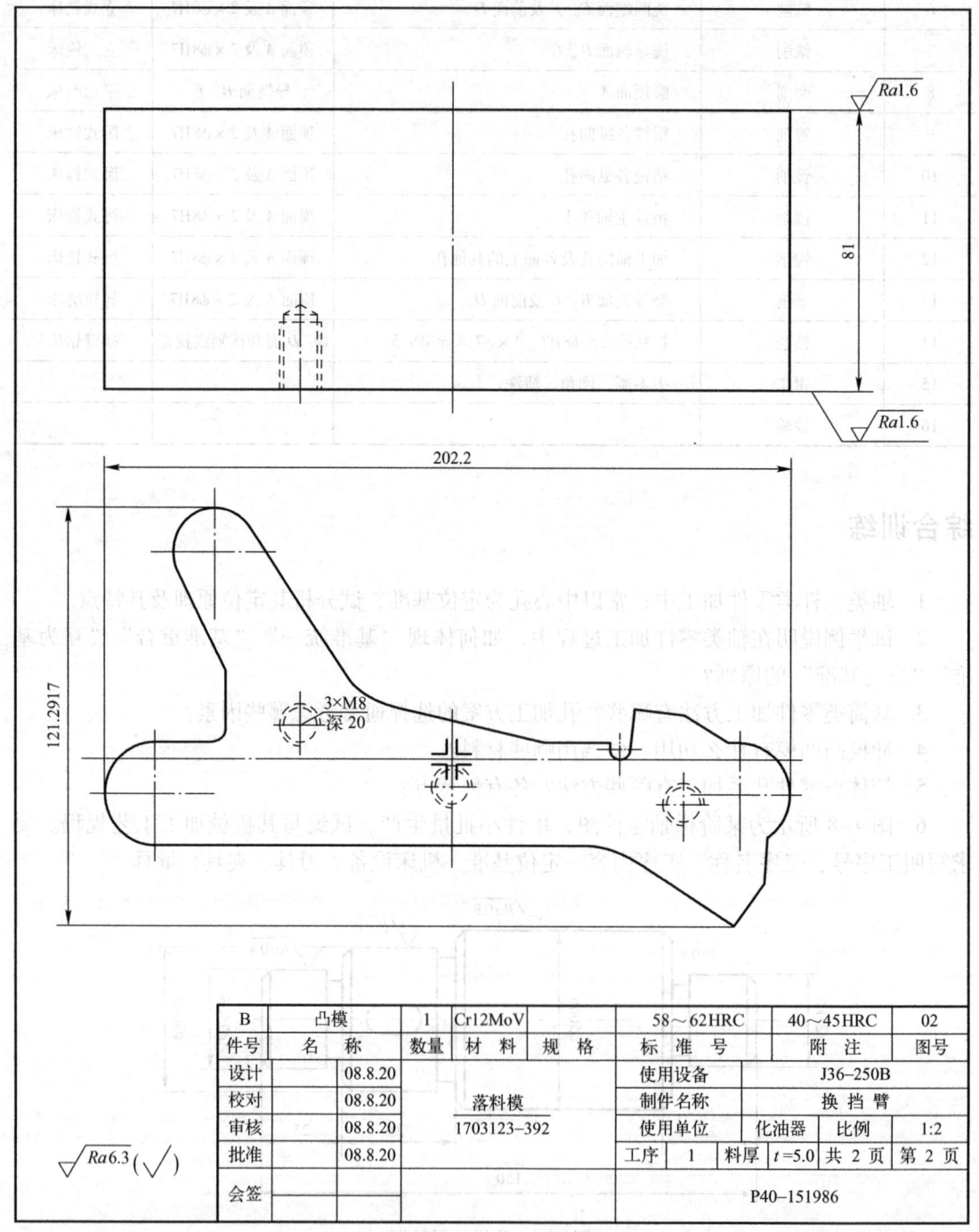

图 4-9 落料模凸模零件图

模块三 工件的装夹

第 5 章 机床夹具设计

知识要点
1. 机床夹具组成及基本工作原理。
2. 机床夹具定位误差分析。
3. 专用夹具的设计方法。

学习要求
1. 能正确选用各种机床夹具。
2. 学会定位误差分析与计算方法。
3. 熟悉简单专用夹具的设计方法。

5.1 典型零件的定位

在成批、大量生产中，工件的装夹是通过机床夹具来实现的。机床夹具是工艺系统的重要组成部分，其作用是将工件定位，以使工件获得相对于机床和刀具的正确位置，并把工件可靠地夹紧。它在生产中应用十分广泛。

5.1.1 定位基础知识

1. 机床夹具的作用及分类

（1）保证加工精度

用机床夹具装夹工件，能准确确定工件与刀具、机床之间的相对位置关系，可以保证加工精度。

（2）提高生产率

机床夹具能快速地将工件定位和夹紧，可以减少辅助时间，提高生产率。

（3）减轻劳动强度

机床夹具采用机械、气动、液动夹紧装置，可以减轻工人的劳动强度。

（4）扩大机床的工艺范围

利用机床夹具，能扩大机床的加工范围。例如，在车床或钻床上使用镗模可以代替镗床镗孔，使车床、钻床具有镗床的功能。

2. 机床夹具的分类

（1）按夹具的应用范围分类

按夹具的应用范围可将机床夹具分为通用夹具、专用机床夹具、组合夹具、成组夹具、随行夹具等。

（2）按使用机床类型分类

按机床类型可将机床夹具分为车床夹具、钻床夹具、铣床夹具、镗床夹具、磨床夹具和组合机床夹具等。

（3）按夹具动力源分类

按夹具动力源，可将机床夹具分为手动夹紧夹具、气动夹紧夹具、液压夹紧夹具、气液联动夹紧夹具、电磁夹具等。

3. 专用机床夹具的组成

（1）定位元件

定位元件是用来确定工件正确位置的元件，使被加工工件的定位基面与夹具定位元件直接接触或相配合。

（2）夹紧装置

夹紧装置是使工件在外力作用下仍能保持其正确定位位置的装置。

（3）对刀元件、导向元件

对刀元件、导向元件是指夹具中用于确定（或引导）刀具相对于夹具定位元件具有正确位置关系的元件，例如钻套、镗套、对刀块等。

（4）联接元件

夹具联接元件是指用于确定夹具在机床上具有正确位置并与之联接的元件，例如安装在铣床夹具底面上的定位键等。

（5）其他元件及装置

根据加工要求，有些夹具还需设置分度转位装置、靠模装置、工件抬起装置和辅助支承等装置。

（6）夹具体

夹具体是用于联接夹具元件和有关装置使之成为一个整体的基础件，夹具通过夹具体与机床联接。

定位元件、夹紧装置和夹具体是夹具的基本组成部分，其他部分可根据需要设置。

5.1.2 工件定位方式

定位是指工件在机床或夹具中占据一个正确的加工位置的过程。

例如：机床在装配时，其主轴箱、滑板及其上的工件，均须精确地安装在相应的位置上；机械加工时，刀具必须精确地安装在主轴头上，其回转中心必须与主轴中心线重合。

定位的目的是使工件在夹具中相对于机床、刀具占有确定的正确位置，应用夹具定位工件，还能使同一批工件在夹具中的加工位置一致性好。

1. 六点定位原理

用六个合理分布的支承点限制工件的六个自由度，使工件在机床或夹具中占据一个正确的加工位置，即为工件的六点定位原理。如果工件的六个自由度用六个支承点与工件接触使其完全消除，则该工件的空间位置就完全确定了。如图 5-1 所示。

2. 工件定位方式

（1）完全定位

工件的六个自由度全部被限制的定位称为完全定位。

（2）不完全定位

根据工件的加工要求，并不需要限制工件的全部自由度，这样的定位称为不完全定位。

（3）欠定位

根据工件的加工要求，应该限制的自由度没有完全被限制的定位，称为欠定位。欠定位无法保证加工要求，所以在生产中是绝不允许出现的。

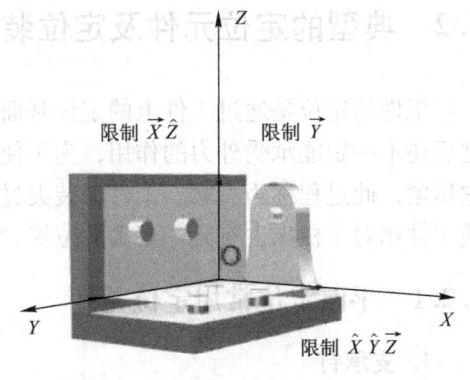

图 5-1 六点定位

（4）过定位

工件的同一自由度被两个或两个以上的支承点重复限制的定位，称为过定位。过定位可能造成工件的定位误差，或者造成部分工件装不进夹具的情况。过定位不是绝对不允许的，要根据具体情况决定。

5.1.3 典型零件定位

任务描述

在图 5-2 中，钻、扩、铰 ϕ9H7 孔，其余表面均已加工，试分析其需要限制的自由度。

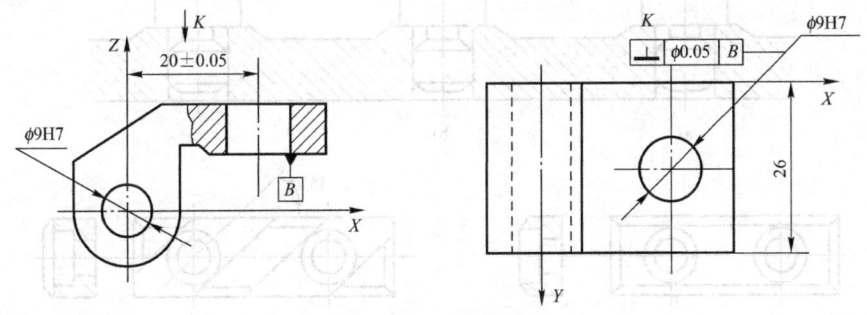

图 5-2 典型零件定位

任务解析

（1）保证尺寸 20±0.05 mm，需要限制的自由度为：$\vec{X}\hat{Z}\hat{Y}$。

（2）保证垂直度 ϕ0.05 mm 时，需要限制的自由度为：$\hat{X}\hat{Y}$。

（3）保证 ϕ9H7 孔中心对称分布于尺寸 26 mm 的中心线，需要限制的自由度为：$\vec{Y}\hat{X}\hat{Z}$。

综上可知，本工序要限制 $\vec{X}\vec{Y}\hat{X}\hat{Y}\hat{Z}$，共五个自由度。

任务总结

一般地，分析零件所需限制的自由度，应考虑以下两方面的因素：

1）零件的工序要求；

2）实际安装需要。

5.2 典型的定位元件及定位装置的选用

工件的定位是通过工件上的定位基面与夹具上的定位元件表面接触实现的。工件在定位之后还不一定能承受外力的作用，为了使工件在加工过程中总能保持其正确位置，还必须把它压紧，此过程称为夹紧。工件的装夹过程就是定位过程和夹紧过程的综合。定位的任务是使工件相对于机床占有某一正确的位置，夹紧的任务则是保持工件的定位位置不变。

5.2.1 平面定位常用定位元件

1. 支承钉

（1）平头支承钉

用于支承精基准面（图5-3a）。

（2）球头支承钉

用于支承粗基准面（图5-3b）。

（3）网纹顶面支承钉

能产生较大的摩擦力，但网槽中的切屑不易清除，常用在工件以粗基准定位且要求产生较大摩擦力的侧面定位场合（图5-3c）。

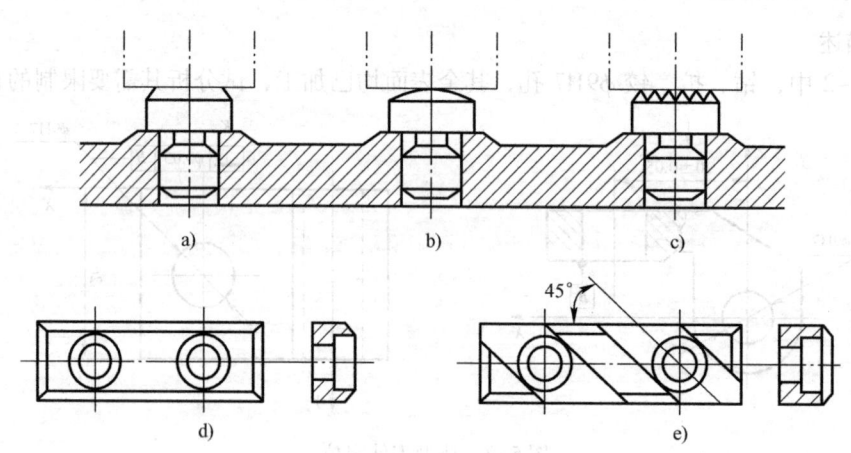

图5-3 支承钉、支承板

a) 平头支承钉 b) 球头支承钉 c) 网纹顶面支承钉 d) 平面型支承板 e) 带斜槽型支承板

一个支承钉相当于一个支承点，限制一个自由度；在一个平面内，两个支承钉限制两个自由度；不在同一直线上的三个支承钉限制三个自由度。

2. 支承板

（1）平面型支承板

结构简单，但沉头螺钉处清理切屑比较困难，适于作为侧面和顶面定位（图5-3d）。

（2）带斜槽型支承板

在带有螺钉孔的斜槽中允许容纳少许切屑，适于作为底面定位。当工件定位平面较大时，常用几块支承板组合成一个平面（图5-3e）。

一个支承板相当于两个支承点，限制两个自由度；两个（或多个）支承板组合，相当于一个平面，可以限制三个自由度。

3. 可调支承（图5-4）

可调支承多用于支承工件的粗基准面，支承高度可以根据需要进行调整，调整到位后用螺母锁紧。一个可调支承限制一个自由度。

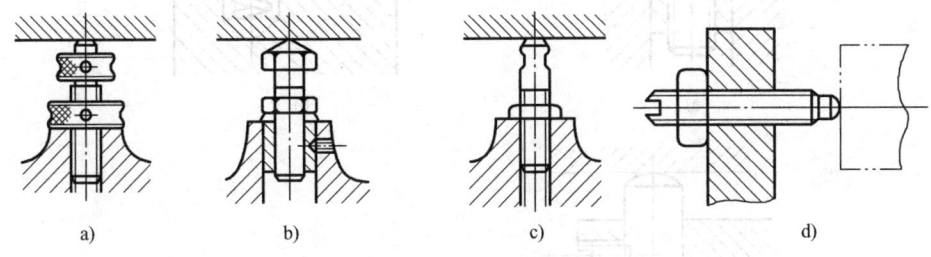

图5-4　可调支承

4. 自位支承（图5-5）

由于自位支承是活动的或是浮动的，无论结构上是两点还是三点支承，其实质只起一个支承点的作用，所以自位支承只限制一个自由度。使用自位支承的目的在于增加与工件的接触点，减小工件变形或减少接触应力。

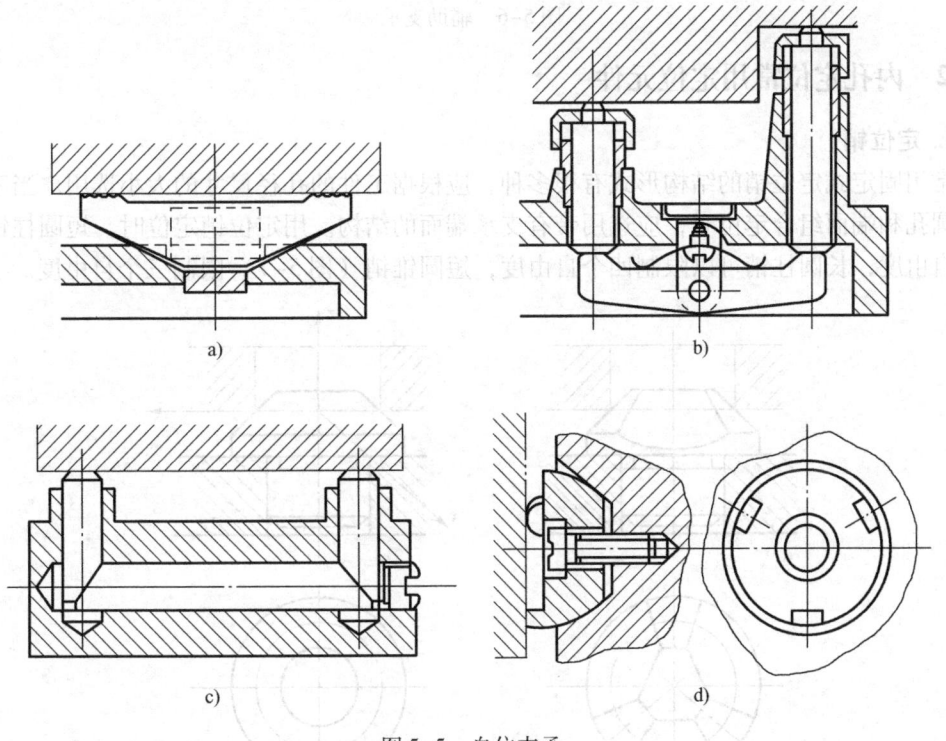

图5-5　自位支承

5. 辅助支承（图5-6）

辅助支承不能作为定位元件，不能限制工件的自由度，它只用以增加工件刚性。

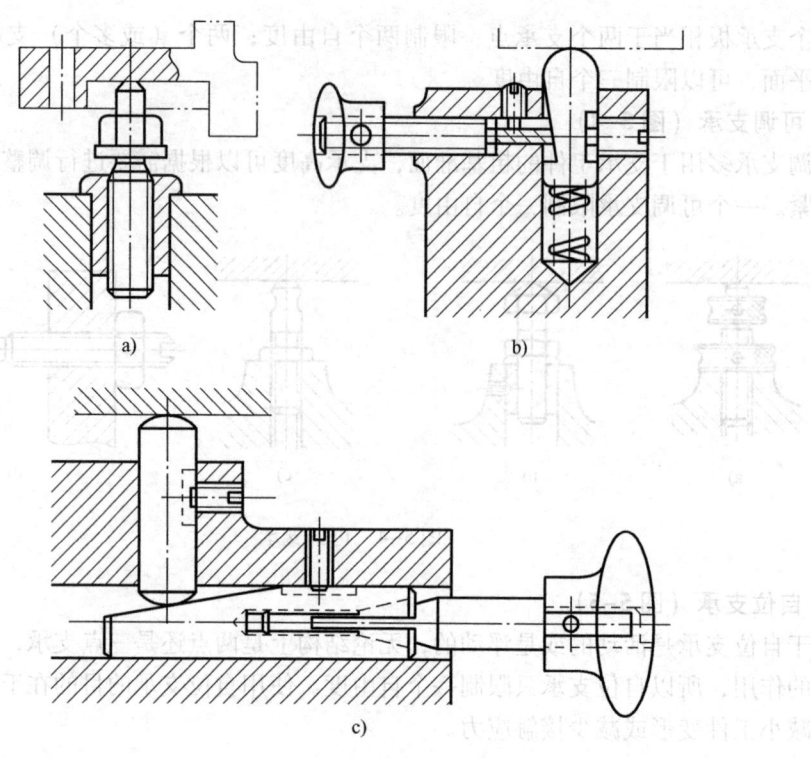

图 5-6 辅助支承

5.2.2 内孔定位常用定位元件

1. 定位销

常用固定式定位销的结构形式有很多种,应根据工件的孔径尺寸的大小选用。当工件同时以圆孔和端面组合定位时,应选用带有支承端面的结构。用定位销定位时,短圆柱销限制两个自由度,长圆柱销可以限制四个自由度,短圆锥销(图 5-7)限制三个自由度。

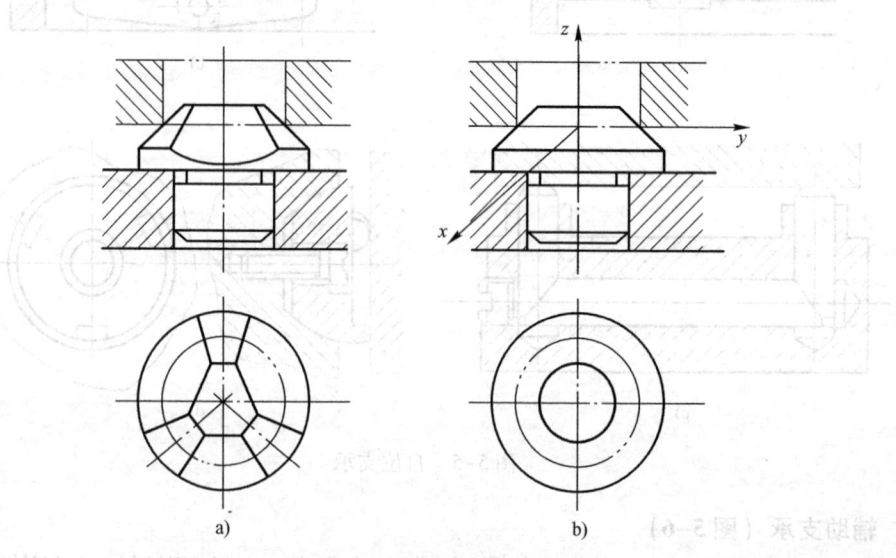

图 5-7 短圆锥销

2. 芯轴（图 5-8）

圆柱芯轴、过盈配合芯轴可限制工件的四个自由度。小锥度芯轴、花键芯轴可限制工件五个自由度。

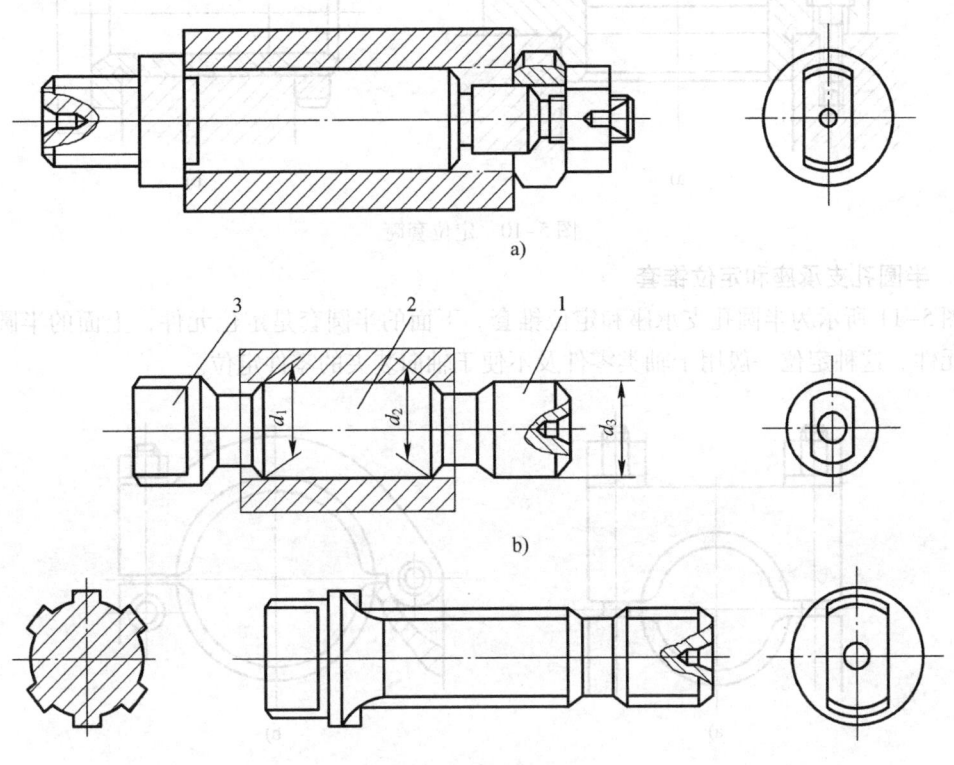

图 5-8 圆柱芯轴

5.2.3 外圆表面定位常用定位元件

1. V 形块（图 5-9）

一个短 V 形块限制工件的两个自由度，长 V 形块限制工件的四个自由度，浮动 V 形块只限制工件的一个自由度。两个短 V 形块组合相当于一个长 V 形块，可限制工件的四个自由度。用 V 形块定位，工件的定位基准始终在 V 块的对称中心平面内，对中性能较好。

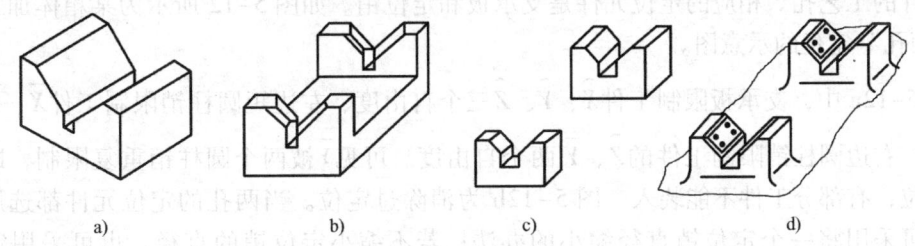

图 5-9 V 形块

2. 定位套筒

图 5-10 所示为两种常用的定位套筒。为了限制工件沿轴向的自由度，常与端面联合定位。

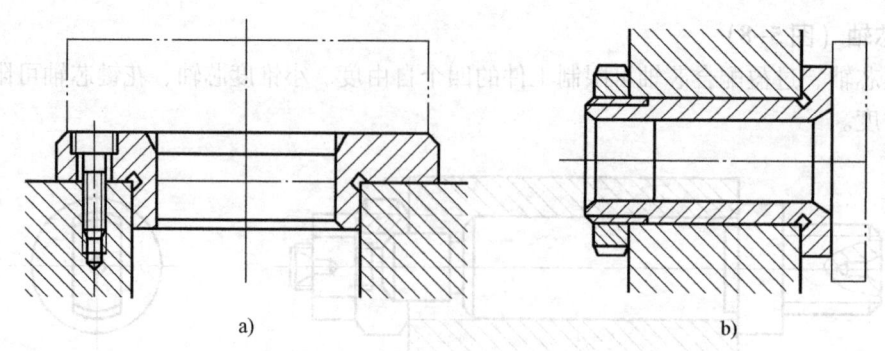

图 5-10　定位套筒

3. 半圆孔支承座和定位锥套

图 5-11 所示为半圆孔支承座和定位锥套。下面的半圆套是定位元件，上面的半圆套为夹紧元件。这种定位一般用于轴类零件及不便于轴向装夹的零件定位。

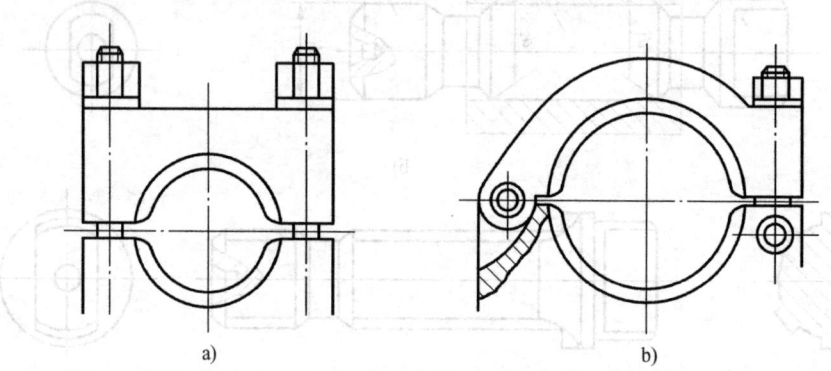

图 5-11　半圆套定位

5.2.4　组合定位

组合定位的方式很多，最常用的就是以"一面两孔"作为定位基准。如加工箱体、杠杆、盖板等。采用"一面两孔"定位，易做到工艺过程中的基准统一，保证工件的位置精度，减少夹具设计、制造工作量。

工件采用"一面两孔"定位时，两孔可以是工件结构上原有的，也可以是为定位需要专门设计的工艺孔。相应的定位元件是支承板和定位销。如图 5-12 所示为某箱体加工时以"一面两孔"定位的示意图。

图 5-12a 中，支承板限制工件 $\hat{X}$、$\hat{Y}$、$\overline{Z}$ 三个自由度、左边短圆柱销限制工件 $\overline{X}$、$\overline{Y}$ 两个自由度，右边圆柱销限制工件 $\hat{Z}$、$\overline{Y}$ 两个自由度。可见 $\overline{Y}$ 被两个圆柱销重复限制，即产生了过定位，有部分工件不能装入。图 5-12b 为消除过定位。当两孔的定位元件都选用圆柱销时，可采用将一个定位销直径缩小的办法；若不缩小定位销的直径，也可采用定位销"削边"的办法来增大连心线方向的间隙。这样，在连心线的方向上，仍起到缩小定位销直径的作用，使中心距误差得到补偿。削边销有如图 5-12c 所示的三种结构。其中（2）应用较广。

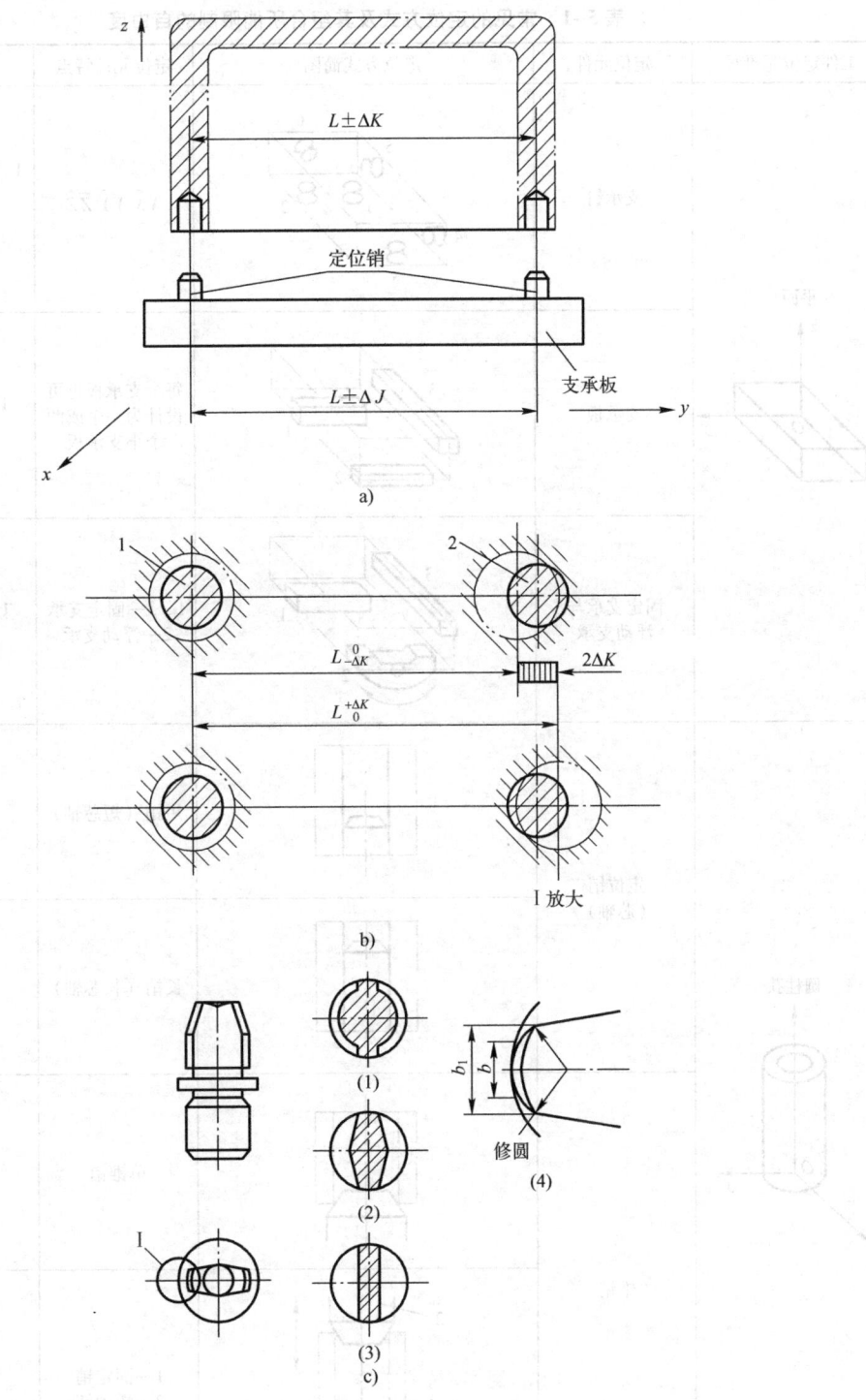

图 5-12 组合定位
a)"一面两孔"组合定位 b)"一面两孔"定位时的干涉情况 c)削边销结构

常见定位元件及其组合所能限制的自由度见表 5–1。

表 5–1　常见的定位方式及其组合所能限制的自由度

工件定位基准面	定位元件	定位方式简图	定位元件特点	限制的自由度
平面	支承钉		$\vec{X}\,\hat{X}\,\vec{Y}\,\hat{Y}\,\vec{Z}\,\hat{Z}$	1、2、3—$\vec{Z}$、$\hat{X}$、$\hat{Y}$ 4、5—$\vec{Y}$、$\hat{Z}$ 6—$\vec{X}$
	支承板		每个支承板也可设计为一个或两个小支承板	1、2—$\vec{Z}$、$\hat{X}$、$\hat{Y}$ 3—$\vec{Y}$、$\hat{Z}$
	固定支承与浮动支承		1、3—固定支承 2—浮动支承	1、2—$\vec{Z}$、$\hat{X}$、$\hat{Y}$ 3—$\vec{Y}$、$\hat{Z}$
圆柱孔	定位销（芯轴）		短销（短芯轴）	$\vec{X}$、$\vec{Y}$
			长销（长芯轴）	$\vec{X}$、$\vec{Y}$ $\hat{X}$、$\hat{Y}$
	锥销		单锥销	$\vec{X}$、$\vec{Y}$、$\vec{Z}$
			1—固定销 2—活动销	$\vec{X}$、$\vec{Y}$、$\vec{Z}$ $\hat{X}$、$\hat{Y}$

(续)

工件定位基准面	定位元件	定位方式简图	定位元件特点	限制的自由度
外圆柱面 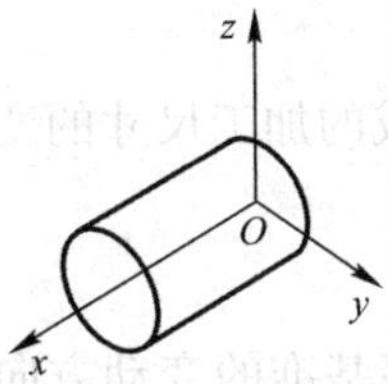	支承板或支承钉	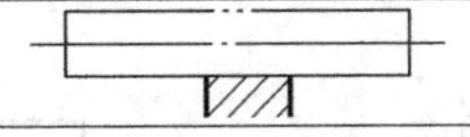	短支承板或支承钉	$\vec{Z}$（或$\hat{Y}$）
		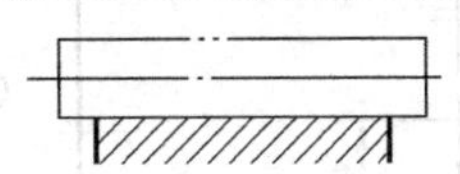	长支承板或两个支承钉	$\vec{Z}$、$\hat{Y}$
	V形块	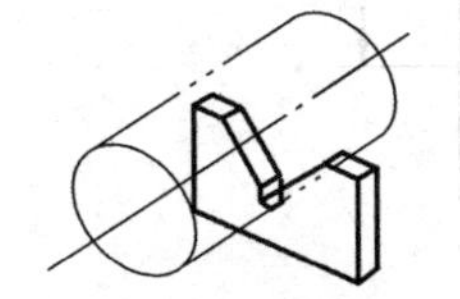	窄V形块	$\vec{Z}$、$\vec{Y}$ $\hat{Z}$、$\hat{Y}$
		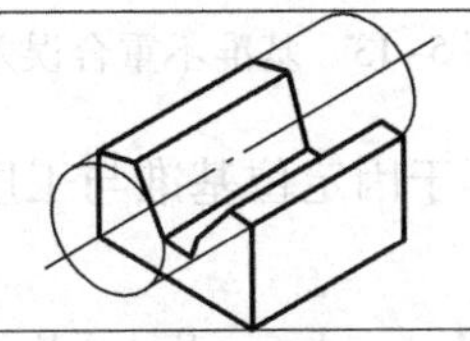	宽V形块或两个窄V形块	$\vec{Z}$、$\vec{Y}$ $\hat{Z}$、$\hat{Y}$
	定位套	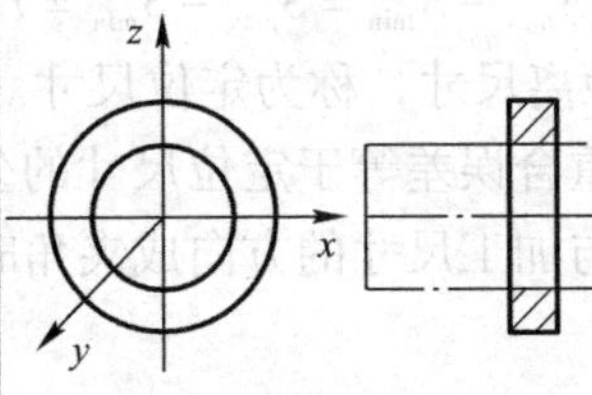	短定位套	$\vec{X}$、$\vec{Z}$
		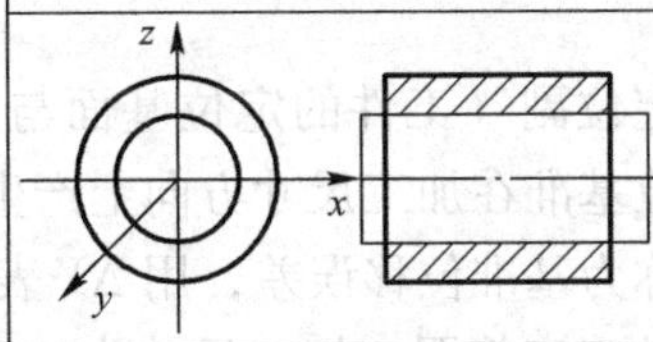	长定位套	$\vec{X}$、$\vec{Z}$ $\hat{X}$、$\hat{Z}$

5.3 定位误差的分析与计算

加工时，由于有多种误差的影响，在分析定位方案时，定位误差应控制在加工尺寸公差的 1/3 以内。

5.3.1 定位误差的产生原因

1. 基准不重合误差

由于定位基准与工序基准不重合而造成的加工误差，称为基准不重合误差，用 ΔB 表示。

图 5-13a 所示为工序简图。在工件上铣缺口，加工尺寸为 A 和 B。图 5-13b 所示为加工示意图。工件以底面和左侧面定位，C 是确定夹具与刀具相互位置的对刀尺寸，在一批工件的加工过程中，C 的大小是不变的。对尺寸 A 而言，工序基准是右侧面，定位基准是左侧面，两者不重合。当一批工件逐个在夹具上定位时，受尺寸 $S \pm (T_S/2)$ 的影响，工序基准右侧面的位置是变动的，而右侧面的变动影响了尺寸 A 的大小，给尺寸 A 造成误差，这就是基准不重合误差。

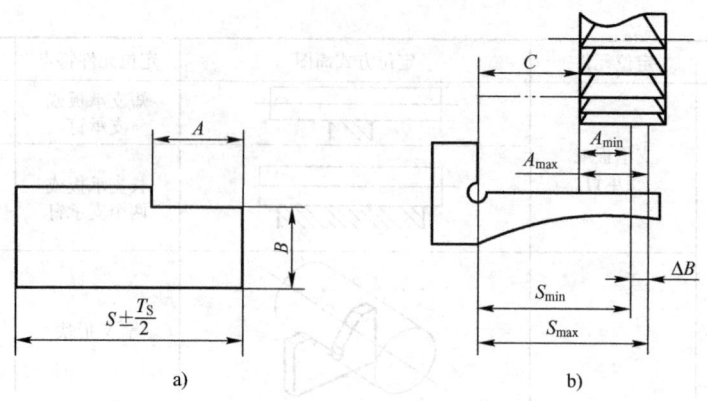

图 5-13 基准不重合误差

显然,基准不重合误差的大小等于因定位基准与工序基准不重合而造成的加工尺寸的变动范围。即:

$$\Delta B = A_{max} - A_{min} = S_{max} - S_{min} = T_S$$

S 是定位基准与工序基准间的距离尺寸,称为定位尺寸。这样,当工序基准的变动方向与加工尺寸的方向相同时,基准不重合误差等于定位尺寸的公差,即 $\Delta B = T_S$。

注意:当工序基准的变动方向与加工尺寸的方向成夹角时,基准不重合误差等于定位尺寸的公差在加工尺寸方向上的投影。

2. 基准位移误差

工件在夹具中定位时,由于定位副(工件的定位基面与定位元件的工作表面)的制造公差和最小配合隙的影响,使定位基准在加工尺寸方向上产生位移,导致各个工件的位置不一致,造成加工误差。这个误差称为基准位移误差,用 ΔY 表示。

图 5-14a 为在圆柱面上铣槽的工序简图,加工尺寸为 A 和 B。图 5-14b 是加工示意图,工件以内孔 D 在圆柱芯轴上定位,O 是芯轴轴心线,C 是对刀尺寸。对尺寸 A 而言,工序基准是内孔轴线,定位基准也是内孔轴线,两者重合,$\Delta B = 0$。

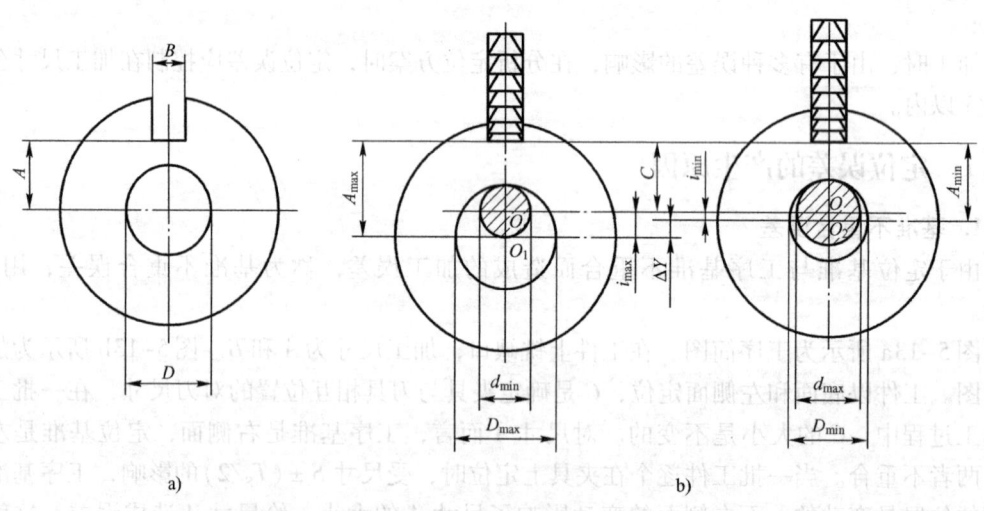

图 5-14 基准位移误差

由于定位副有制造公差和最小配合间隙，使定位基准（孔中心线）向下移动了一段距离 ΔY，给加工尺寸 A 造成了误差，即为基准位移误差。同样，基准位移误差的大小等于定位基准在加工尺寸方向的变动范围。在图 5-14b 中，当工件孔的直径为最大（D_{max}），定位销直径为最小（d_{min}）时，定位基准的位移量最大（$i_{max} = OO_1$），加工尺寸也最大（A_{max}）；当工件孔的直径为最小（D_{min}），定位销直径为最大（d_{max}）时，定位基准的位移量最小（$i_{min} = OO_2$），加工尺寸也最小（A_{min}）。即：

$$\Delta Y = A_{max} - A_{min} = i_{max} - i_{min} = \delta_i$$

5.3.2 定位误差的计算方法

根据定位误差造成的原因，定位误差应由基准不重合误差与基准位移误差组合而成。计算时，先分别算出 ΔB 和 ΔY，然后将两者组合而成 ΔD。

1) $\Delta Y \neq 0$、$\Delta B = 0$ 时，$\Delta D = \Delta Y$；
2) $\Delta B \neq 0$、$\Delta Y = 0$ 时，$\Delta D = \Delta B$；
3) $\Delta B \neq 0$、$\Delta Y \neq 0$ 时，
① 如果工序基准不在定位基面上：$\Delta D = \Delta Y + \Delta B$。
② 如果工序基准在定位基面上：$\Delta D = \Delta Y \pm \Delta B$。
"＋"、"－"号的确定方法如下。
1) 分析定位基面直径由小变大（或由大变小）变化时，定位基准的变动方向。
2) 当定位基面直径同样变化时，设定位基准的位置不变动，分析工序基准的变动方向。
3) 当两者的变动方向相同时，取"＋"号，当两者的变动方向相反时，取"－"号。

5.3.3 定位误差计算实例

例 5-1 任务描述

如图 5-15 所示，工件以孔 $\phi 60^{+0.15}_{0}$ 定位加工孔 $\phi 10^{+0.1}_{0}$，定位销直径为 $\phi 60^{-0.03}_{-0.06}$，要求保证尺寸 40 ± 0.1，计算定位误差。

任务解析

（1）求基准不重合误差
因定位基准与工序基准重合，则有 $\Delta B = 0$。
（2）求基准位移误差（按任意方向计算）

$$\Delta Y = TD + Td + X_{min} = (0.15 + 0.03 + 0.03)\text{mm} = 0.21\text{mm}$$

（3）计算定位误差

$$\Delta D = \Delta B + \Delta Y = (0 + 0.21)\text{mm} = 0.21\text{mm}$$

例 5-2 任务描述

如图 5-16 所示，工件以外圆定位铣键槽，工序尺寸（槽底尺寸）的标注方法有 H_1、H_2、H_3 三种，试分别计算这三个尺寸的定位误差。

任务解析

（1）求尺寸 H_1 的定位误差
如图 5-16 所示。工序尺寸为 H_1 时，其定位误差等于 $H_1'' - H_1'$，即 $O'O''$。

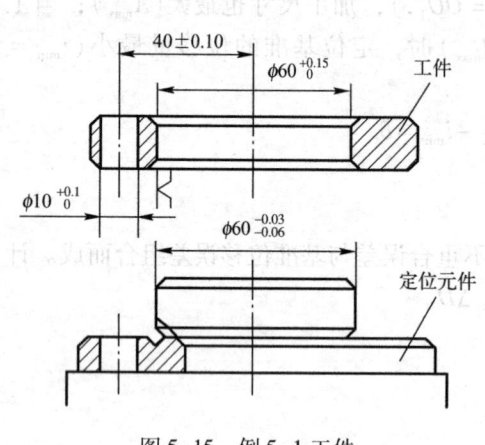
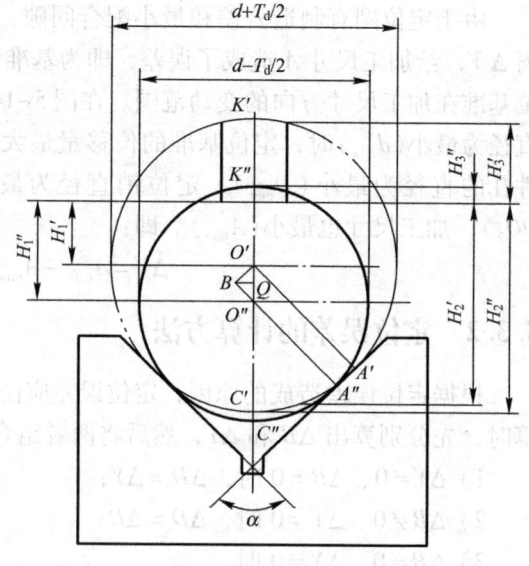

图 5-15 例 5-1 工件　　　　　图 5-16 例 5-2 工件

则：

$$\Delta D_{H_1} = O'O'' = \frac{T_d}{2\sin(\alpha/2)}$$

（2）求尺寸 H_2 的定位误差

由图 5-16 可知，H_2 的定位误差等于 $H_2'' - H_2'$，即 $C'C''$。

$$\Delta D_{H_2} = C'C'' = O'C'' - O'C' = \frac{d_{min}}{2} = \frac{T_d}{2\sin(\alpha/2)} - \frac{T_d}{2}$$

$$= \frac{T_d}{2}\left(\frac{1}{\sin(\alpha/2)} - 1\right)$$

（3）求尺寸 H_3 的定位误差

由图 5-16 可知，H_3 的定位误差等于 $H_3' - H_3''$，即 $K'K''$，则有：

$$\Delta D_{H_3} = K'K'' = K'O' - K''O'' = \frac{d_{max}}{2} + O'O'' - \frac{d_{min}}{2} = \frac{T_d}{2\sin(\alpha/2)} + \frac{T_d}{2}$$

$$= \frac{T_d}{2}\left(\frac{1}{\sin(\alpha/2)} + 1\right)$$

5.4　常用机床夹具的夹紧装置

工件在定位元件上定好位后，还需要采用一些装置将工件牢固地夹紧，保证工件在加工过程中不因外力（切削力、工件重力、离心力或惯性力等）的作用而发生位移或振动。夹具上用来把工件压紧夹牢的机构叫夹紧装置。工件的加工精度、表面粗糙度及夹紧时间的长短都与夹紧装置有关，所以夹紧装置在夹具设计中占有重要的地位。

5.4.1 夹紧装置的组成和基本要求

1. 夹紧装置的组成

图 5-17 所示是夹紧装置的组成示意图，夹紧装置主要由以下 3 个部分组成。

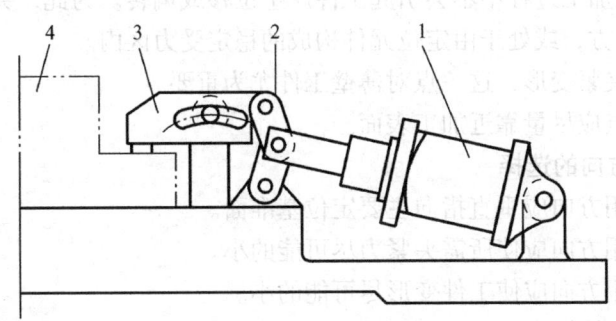

图 5-17 夹紧装置的组成
1—力源装置 2—中间传动机构 3—夹紧元件 4—工件

1）力源装置：力源装置是产生夹紧原始作用力的装置。对于机械夹紧机构是指气动、液压、电力等动力装置。

2）中间传动机构：中间传动机构是把力源装置产生的力传给夹紧元件的中间机构。其作用如下：

① 改变力的作用方向；

② 改变作用力的大小；

③ 起自锁作用。

3）夹紧元件：夹紧元件是夹紧装置的最终执行元件，它与工件直接接触，把工件夹紧。

2. 夹紧装置的基本要求

夹紧装置的设计和选用是否合理，对保证工件的加工质量，提高劳动生产率，降低加工成本和确保工人的生产安全都有很大的影响。对夹紧装置的基本要求如下。

1）夹紧时不能破坏工件在夹具中占有的正确位置。

2）夹紧力要适当，既要保证在加工过程中工件不移动、不转动、不振动，同时又不要在夹紧时损伤工件表面或产生明显的夹紧变形。

3）夹紧机构要操作方便，夹紧迅速、省力。大批量生产中应尽可能采用气动、液动夹紧装置，以减轻工人的劳动强度和提高生产率。在小批量生产中，采用结构简单的螺钉压板时，也要尽量设法缩短辅助时间。

4）结构要紧凑简单，有良好的结构工艺性，尽量使用标准件。手动夹紧机构还须有良好的自锁性。

5.4.2 夹紧力的确定

确定夹紧力就是要确定夹紧力的三个要素——作用点、大小和方向。只有夹紧力的作用点分布合理，大小适当，方向正确才能获得良好的夹紧效果。

1. 夹紧力作用点的选择

夹紧力作用点是指夹紧元件与工件接触的位置。夹紧力作用点的选择，应包括正确确定作用点的数目和位置。选择夹紧力作用点时要注意下列3个问题。

1）夹紧力作用点应落在支承元件上或几个支承元件所形成的支承面内；应能够保持工件定位稳定可靠，在加工过程中不会引起工件产生位移或偏转。为此，夹紧力作用点必须处于定位元件的垂直上方，或处于由定位元件构成的稳定受力区内。

2）减少工件的夹紧变形，这一点对薄壁工件尤为重要。

3）夹紧力作用点应尽量靠近加工表面。

2. 夹紧力作用方向的选择

1）夹紧力的作用方向应垂直指向主要定位基准面。

2）夹紧力的作用方向应使所需夹紧力尽可能的小。

3）夹紧力的作用方向应使工件变形尽可能的小。

3. 夹紧力大小的估算

计算夹紧力是一个很复杂的问题，一般只能粗略地估算。因为在加工过程中，工件受到切削力、重力、离心力和惯性力等的作用，从理论上讲，夹紧力的作用效果必须与上述作用力（矩）相平衡。但是在不同条件下，上述作用力在平衡系中对工件所起的作用各不相同。如采用一般切削规范加工中、小工件时，起决定作用的因素是切削力（矩）；加工大型工件时，还须考虑工件的重力作用；高速切削时，不能忽视离心力和惯性力的作用。此外，影响切削力的因素也很多，例如工件材质不匀，加工余量大小不一致，刀具的磨损程度以及切削时的冲击等因素都使得切削力随时发生变化。为简化夹紧力的计算，通常假设工艺系统是刚性的，切削过程是稳定的。在这些假设条件下，根据切削原理公式或切削力计算图表求出切削力，然后找出在加工过程中最不利的瞬时状态，按静力学原理求出夹紧力。为了保证夹紧可靠，还需再乘以安全系数即得实际需要的夹紧力。

5.4.3 常用夹紧机构

1. 斜楔夹紧机构

（1）机构工作原理

利用斜面直接或间接压紧工件的机构称为斜楔夹紧机构。图5-18所示为3种用斜楔夹紧机构夹紧工件的实例。图5-18a为用斜楔直接夹紧工件。工件装入后，锤击斜楔大头，夹紧工件。加工完毕后，锤击斜楔小头，松开工件。这种机构夹紧力较小，且操作费时，所以实际生产中常将斜楔与其他机构联合起来使用。图5-18b是将斜楔与滑柱合成一种夹紧机构，可以手动，也可以气压驱动。图5-18c是由端面斜楔与压板组合而成的夹紧机构。

（2）应用实例

斜楔应用实例如图5-19所示。

2. 螺旋夹紧机构

由螺钉、螺母、垫圈、压板等元件组成的夹紧机构称为螺旋夹紧机构。螺旋夹紧机构结构简单，夹紧力大，自锁性能好，且有较大的夹紧行程，应用广泛。

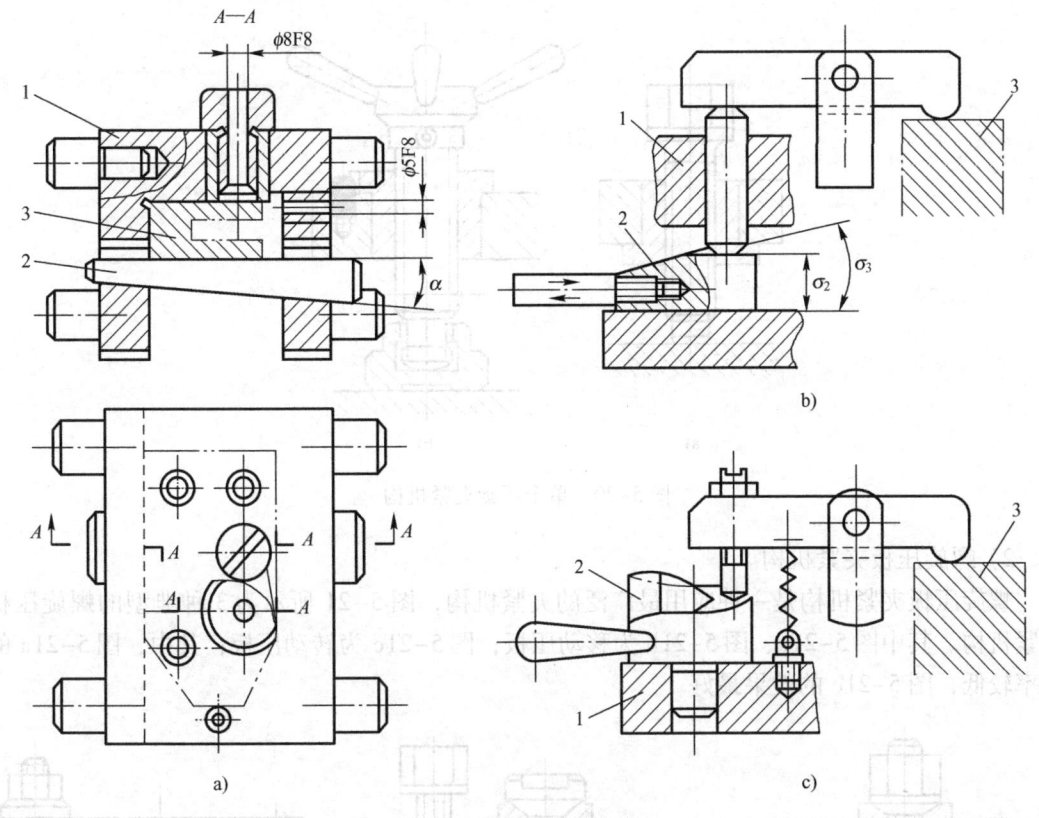

图 5-18 斜楔夹紧机构
a) 斜楔直接夹紧机构 b) 斜楔与滑栓合成夹紧机构 c) 端面斜楔与压板组合的夹紧机构
1—夹具体 2—斜楔 3—工件

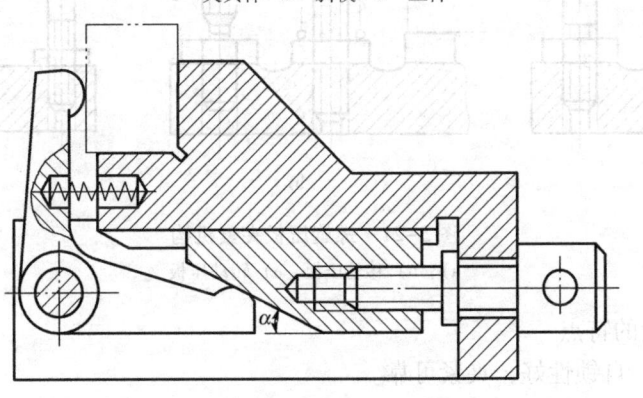

图 5-19 斜楔夹紧机构应用实例
α—斜楔升角

(1) 螺旋夹紧机构的种类

1) 单个螺旋夹紧机构。

图 5-20 所示是直接用螺钉或螺杆夹紧工件的机构。其中 5-20a 为用螺钉头部直接压紧工件的一种结构。为了防止螺钉头直接与工件表面接触而造成损伤，或防止在旋紧螺钉时带动工件一起转动，可在螺钉头部装上摆动压块，如图 5-20b 所示。这种压块只随螺钉前后移动而不与螺钉一起转动。

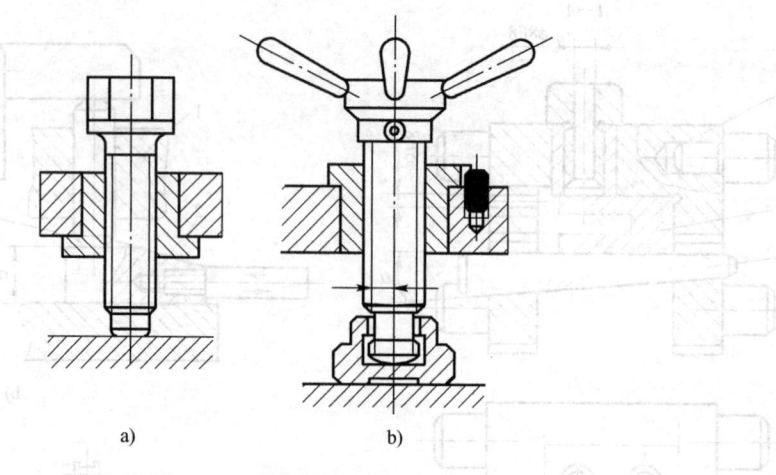

a)　　　　　　　b)

图 5-20　单个螺旋夹紧机构

2）螺旋压板夹紧机构。

螺旋压板夹紧机构是一种应用最广泛的夹紧机构，图 5-21 所示为 3 种典型的螺旋压板夹紧机构。其中图 5-21a、图 5-21b 为移动压板；图 5-21c 为转动压板；其中，图 5-21a 的效率较低，图 5-21c 的效果最好。

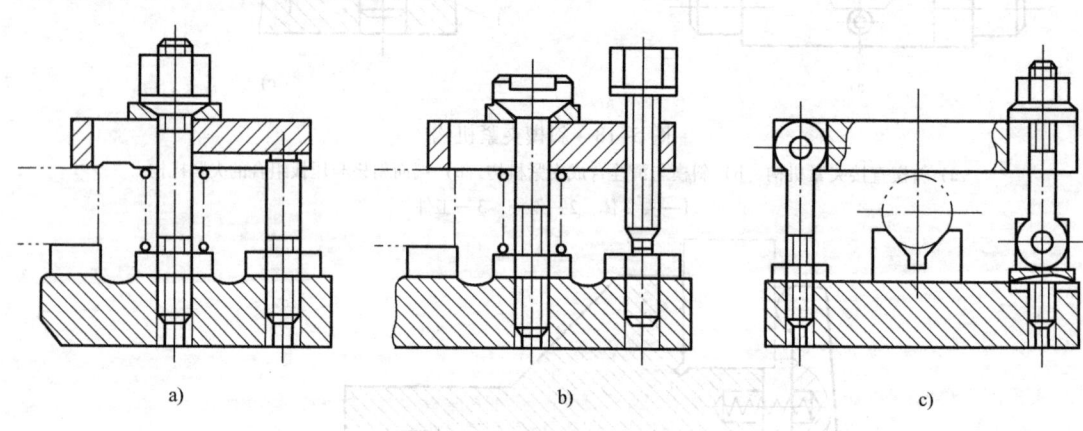

a)　　　　　　　　　　b)　　　　　　　　　　c)

图 5-21　螺旋压板夹紧机构

a)、b) 移动压板　c) 转动压板

（2）螺旋夹紧的特点

1）结构简单，自锁性好，夹紧可靠。

2）比斜楔夹紧力大。

3）夹紧行程不受限制。

4）夹紧动作慢，辅助时间长，效率低。

3. 偏心夹紧机构

用偏心元件直接或间接夹紧工件的机构称为偏心夹紧机构。常用的有偏心轮和偏心轴。图 5-22 所示为常见的偏心夹紧机构。其中图 5-22a、图 5-22b 用的是圆偏心轮；图 5-22c 用的是偏心轴，图 5-22d 用的是偏心叉。

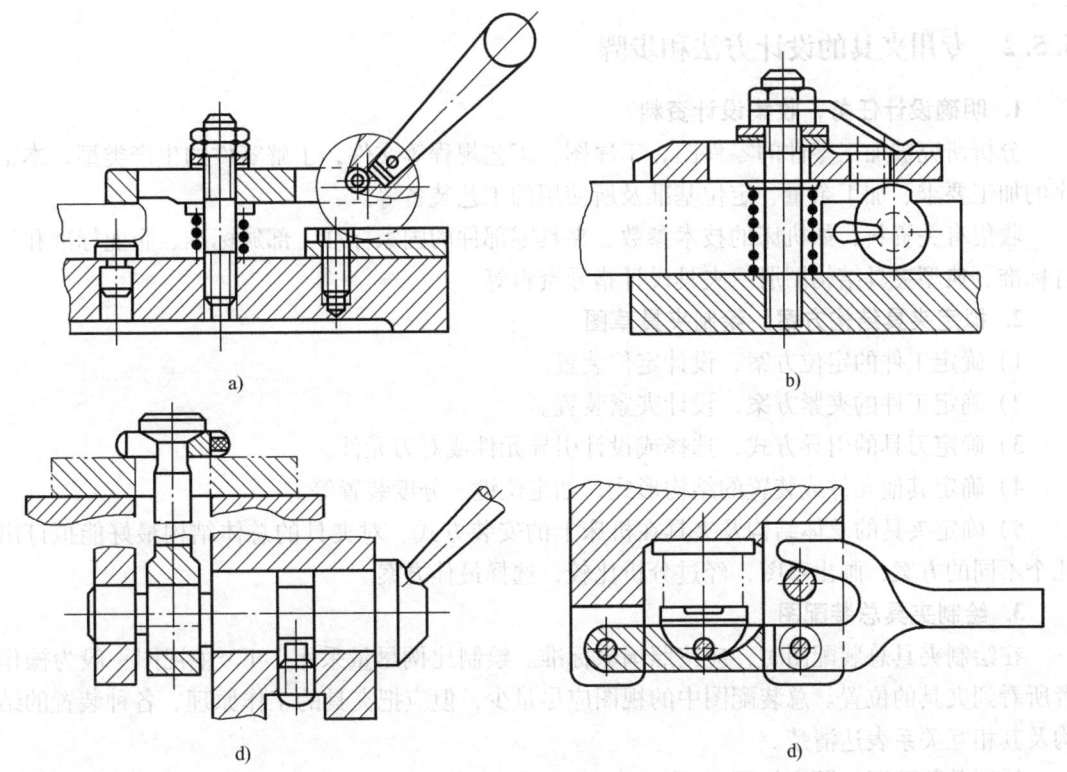

图 5-22 偏心夹紧机构
a)、b) 圆偏心轮　c) 偏心轴　d) 偏心叉

偏心夹紧机构操作方便，夹紧迅速，但是夹紧力和夹紧行程都较小，自锁性不太好。一般用于切削力不大、振动小、工件尺寸公差不大的场合。

5.5 专用夹具的设计方法

5.5.1 专用夹具设计的基本要求

1. 保证工件加工的各项技术要求

这是设计夹具设计最基本的要求，其关键在于合理确定定位方案和夹紧方案，合理选用与设计定位元件、夹紧装置以及对刀元件等，确定合适的尺寸、公差和技术要求。

2. 提高生产率和降低生产成本

应根据工件生产批量的大小，选用不同复杂程度的快速高效夹紧装置，如采用多件装夹、夹紧与定位联动、联动夹紧装置等，以缩短辅助时间。

3. 工艺性好

所设计的夹具应便于制造、检验、装配、调整和维修等。

4. 使用性好

夹具的操作应简便，省力（可采用气动、液压和气液联动等机械化夹紧装置）、安全可靠、排屑方便。

5.5.2 专用夹具的设计方法和步骤

1. 明确设计任务,收集设计资料

分析研究被加工零件的零件图、工序图、工艺规程等文件,了解零件的生产类型、本工序的加工要求、加工余量、定位基准及所使用的工艺装备等。

收集有关资料,如机床的技术参数、夹具零部件的国家标准、部颁标准、企业标准和厂订标准、典型夹具结构图册、夹具设计指导资料等。

2. 拟定夹具结构方案,绘制夹具草图

1)确定工件的定位方案,设计定位装置。
2)确定工件的夹紧方案,设计夹紧装置。
3)确定刀具的引导方式,选择或设计引导元件或对刀元件。
4)确定其他元件或装置的结构形式,如定位键、分度装置等。
5)确定夹具的总体结构及夹具在机床上的安装方式。对夹具的总体结构最好能拟订出几个不同的方案,画出草图,经过分析比较,选择最佳方案。

3. 绘制夹具总装配图

在绘制夹具总装配图时,应按照国家标准。绘制比例尽量采用1:1,主视图一般为操作者所看到夹具的位置。总装配图中的视图应尽量少,但应把夹具的工作原理、各种装置的结构及其相互关系表达清楚。

绘制总装配图的顺序如下。

1)选择操作者工作时看到的位置为主视图。
2)用双点画线将工件的外形轮廓、定位基面、夹紧表面以及加工表面画在各视图相应的位置上,待加工表面上的加工余量可用网纹线或粗实线表示。在夹具总装配图中,工件可看做透明体,不遮挡后面的线条。
3)依次画出定位、夹紧、导向元件或装置的具体结构,再画出夹具体,将各元件或装置连成一个整体。
4)在总装配图上标注尺寸(包括轮廓尺寸、联系尺寸、重要的配合尺寸等)、公差和技术要求。
5)绘制夹具零件图 夹具中的非标准零件都要绘制零件图,并按总装配图要求确定零件的尺寸、公差及技术条件。

5.5.3 夹具总装配图技术要求的制定

1. 夹具总装配图上应标注的尺寸和公差

1)夹具外形的最大轮廓尺寸包括长、宽、高。如果夹具有活动部分,则应用双点画线画出最大活动范围,标出活动部件与所处极限位置时的尺寸。
2)影响定位精度的尺寸,主要指定位元件之间、工件与定位元件之间的尺寸和公差。
3)影响对刀精度的尺寸和公差。主要指刀具与对刀元件或导向元件之间的尺寸及公差,如钻头与钻套内孔的配合尺寸及公差等。
4)影响夹具在机床上安装精度的尺寸和公差,主要是指夹具安装基面与机床相应配合表面之间的尺寸及公差。

5）影响夹具精度的尺寸和公差，指定位元件、对刀元件、安装基面三者之间的位置尺寸和公差。

6）其他装配尺寸和公差。主要指夹具内部各连接副的配合、各组成元件之间的位置关系等。如定位销（芯轴）与夹具体的配合，钻套与夹具体的配合等，设计时可查阅有关手册。

2. 夹具总装配图上公差值的确定

夹具上各元件的制造公差值的确定原则是：首先要保证工件的加工精度，其次要考虑夹具的制造工艺要求，在实际设计过程中一般按以下方式选取：

1）夹具上的尺寸和角度公差取工件位置公差的 $1/5 \sim 1/2$；

2）夹具上的位置公差取工件相应位置公差的 $1/3 \sim 1/2$；

3）当工件上的尺寸未标注公差时，取 ± 0.1 mm。

3. 夹具总装配图上应标注的技术要求

夹具总装配图上无法用符号标注而又必须说明的问题，可作为技术要求用文字写在总装配图的空白处。例如有些夹具要求配磨等。

综合训练

1. 夹具可分为哪几类？其作用有哪些？
2. 对定位元件应满足哪些基本要求？
3. 什么是定位误差？定位误差由哪几部分组成？
4. 夹紧机构由哪几部分组成？夹紧装置应满足哪些要求？
5. 夹紧力的作用点如何确定？方向如何确定？
6. 试分析比较可调支承、自位支承和辅助支承的作用和应用。
7. 如图 5-23 所示铣沟槽，需保证尺寸 b、L 和 h。b 由铣刀保证，根据加工精度要求，确定工件必须限制的自由度数目。

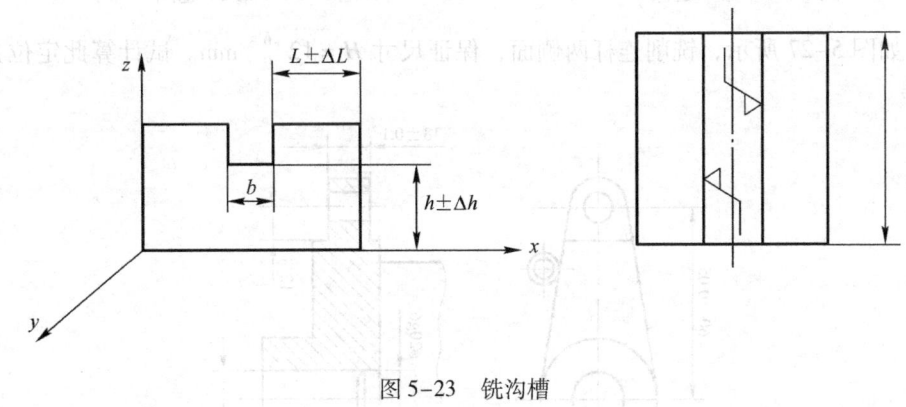

图 5-23 铣沟槽

8. 试分析图 5-24 所示工件需要限制的自由度、工序基准及定位基准的选择。

9. 按图 5-25 所示的定位方式，铣平面，要保证尺寸 A。已知：轴径 $d = \phi 16_{-0.11}^{\ 0}$ mm，$B = 10_{\ 0}^{+0.3}$ mm，$\alpha = 45°$。试求定位误差。

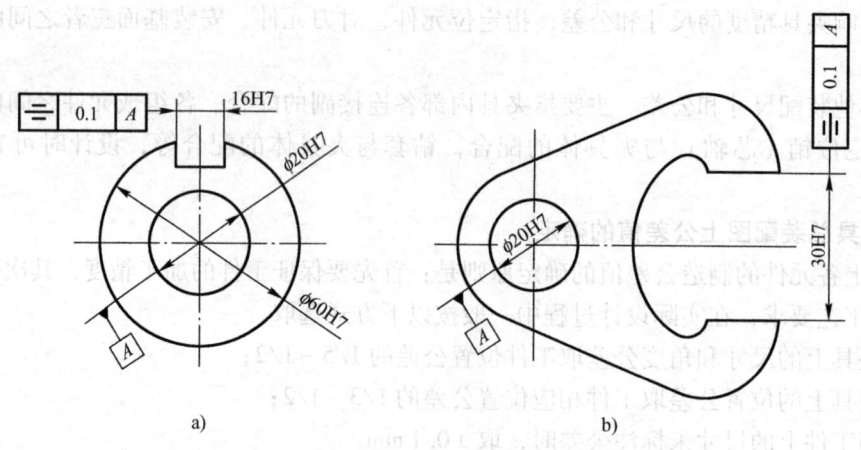

图 5-24 第 8 题图

10. 如图 5-26 所示。在 V 形块上定位加工键槽，要保证尺寸 $H = 38.5_{\ 0}^{+0.2}$ mm，已知：$d = \phi 80_{-0.1}^{\ \ 0}$ mm，$D = \phi 35_{\ 0}^{+0.025}$ mm。若不计内孔与外圆的同轴度误差的影响，试求此工序的定位误差。

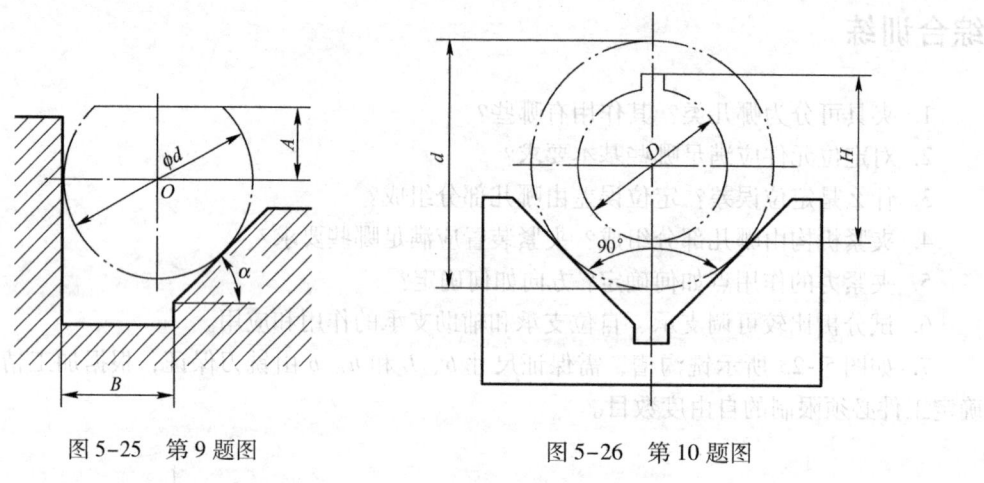

图 5-25 第 9 题图　　　　图 5-26 第 10 题图

11. 如图 5-27 所示，铣削连杆两侧面，保证尺寸 $H = 12_{\ 0}^{+0.3}$ mm。试计算此定位方案的定位误差。

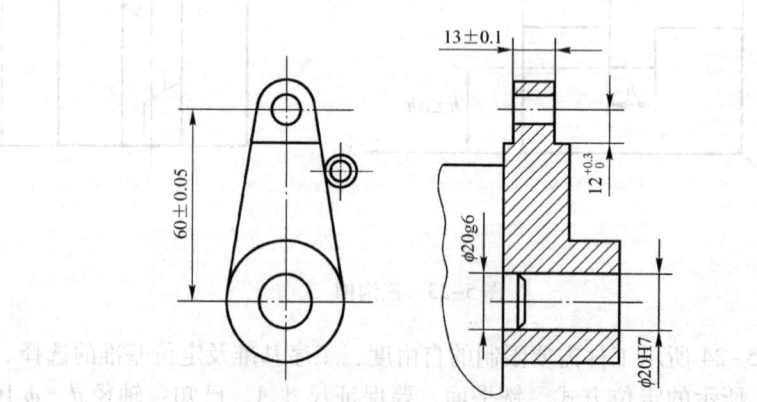

图 5-27 第 11 题图

模块四　机械加工质量分析与产品装配

第6章　机械加工质量分析

知识要点
1. 机械加工质量的主要内容。
2. 机械加工精度的分析方法。
3. 机械加工表面质量的分析方法。

学习要求
1. 能对简单零件进行加工质量分析。
2. 掌握提高加工精度的方法。
3. 熟悉提高零件表面质量的措施。

零件的加工质量由加工精度和表面质量两方面决定，而零件加工质量又决定了零件的机械性能与工作性能。因此，在机械加工中，保证零件的加工质量是保证零件的机械性能与工作性能的关键。本章将对机械加工过程中零件的质量问题进行探讨，找出各种因素对加工质量影响的规律，并能提出进一步提高加工质量的措施。

6.1　机械加工精度分析

6.1.1　机械加工精度

1. 加工质量

机械产品的质量与零件的加工质量和装配质量有着非常密切的关系，它直接影响产品的工作性能和使用寿命。而零件的加工质量是由加工精度和表面质量两方面所决定的。它包含以下内容。

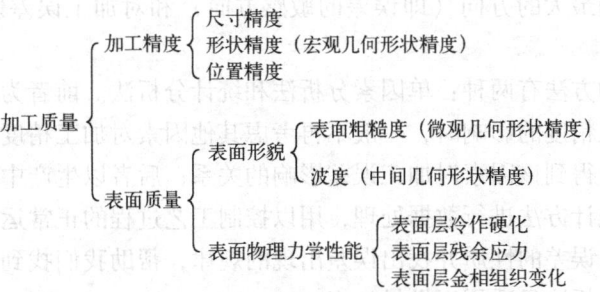

2. 加工误差与加工精度

加工后，零件的实际几何参数与理想几何参数的偏差程度即为加工误差。而机械加工精度是指零件加工后的实际几何参数（尺寸、形状及表面间的相互位置）与理想几何参数的符合程度。符合程度越高，则加工精度越高。加工误差越小，则加工精度越高；加工误差越大，则加工精度越低。加工精度的高低是通过加工误差的大小来表达的。因此，加工精度与加工误差是对一个问题从两个不同角度的评定。

从保证产品的使用性能分析，允许有一定的加工误差；从加工的角度分析，加工后实际几何参数与理想几何参数绝对符合也是不可能的，也允许有一定的加工误差，只要加工误差不超过图样规定的偏差，即为合格品。分析和研究加工误差产生的原因，掌握其变化规律，是保证和提高零件加工精度的主要措施。

3. 影响加工精度的因素

机械加工中，机床、夹具、刀具及工件组成一个统一体，称作工艺系统。零件加工的尺寸精度、几何形状及相互位置精度取决于工艺系统组成部分在切削运动中的相互位置关系。由于工艺系统中各种误差的存在，在任何一个加工过程中，因工件与刀具之间正确的几何关系被破坏而产生加工误差，这种由工艺系统各环节间及相对位置偏移产生的误差称为原始误差。在这些原始误差中，一部分与工艺系统的初始状态有关，另一部分与切削过程的物理因素变化有关。归纳如下。

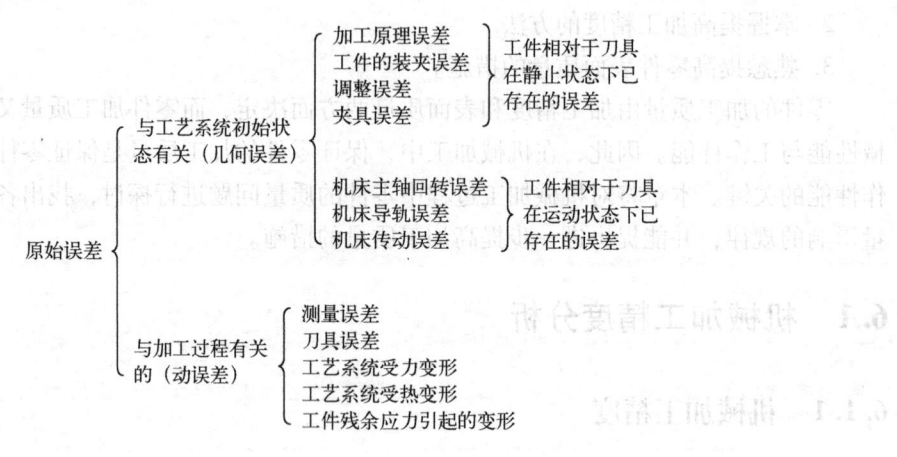

4. 加工误差的分析方法

在切削加工中，各种原始误差的大小和方向各不相同，对加工精度的影响也不相同，而加工误差则必须在工序尺寸方向上度量。因此，在分析原始误差对加工精度的影响时，应该找出对加工误差影响最大的方向（即误差的敏感方向）和对加工误差影响最小的方向（即误差的不敏感方向）。

研究加工精度的方法有两种：单因素分析法和统计分析法。前者为简化分析过程，研究某一确定因素对加工精度的影响时，一般不再考虑其他因素对加工精度的同时作用，通过分析计算、实验测试，得到该因素对加工误差影响的关系；后者以生产中一批工件的实测结果为基础，运用数理统计方法进行数据处理，用以控制工艺过程的正常运行。当发生质量问题时，可以从中判断出误差的性质并找出误差出现的规律，帮助我们找到解决有关的加工精度问题的方法。统计分析法只适用于批量生产。

在实际生产中，常常将这两种方法结合起来应用，一般先用统计分析法寻找误差的出现规律，初步判断产生加工误差的可能原因，然后运用单因素分析法进行分析、试验，以便快速、有效地找出影响加工精度的主要原因。

6.1.2 工艺系统的几何误差

1. 加工原理误差

因采用了近似的成形运动或近似的切削刃轮廓进行加工而产生的误差称为加工原理误差。例如常用齿轮的加工就有两种原理误差：一是切削刃轮廓的近似造形误差，即由于制造上的原因，采用了阿基米德蜗杆或法向直廓蜗杆代替标准渐开线蜗杆而产生的误差；另外就是由于滚刀齿数有限，实际加工中加工出的齿形是一条折线，和理论的光滑渐开线有差异。采用近似的成形运动或近似的切削刃轮廓加工，虽然会带来加工原理误差，但因可以简化机床或刀具的结构，往往会减小机床和刀具的误差，有时反而能得到较高的加工精度，并能提高生产率和经济性。因而，只要其误差不超过规定的精度要求（一般加工原理误差应小于工件公差的 10%~15%），在生产中仍得到广泛的应用。

2. 机床几何误差

在实际生产中，一般用一定精度的机床才能加工出一定精度的工件。机床的制造误差、安装误差、使用中的磨损等都会直接影响工件与刀具的相对位置关系，从而影响工件的加工精度。机床的几何误差主要指机床主轴回转误差、机床导轨导向误差和传动链传动误差。

（1）机床主轴回转误差

1）概念。

机床主轴是工件或刀具的安装基准和运动基准，其理想状态是主轴回转轴线的空间位置固定不变。但由于各种误差因素的影响，实际主轴回转轴线在每一瞬时的空间位置都是变化的。所谓主轴回转误差，就是主轴的实际回转轴线相对于平均回转轴线（实际回转轴线的对称中心线）的变动量。

主轴回转误差可分解为图 6-1 所示的 3 种基本形式。

① 轴向窜动：又称为轴向漂移。主轴瞬时回转轴线沿平均回转轴线方向的漂移运动，如图 6-1a 所示。

② 径向圆跳动：又称为径向漂移。主轴瞬时回转轴线始终作平行于平均回转轴线的径向漂移运动，如图 6-1b 所示。

③ 角度摆动：又称为角度漂移。主轴瞬时回转轴线与平均回转轴线成一倾斜角，其交点位置固定不变的漂移运动，如图 6-1c 所示。

应该指出：实际上的主轴回转误差是上述 3 种漂移运动的合成。

2）主轴回转误差产生的原因。

主轴回转误差产生的原因主要有主轴的制造误差、轴承的误差与轴承配合件的误差及配合间隙、主轴系统的径向不等刚度和热变形等。

3）主轴回转误差对加工精度的影响。

机床和加工内容的不同，主轴回转误差对加工精度的影响也不同，所产生的加工误差性质也不同，其影响比较复杂，尤其对于主轴回转误差所表现出来的随机性和综合性，更是难以从理论上加以阐述。表 6-1 中仅列出主轴回转误差的 3 种基本形式对车削和镗削加工的影响。

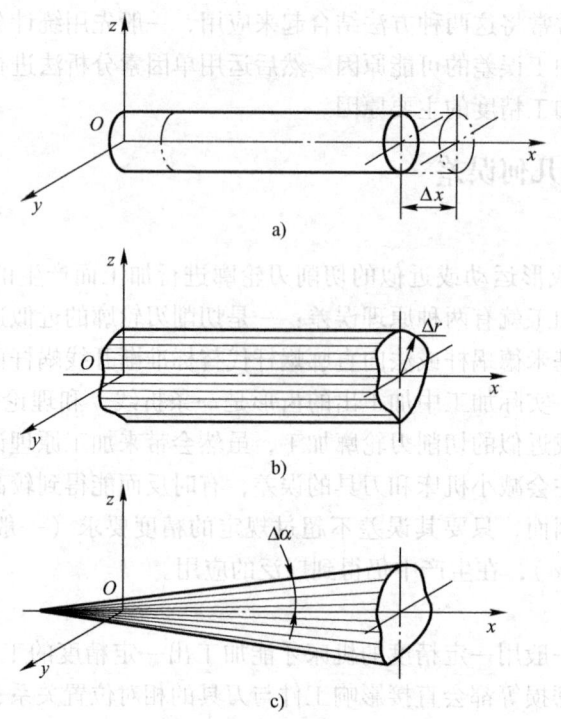

图 6-1 主轴回转误差的基本形式
a) 轴向窜动 b) 径向圆跳动 c) 角度摆动

表 6-1 主轴回转误差产生的加工误差

主轴回转误差的基本形式	车床车削			镗床镗削	
	内孔和外圆	端面	螺纹	内孔	端面
纯径向圆跳动	近似真圆（理论上为心脏线形）	无影响	—	椭圆孔（每转跳动一次时）	无影响
纯轴向窜动	无影响（对内外锥面有影响）	平面度、垂直度（端面凸轮形）	螺距误差	无影响	平面度、垂直度
纯角度摆动	近似圆柱（理论上为锥形）	影响极小		椭圆柱孔（每转摆一次时）	平面度（马鞍形）

4) 主轴回转精度的测量。

① 千分表测量法：将精密检验棒插入主轴锥孔，用指示表测量两处外圆表面和端面的跳动量，当所测量的主轴出现径向圆跳动时，可能既存在主轴回转误差所引起的跳动又存在主轴几何偏心所引起的跳动，但采用指示表测量不能反映主轴工作转速下的动态误差。

② 传感器测量法：因加工误差是在误差敏感方向上来测量的，故不同类型的机床测量方法也有所不同。对于车床、磨床类机床，应在与刀具位置相同、固定的方向测量；对于镗床、铣床类机床，由于工作中刀具是旋转的，则主轴回转误差必须在随主轴一起回转的误差敏感方向上测量。

5) 提高主轴回转精度的措施。

提高主轴部件的制造精度：如提高轴承的回转精度，提高箱体支承孔、主轴轴颈及与轴承相配合表面的加工精度；对滚动轴承进行预紧，适当预紧滚动轴承使其消除间隙，甚至产生微量过盈，使轴承滚道与滚动体的变形相互制约，既能提高轴承刚度，又均化了轴承内外圈滚道和滚动体的误差，使主轴回转精度提高，使主轴的回转误差不反映到工件上。如在外圆磨床上采用两固定顶尖支承，主轴只起传动作用，工件的回转精度完全由顶尖和顶尖孔的精度决定，而不依赖于主轴的回转精度。这是保证工件形状精度的最简单而又有效的方法。

(2) 机床导轨误差

机床导轨副是实现直线运动的主要部件，其制造误差、装配误差以及磨损是影响直线运动的主要因素。

1) 导轨误差的表现形式。

导轨误差包括：导轨在水平面内的直线度误差、导轨在垂直面内的直线度误差、前后导轨的平行度误差、导轨与主轴回转轴线的平行度误差。具体情况如图6-2所示。

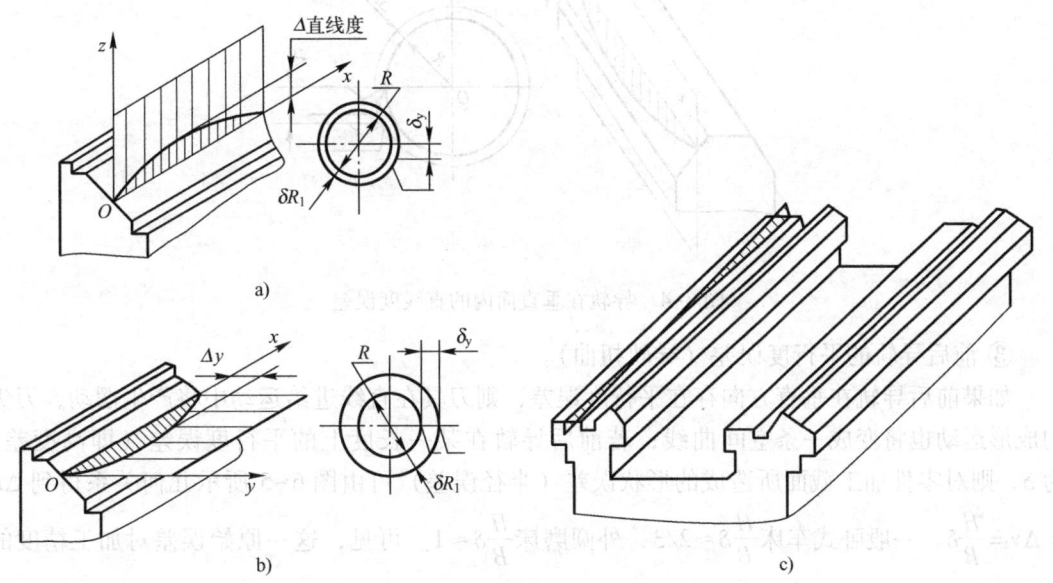

图6-2 机床导轨误差的表现形式

a) 垂直面内的直线度误差 b) 水平面内的直线度误差 c) 前后导轨的平行度误差

2) 导轨误差对加工精度的影响。

机床导轨误差对加工精度的影响应根据不同的机床类型以及制造与磨损所造成的变形情况进行具体分析。下面以外圆磨床及卧式车床为例进行讨论。

① 导轨在水平面内的直线度误差（弯曲）。

如图6-3所示，导轨误差处在误差敏感方向上，其误差将直接反映到工件上去，使刀尖的成形运动不呈直线，从而造成工件加工表面的轴向形状误差。导轨前凸时，工件产生鼓形；导轨后凸时，工件产生鞍形。

② 导轨在垂直面内的直线度误差（弯曲）。

如图6-4所示，刀具的成形运动不呈直线，但由于是处在误差非敏感方向上，所以，其直线度误差对工件半径的影响极小，可忽略不计。

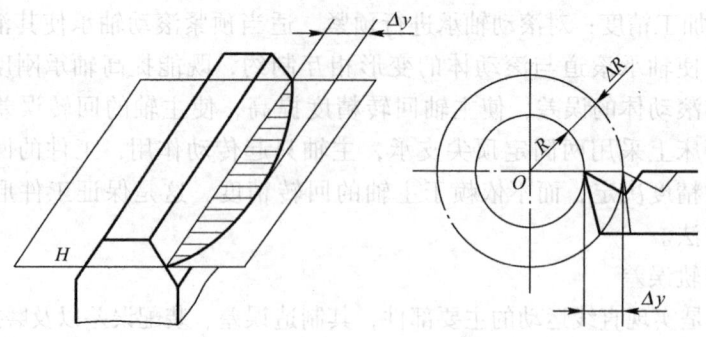

图 6-3 导轨在水平面内的直线度误差

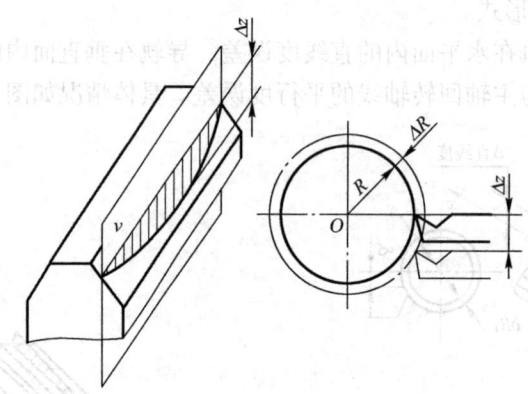

图 6-4 导轨在垂直面内的直线度误差

③ 前后导轨的平行度误差（导轨扭曲）。

如果前后导轨在垂直方向存在平行度误差，则刀具在直线进给运动中将产生摆动，刀尖的成形运动也将变成一条空间曲线；若前后导轨在某一长度上的平行度误差（即高度差）为 δ，则对零件加工截面所造成的形状误差（半径误差）可由图 6-5 所示几何关系得到 $\Delta R = \Delta y = \dfrac{H}{B}\delta$。一般卧式车床 $\dfrac{H}{B}\delta \approx 2/3$，外圆磨床 $\dfrac{H}{B}\delta \approx 1$。可见，这一原始误差对加工精度的影响很大，不可忽略。

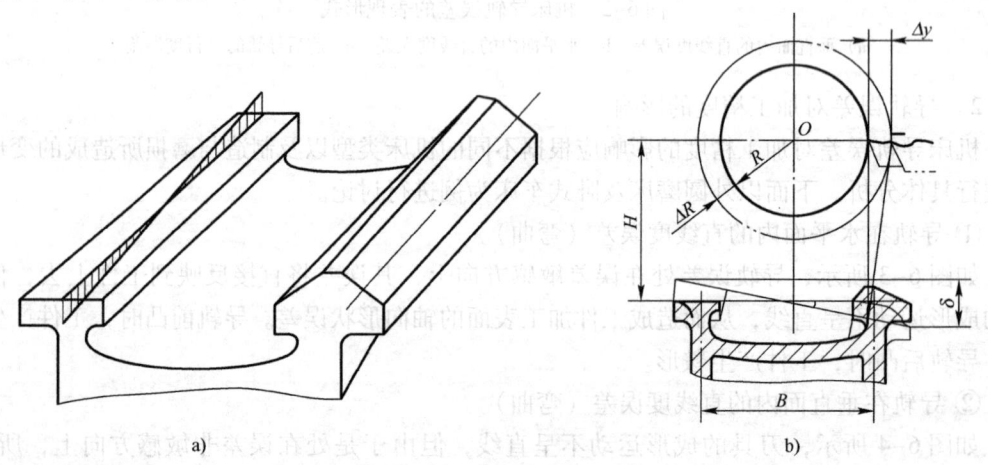

图 6-5 前后导轨的平行度误差

(3) 机床传动链传动误差

所谓传动链传动误差是指机床内联系的传动链中首末两端传动元件之间相对运动的误差。一般的加工中，机床传动链传动误差对工件质量影响不大，但在加工螺纹或用范成法加工齿轮等工件时，要求工件和刀具间必须有准确的传动关系。它是影响加工精度的主要因素。

传动链中各传动元件如齿轮、蜗杆、蜗轮等，因有制造误差（主要影响运动精度）、装配误差（主要是装配偏心）和磨损，就会破坏其正确的运动关系，使工件产生加工误差。

传动链传动误差一般可用传动链末端元件的转角误差来衡量。由于各传动件在传动链中所处的位置不同，它们对工件加工精度（即末端件的转角误差）的影响也不同。

(4) 其他几何误差

1) 刀具误差。

机械加工中常用的刀具有一般刀具、定尺寸刀具和成形刀具3类。

一般刀具（如普通车刀、单刃车刀、铣刀等）的制造误差对加工没有直接影响，可以不予考虑。

定尺寸刀具（如钻头、铰刀、拉刀、槽铣刀等）的尺寸误差直接影响工件的尺寸精度。刀具的安装使用不当将产生跳动，会影响工件的加工精度与表面的质量。另外，定尺寸刀具的磨损也会影响工件的加工精度。

成形刀具（如成形车刀、成形铣刀、齿轮刀具等）的制造误差和磨损，主要影响被加工表面的形状精度。

2) 夹具误差与磨损。

夹具的误差主要指：

① 定位元件、刀具导向元件、分度机构及夹具体等的制造误差；

② 夹具上各元件的工作表面间的相对尺寸误差；

③ 夹具在使用过程中工作表面的磨损。

夹具误差将直接影响工件加工表面的位置精度或尺寸精度，且对加工表面位置误差影响最大。夹具的磨损是逐渐而缓慢的，它对加工的影响并不明显。

3) 测量误差。

工件在加工过程中要用各种量具、量仪进行测量，而量具本身的制造误差、测量时的接触力、示值读识的正确程度、环境温度等，都会直接影响加工误差。因此，要正确选择和使用量具，以保证测量精度。

6.1.3 工艺系统的受力变形

在机械加工中，工艺系统在切削力、夹紧力、传动力、重力、惯性力以及内应力等内外力作用下都会产生弹性变形。当超过弹性极限时就会产生塑性变形，严重时还会引起系统振动，从而破坏已经调整好的工件与刀具间的相对位置，使工件产生加工误差。工艺系统的受力变形是机械加工精度中一项很重要的原始误差。它不仅严重影响着工件的加工精度，而且还影响着工件的表面质量，同时也限制了切削用量和生产率的提高。

1. 基本概念

(1) 工艺系统刚度

刚度的一般概念是：加到物体上的作用力 F 与沿此力作用方向上产生的位移（变形）y

的比值，即

$$K = \frac{F}{y} \tag{6-1}$$

工艺系统刚度定义为：垂直于工件加工表面的切削分力 F_p 与在此方向上刀具相对于工件的位移 y_{xt} 的比值。

$$K_{xt} = \frac{F_p}{y_{xt}} \tag{6-2}$$

工艺系统在受力情况下，某一点处加工表面法向（误差敏感方向）的总变形应是各组成环节在同一处法向变形量的迭加。

$$y_{xt} = y_{jc} + y_{jj} + y_{dj} + y_{gj} \tag{6-3}$$

若各环节受力相同均为 F_p，则

$$K_{xt} = \frac{F_p}{y_{xt}}, \quad K_{jc} = \frac{F_p}{y_{jc}}, \quad K_{jj} = \frac{F_p}{y_{jj}}, \quad K_{dj} = \frac{F_p}{y_{dj}}, \quad K_{gj} = \frac{F_p}{y_{gj}}$$

则工艺系统刚度的表达式为

$$K_{xt} = \frac{1}{\frac{1}{K_{jc}} + \frac{1}{K_{jj}} + \frac{1}{K_{dj}} + \frac{1}{K_{gj}}} \tag{6-4}$$

此式表达了工艺系统中局部刚度与整体刚度之间的数量关系。它表明整个系统的刚度比各组成环节中刚度最小的那个环节的刚度还要小。必须注意的是，上式是在系统中各组成环节的受力都相等的条件下得到的，实际上，各环节受力不一定相等，因而变形也不一定相同。

工艺系统的刚度就是指系统受外力作用时抵抗变形的能力。工艺系统抵抗变形的能力越强，则零件的加工精度就越高。

此外，还需要强调以下两点。

1）工艺系统是由多个零部件组成的一个复杂系统，除了零部件本身的变形之外，零件之间的间隙、零件接触面的形状误差都有可能使零部件在受外力时产生移动或转动，显然这不完全是变形问题，应不属于刚度讨论的范畴，但就效果而言，同样都是导致工件与刀具之间相对位置的变化。从广义上说，工艺系统的刚度是指系统抵抗外力保持原有位置不变的能力，即从"系统的位移"这个角度来理解工艺系统的刚度。

2）工艺系统的受力往往比较复杂，可能一个方向的外力同时产生几个方向的位移或者一个方向的位移同时由几个方向上的外力所引起，这就是位移的复合性。而我们主要研究的是工艺系统在误差敏感方向上的位移。

（2）静刚度与动刚度

上面所说的刚度是当工艺系统处于静态时得到的，所以，K_{xt} 也称为静刚度 K_j，其倒数称为静柔度 C_j。

$$K_j = \frac{1}{C_j} \tag{6-5}$$

工艺系统在交变载荷作用下将产生振动，其振幅（变形）大小，不仅与激振力有关，而且还与激振频率有关。这与稳定加工状态时的受力变形有着原则区别。把某个激振频率下产生的单位振幅所需的激振力幅值称为该频率下系统的动刚度 K_d，其倒数称为动柔度 C_d。

$$K_d = \frac{1}{C_d} \quad (6-6)$$

(3) 负刚度

当力 F_c 引起的 y 方向位移量 y_{F_c} 超出 F_p 引起的 y 方向位移量 y_{F_p} 时，总的位移与 y 方向相反而呈负值，则此时刀架处于负刚度状态。负刚度会使刀尖扎入工件表面（俗称扎刀或啃刀），还会促使系统产生振动。

(4) 接触刚度

工艺系统是由多个零件组成的，接触表面间存在许多表面缺陷。在外力作用下，这些接触点产生较大的接触应力，发生较大的接触变形，互相接触两表面抵抗接触变形的能力称为接触刚度。影响接触刚度的因素有：表面的几何形状与表面粗糙度，材料及其硬度等。

2. 工艺系统受力变形对加工精度的影响

(1) 切削力引起的变形对加工精度的影响

1) 切削力大小变化引起的加工误差。

加工时，工件每转一转，背吃刀量 a_p 在 a_{p1} 与 a_{p2} 之间变化。引起切削分力随着 a_p 变化而变化，工艺系统也将产生相应的变形，即刀尖相对于工件的位移由 y_1 变化到 y_2，工件产生圆度误差。由于被加工表面的几何误差及材料硬度的不均匀，引起工艺系统变形及切削力变化，加工后的工件具有与毛坯相应的形状误

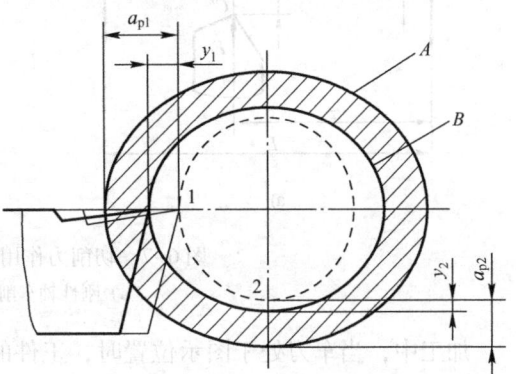

图 6-6 毛坯误差的复映

差，如图 6-6 所示，这个规律称为误差复映。由于误差复映引起的加工误差，当一次进给不能满足加工精度要求时，可采用多次进给，减少或消除误差复映对加工精度的影响。

2) 切削力作用点位置变化引起的加工误差。

① 加工刚性轴。

如图 6-7a 所示，当加工中车刀处于图示位置时，在切削分力 F_p 的作用下，头架由 A 点位移到 A' 点，尾座由 B 点位移到 B' 点，刀架由 C 点位移到 C' 点，它们的位移量分别用 y_{tj}、y_{wz} 及 y_{dj} 表示。同时工件轴线 AB 位移到 $A'B'$。在刀具切削点处，工件轴线位移量 $y_z = y_{tj} + \Delta_z$。即 $y_z = y_{tj} + (y_{wz} - y_{tj})z/L$。

F_A、F_B 为 F_p 所引起的头架、尾座处的作用力，则

$$y_{tj} = \frac{F_A}{k_{tj}} = \frac{F_p}{k_{tj}}\left(\frac{L-z}{L}\right); \quad y_{wz} = \frac{F_B}{k_{wz}} = \frac{F_p}{k_{wz}}\frac{z}{L}$$

由以上各式求得

$$y_z = \frac{F_p}{k_{tj}}\left(\frac{L-z}{L}\right)^2 + \frac{F_p}{k_{wz}}\left(\frac{z}{L}\right)^2$$

工艺系统的总位移量为：

$$y_{xt} = y_z + F_p = F_p\left[\frac{1}{k_{dj}} + \frac{1}{k_{tj}}\left(\frac{L-z}{L}\right)^2 + \frac{1}{k_{wz}}\left(\frac{z}{L}\right)^2\right]$$

在车削加工短而粗的光轴时，工件的刚度较高，工艺系统的总变形位移取决于头架、尾座和刀架的位移。机床受力变形后使加工出的工件呈中间细、两端粗的鞍形。

② 加工细长轴。

如图6-7b所示为在车床上加工细长轴。由于工件细而长，刚度小，在切削力的作用下，其变形大大超过机床、夹具和刀具的变形量。因此，机床、夹具和刀具的受力变形可以忽略不计，工艺系统的变形完全取决于工件的变形。

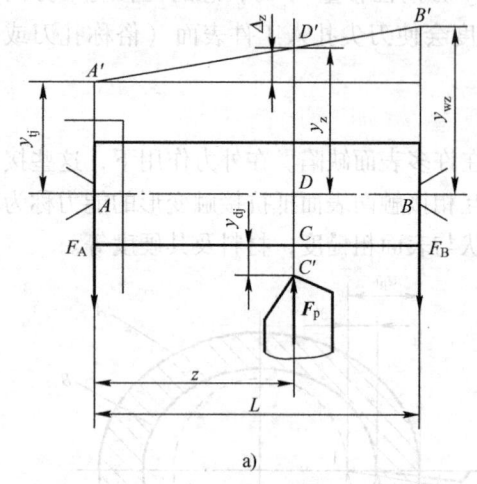
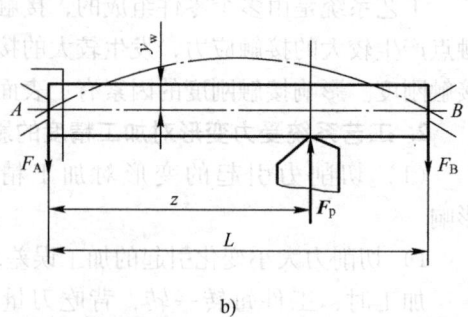

图6-7　切削力作用点变化引起的加工误差
a）刚性轴车削　b）细长轴车削

加工中，当车刀处于图示位置时，工件的轴心线产生变形。根据材料力学的计算公式，其切削点的变形量为：$y_w = \dfrac{F_p}{3EI} \dfrac{(L-z)^2 z^2}{L}$。

由于工件刚度较低，工艺系统的变形位移取决于工件的变形，加工中工件轴线产生弯曲变形，加工后工件呈鼓形。

（2）其他力引起的加工误差

1）夹紧力引起的加工误差。

工件在装夹时，由于刚度较低或夹紧力着力点不当，都会引起工件的变形，造成加工误差，如图6-8所示。

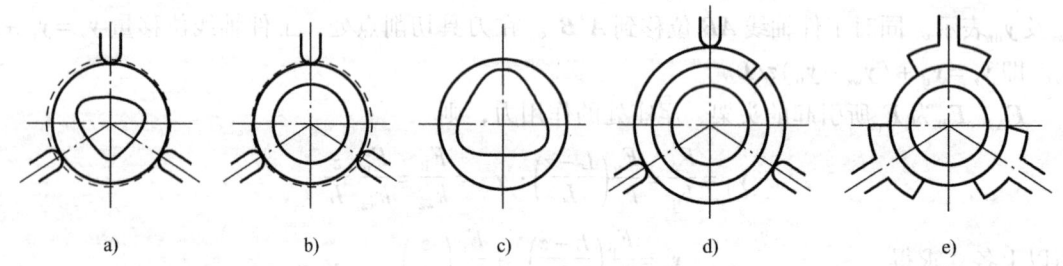

图6-8　夹紧力引起的加工误差
a）夹紧后　b）镗孔后　c）松开后　d）加过渡环后　e）用专用卡爪

2）重力引起的加工误差。

工艺系统中有关零部件自身的重力也会引起相应变形，如龙门铣床横梁的变形、摇臂钻床的摇臂的变形、镗床镗杆的下垂变形等，都会造成加工误差。

3) 惯性力引起的加工误差。

高速切削时，工艺系统中高速旋转的不均衡的零部件（包括刀具、夹具及工件）将产生离心力，离心力在工件的每一转中不断变更方向，引起 F_p 的大小发生变化，使工艺系统的受力也随之变化而产生加工误差。

另外，内应力、传动力等引起的变形，也会使加工的工件产生一定的形状误差和尺寸误差。

3. 减小工艺系统受力变形的措施

减小工艺系统受力变形是保证零件加工精度与提高生产率的有效途径之一。在实际生产中，一般采取以下几方面措施。

（1）提高接触刚度

减少表面粗糙度及平面度、直线度误差，改善主要零件接触表面的配合质量。

（2）提高刀具与工件的刚度

可采用增加辅助支承，减少悬伸量，增加刀杆直径等措施。

（3）提高机床部件的刚度

切削加工中，有时由于机床部件刚度低而产生变形和振动，影响加工精度，提高机床部件刚度的方法通常是采用一些辅助装置（如加强杆、导向支承套等）来提高部件的刚度。

（4）合理装夹工件，减少变形

在工件的装夹时，选择合理的装夹位置和加工方式，尽量减少弯曲力矩，可显著提高工艺系统的刚度，减少变形，提高加工精度。

（5）采用补偿或转移变形的方法

如在龙门铣床横梁上增加附加梁；把摇臂钻床主轴导轨做成反向弯曲面等。

6.1.4 工艺系统的受热变形

机械加工过程中，工艺系统会受到各种热的影响而产生变形，这种变形称为热变形。它将破坏工件与刀具正确的几何关系和运动关系，造成工件的加工误差。统计分析表明，在精密加工和大件加工中，热变形所引起的加工误差约占工件加工总误差的 40%～70%。所以，研究工艺系统热变形是关系到如何提高工件加工精度的重要课题。

工艺系统热变形不但影响加工精度，还影响加工效率。为减小热变形对加工精度的影响，通常需要花费很多时间预热机床以获取热平衡；或降低切削用量以减少切削热与摩擦热；或将粗、精加工分阶段进行；若局部（如主轴轴承、液压系统等）急剧温升，则不得不停车等待其降温。所有这些都将使生产率降低。特别是高效率、高精度、自动化加工技术的发展，使工艺系统热变形问题变得更为突出。

1. 影响热变形的因素

工艺系统是一个复杂系统，其热变形是非常复杂的。影响其热变形的因素很多，但大致可以概括为内部热源和外部热源两大类。

（1）内部热源

内部热源包括切削热和摩擦热。切削热是切削过程中切削层金属的弹性变形、塑性变形以及刀具与工件、切屑间的摩擦所产生的，是切削过程中最主要的热源。切削热由切屑、工件、刀具、夹具、机床及周围介质传出。各部分传出的热量与切削条件及各部分材料的导热性能有关。通常在车削加工中，切屑带走的热量可达50%~80%（且切削速度越高，切屑带走的热量占总切削热的百分比就越大），传给工件的热量约为30%，传给刀具的热量约为10%；在钻、镗孔时，由于大量切屑滞留在孔中，散热条件不好，传给工件的热量要高很多，一般超过50%；磨削加工时，因磨屑很小，带走的热量很少，有约84%的热量传给工件，使工件加工表面温度达800~1000℃，既影响工件的加工精度，又影响工件的表面质量（氧化、脱碳或烧伤）。摩擦热主要是机床传动系统（包括液压传动系统）中运动部件产生的，如电动机、轴承、齿轮、丝杠副、导轨副、液压泵、液压阀等各运动部分产生的热量。摩擦热在工艺系统中往往是局部发热，会引起局部温度升高和变形，破坏系统原有的几何精度。所以，摩擦热是机床热变形的主要热源。

(2) 外部热源

工艺系统的外部热源，主要是环境温度变化和热辐射对机床热变形的影响，这一般对大型精密工件的加工有较大影响。

工艺系统在各种热源作用下，温度会逐渐升高，与此同时，它们也通过各种传热方式向周围发散。当单位时间内传入系统的热量与散发出去的热量相等，温度不再升高，这时工艺系统就达到了热平衡状态。在这种状态下，工艺系统各部分的温度就保持在一个相对固定的数值上，因而各部分的热变形也就相应地趋于稳定。

由于作用于工艺系统各组成部分的热源的发热量及位置不同，作用时间也不相同，而工艺系统各部分的热容量与散热条件也不一样。因此，系统的各部分的温升是不相同的。即使是同一物体处于不同的空间位置上的各点，在不同时间其温度也是不相同的。物体中各点温度的分布称为温度场。当物体未达到热平衡时，各点温度不仅是坐标位置的函数，也是时间的函数，这种温度场称为不稳态温度场。当物体达到热平衡后，各点温度将不再随时间而变化，而是其坐标位置的函数，这种温度场称为稳定温度场。处于稳定温度场时引起的加工误差是有规律的，有利于保证工件的加工精度。因此，热平衡问题是提高加工精度所必须关注的一个重要问题。

2. 工艺系统热变形对加工精度的影响

(1) 机床热变形对加工精度的影响

由于在热平衡之前，机床几何精度变化不定，对加工精度的影响毫无规律，因此，各种精密加工都必须在机床热平衡之后才能进行。所以，机床空运转达到热平衡所用的时间以及在这段时间中所能达到的动态几何精度就成了衡量精密加工机床质量的一个重要指标。一般车床、磨床的热平衡时间为4~6h，中小型机床的热平衡时间为1~2h，大型、精密机床的热平衡时间有的甚至达到50h。

车、铣、钻、镗等机床的主要热源是主轴箱轴承的摩擦热及主轴箱中油池的发热，使主轴箱及与其相连的床身温度升高。热变形使主轴轴线上翘、抬高，同时还发生水平偏移。若变形发生在误差不敏感方向，则影响不大，反之，则对加工精度有较大的影响。

龙门刨、牛头刨、导轨磨等机床的主要热源是导轨副的摩擦热。这类机床导轨长，地温与室温的温差也会导致床身导轨产生较大的变形，而且一般夏季中凸，冬季中凹。

(2) 工件热变形对加工精度的影响

工件主要受切削热影响而产生变形，对大型工件或精密工件，外部热源也不可忽视。由于不同的加工方法、不同的工件材料、结构和尺寸，工件的受热变形也不相同。

1) 工件均匀受热。

在加工盘类零件和较短的轴套类零件时,由于加工行程较短,沿工件轴向温升基本相同,加工出的工件只产生径向尺寸误差而不产生形状误差。

2) 工件不均匀受热。

对于较长轴类工件的加工,开始进给时,工件温度较低,变形较小。随加工的进行,工件温度逐渐升高,直径不断变大,工件被切去的厚度也越来越大,冷却后不仅产生径向尺寸误差,而且产生圆柱度误差。

当工件进行铣、刨、磨等平面加工时,工件单侧受热,上、下表面温升不一致,从而导致工件向上凸起,中间切去的材料较多,冷却后被加工表面呈中凹的形状误差,如图6-9所示。

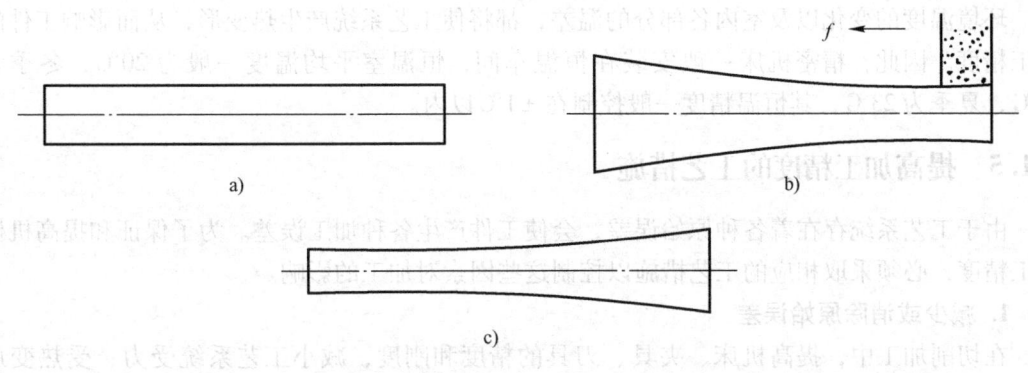

图6-9 工件热变形引起的加工误差
a) 加工前 b) 加工中 c) 加工后

(3) 刀具热变形对加工精度的影响

刀具的热变形主要由切削热引起。加工时,虽然切削热大部分由切屑带走,传给刀具的热量并不多,但由于刀具的体积较小,热容量也小,所以温升较高,刀具受热的伸长量相对较大,加工时,使工件产生一定的形状误差。热平衡后的刀具热变形对工件加工精度的影响不明显。

3. 减少工艺系统热变形的主要措施

(1) 减少热源的发热及其影响

切削中,内部热源是工艺系统变形的主要原因,为减小工艺系统热变形,应减少热源发热。为减少切削热,应合理选择切削用量和刀具几何参数,充分冷却。为减小机床热变形,应尽可能分离热源。对于不能分离的热源,如主轴轴承、丝杠副、高速运动的导轨副等,则从结构和润滑等方面改善其摩擦特性、减少发热。

(2) 加强散热能力

对发热量大的热源,如果既不能从机床内部移出,又不便隔热,为消除或减小内部热源的影响,可采用强制冷却的办法,如风冷、水冷等,以抑制机床的温升和热变形。

(3) 均衡温度场

单纯采用减小温升不能收到满意的效果时,可采用热补偿法来均衡机床的温度场。使机床产生均匀的热变形,达到减小对加工影响的目的。采用这些措施后,加工误差可降低为原来的1/4~1/3。

(4) 采用合理的机床部件结构

第一：采用热对称结构，在变速箱中，将轴、轴承、传动齿轮尽量对称布置，可使箱壁温升均匀，箱体变形减小；第二：合理选择机床部件的装配基准，使热变形尽可能不在误差的敏感方向。

(5) 加速达到并保持热平衡状态

工艺系统达到热平衡状态后，热变形趋于稳定，易于保证加工精度。因此，对于精密机床，特别是大型机床，应尽快使它达到热平衡状态。为了缩短这个时间，可在加工前高速空运转，或在机床的运转部位设置控制热源，人为地给机床加热。当机床达到热平衡状态后，为保持其热平衡，加工时应尽量避免中途停车。

(6) 控制环境温度

环境温度的变化以及室内各部分的温差，都将使工艺系统产生热变形，从而影响工件的加工精度。因此，精密机床一般安装在恒温车间，恒温室平均温度一般为20℃，冬季为17℃，夏季为23℃，其恒温精度一般控制在±1℃以内。

6.1.5 提高加工精度的工艺措施

由于工艺系统存在着各种原始误差，会使工件产生各种加工误差。为了保证和提高机械加工精度，必须采取相应的工艺措施以控制这些因素对加工的影响。

1. 减少或消除原始误差

在切削加工中，提高机床、夹具、刀具的精度和刚度，减小工艺系统受力、受热变形等，都可以直接减小原始误差。为有效地提高加工精度，首先要查明影响加工精度的主要原始误差，再根据该项误差及加工的具体情况采取相应的措施。如对刚度差的细长轴类工件的加工，容易产生弯曲变形和振动，为减小其受力弯曲而产生的加工误差，可采取下列措施：尾座顶尖用弹性顶尖，减少因进给力和热应力使工件被压弯；采用反向进给方式，工件在力 F 作用下，能向右伸长；使用跟刀架增加工件刚度；采用较大主偏角的车刀及较大的进给量，增大进给力 F_f，以抑制振动，使切削平稳，如图6-10所示。

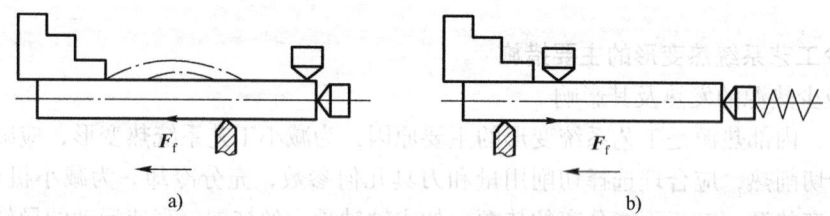

图6-10 不同进给方向车削细长轴的比较

再比如，对于精密工件的加工，应选用与工件精度相一致的机床进行加工，并提高工艺系统刚度及采用办法控制热变形。采用"就地加工法"，将机床要保证的精度所关联的零件按经济精度制造，在部件或机床装配完成后，再以一个表面为基准对自身的某些部位进行最终的精密加工，以提高刀具与工件安装部件的相互位置精度。例如牛头刨床总装配完成后，在刨床上用自身刨刀直接对工作台进行刨削，以保证工作台面与主运动方向的平行度。此方法既简单又能够直接减少原始误差。

2. 转移原始误差

转移原始误差就是将原始误差从误差的敏感方向转移到误差的非敏感方向上，这样在未减少原始误差的条件下，可以获得较高的加工精度。例如转塔车床转塔刀架的回转方向为水平位置（如图6-11a所示），切削外圆时，刀架的转位误差也在水平面内，即误差的敏感方向上，所以易引起加工误差；若将刀具切削部分置于垂直平面内（如图6-11b所示），则刀架回转方向位于工件加工表面的切向上，即刀架的转位误差转移到了误差的不敏感方向上，减小了由转位误差引起的加工误差。

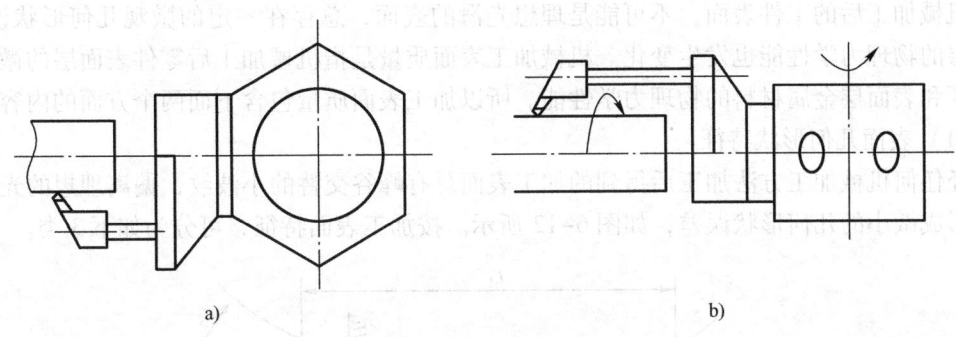

图6-11 转塔车床转塔刀架转位误差的转移

再比如，在批量生产中，用镗模加工箱体孔系，将主轴与镗刀杆浮动连接，这样锥孔的精度不受机床误差的影响，而由镗模来保证。原因是镗模结构远比机床简单，精度容易提高。

3. 补偿或抵消原始误差

补偿或抵消原始误差是人为地造成一种新的原始误差，用于抵消加工过程中原有的原始误差，从而达到减小加工误差，提高加工精度的目的。例如，在精密螺纹加工中，机床传动链误差将直接反映到工件螺距上，从而使加工精度降低。若采用提高零件精度和传动链传动精度的方法来满足加工精度要求，不仅成本高，效果也不理想，实际生产中常采用螺距校正装置来消除传动链误差，保证被加工工件螺距的加工精度。

误差补偿是一种经济而有效的方法，结合现代计算机技术，能够达到很好的效果，在实际生产中得到了广泛运用。

6.2 机械加工表面质量分析

提高零件的加工质量，不仅仅要提高加工精度，还应提高机器零件的耐磨性、疲劳强度、抗蚀性、密封性、接触刚度等性能。而机器的性能主要取决于零件的表面质量。机械加工表面质量与机械加工精度一样，是机械零件加工质量的一个重要指标，是以机械零件的加工表面和表面层作为分析和研究对象的。经过机械加工的零件表面总是存在一定程度的微观不平、冷作硬化、残余应力及金相组织的变化，虽然只产生在很薄的表面层，但对零件的使用性能的影响是很大的。

6.2.1 机械加工表面质量

机械零件的破坏，一般总是从表面层开始的。产品的性能，尤其是它的可靠性和耐久性，在很大程度上取决于零件表面层的质量。研究机械加工表面质量的目的就是为了掌握机械加工中各种工艺因素对加工表面质量影响的规律，以便运用这些规律来控制加工过程，最终达到改善表面质量、提高产品使用性能的目的。

1. 表面质量的含义

机械加工后的工件表面，不可能是理想光滑的表面，总存在一定的微观几何形状误差，表面层的物理力学性能也发生变化。机械加工表面质量是指机械加工后零件表面层的微观几何特征和表面层金属材料的物理力学性能。所以加工表面质量包含下面两个方面的内容。

(1) 表面几何形状特征

经任何机械加工方法加工后得到的加工表面总有峰谷交替的小波纹，偏离理想的光滑表面而形成微小的几何形状误差，如图 6-12 所示。按加工表面特征，可分为如下 3 类。

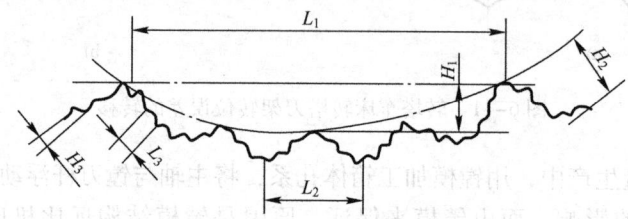

图 6-12　表面粗糙度与表面波度

1) 表面粗糙度：是指加工表面的微观形状误差。加工表面的微观不平的波长 L 与波高 H 的比值 $L_3/H_3 < 50$。

2) 表面波度：是指加工表面微观不平的波长 L 与波高 H 之比 L_2/H_2 在 50~1000 之间的周期性形状误差。

3) 宏观几何形状误差：当 $L_1/H_2 > 1000$ 时称为宏观几何形状误差，如圆度、圆柱度误差等。

(2) 表面层的物理力学性能

加工过程中，由于挤压力、摩擦力及切削热的作用，还会使工件表层的物理、力学性能发生变化；在某些情况下还有可能产生化学性质的变化，主要体现在以下几个方面。

1) 表面层加工硬化（冷作硬化）：加工后表面层强度、硬度提高的现象。

2) 表面层金相组织改变：加工后表面层的金相组织发生改变，不同于基体组织。

3) 表面层产生的残余应力：加工后残存在工件表面层与基体间的应力。

2. 表面质量对零件使用性的影响

(1) 表面质量对零件耐磨性的影响

1) 表面粗糙度的影响。

由于零件表面存在微观几何形状误差，当两个零件表面相互接触并相对运动时，只能是两轮廓的峰点接触，其实际接触面积比理论接触面积要小很多，这样接触点处将产生很大的压强，破坏两表面间的润滑状态，使零件表面初期的磨损加剧，磨损量加大。表面越粗糙，接触点越少、磨损量越大。但要注意这并不意味着表面粗糙度越小,其耐磨性就越好。如果摩擦表面表面粗糙度太小,由于表面间的分子吸引力增加而产生黏结,并会挤出表面间的润滑油而形成干摩擦,同样会使摩擦系数和磨损量增大。因此,在一定的工作条件下,一对摩擦表面的表面粗糙度通常存在一个最佳值。根据实验分析,表面粗糙度的最佳值 Ra 约为 $0.32~1.25~\mu m$。

2)表面硬化的影响。

零件加工表面的加工硬化,使两接触表面间的弹性与塑性变形减小,提高硬度能提高耐磨性。但过度的加工硬化,会引起零件表层金属组织疏松,甚至出现裂纹剥落,从而加速零件的磨损。

3)金相组织变化的影响。

在磨削时,由于切削温度的影响会使加工表面金属金相组织发生改变,从而使表面层硬度下降,耐磨性降低。

(2) 表面质量对零件疲劳强度的影响

1)表面粗糙度的影响。

表面粗糙度越大,微观轮廓凹谷的夹角和曲率半径一般就越小,在交变应力作用下,就越容易引起应力集中,产生疲劳裂纹,引起疲劳破坏。表面粗糙度越小,表面缺陷越少,零件的疲劳强度越好。不同材料对应力集中的敏感程度不同,越是优质材料,表面粗糙度对疲劳强度的影响越大。因此,对重要的零件应进行光整加工,减小表面粗糙度,提高疲劳强度。

2)加工硬化的影响。

零件表面的硬化层,能阻止疲劳裂纹的生长和扩大,有助于提高疲劳强度。但加工硬化程度也不能过大,否则反而更易产生裂纹。

3)残余应力的影响。

表面残余应力对零件疲劳强度的影响较大。表面层具有拉伸残余应力时,将使疲劳裂纹扩张,降低疲劳强度。表面层具有压缩残余应力时,能抵消部分工作载荷引起的拉伸作用,能延缓疲劳裂纹的产生、扩张,而使零件疲劳强度提高。生产中常用滚压加工,喷丸处理等方法来强化零件表面。

(3) 表面质量对配合精度的影响

相互配合的零件间的配合关系是用间隙值或过盈量来表示的。对于间隙配合,若表面粗糙度过大,则初期磨损量较大,从而增大配合间隙,改变配合性质,降低配合精度。对于过盈配合,若表面粗糙度过大,则两配合表面的凸峰容易被挤平,从而减小配合的实际过盈量,降低配件表面的结合强度。如图 6-13 所示。

表面残余应力会引起零件变形,改变零件形状与尺寸,所以对配合性质也有一定的影响。

(4) 表面质量对零件耐腐蚀性的影响

1)表面粗糙度的影响。

表面粗糙度对零件的耐腐蚀性能有较大影响。表面粗糙度越大,其表面上的凹谷越深,与气体、液体接触的面积就越大,越容易沉积腐蚀性介质,从而产生化学和电化学腐蚀,导致零件的耐腐蚀性变差。

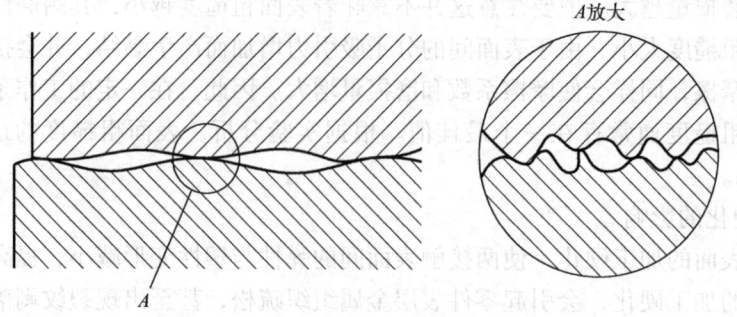

图6-13 表面质量对配合精度的影响

2）表面层残余应力的影响。

零件在应力状态下工作时，会产生应力腐蚀。零件表面有残余应力时，一般都会降低零件的耐腐蚀性能。

6.2.2 影响加工表面表面粗糙度的工艺因素及其控制措施

机械加工中，表面粗糙度形成的原因大致可归纳为两个因素：一是切削刃（或砂轮）与工件相对运动轨迹所形成的表面粗糙度——几何因素。如切削残留面积大小、磨削网痕的密度大小等；二是与工件材料性质及切削（或磨削）机理有关的因素——物理因素，如切削（或磨削）加工中的力和热的作用，以及高频振动造成的表面粗糙度。

1. 切削加工影响表面粗糙度的因素及控制措施

（1）切削加工表面粗糙度的形成

1）几何因素。

在理想切削条件下，由于切削刃的形状和进给量的影响，在加工表面上遗留下来的切削层残留面积就形成了理论表面粗糙度，如图6-14所示。由图中几何关系可得：

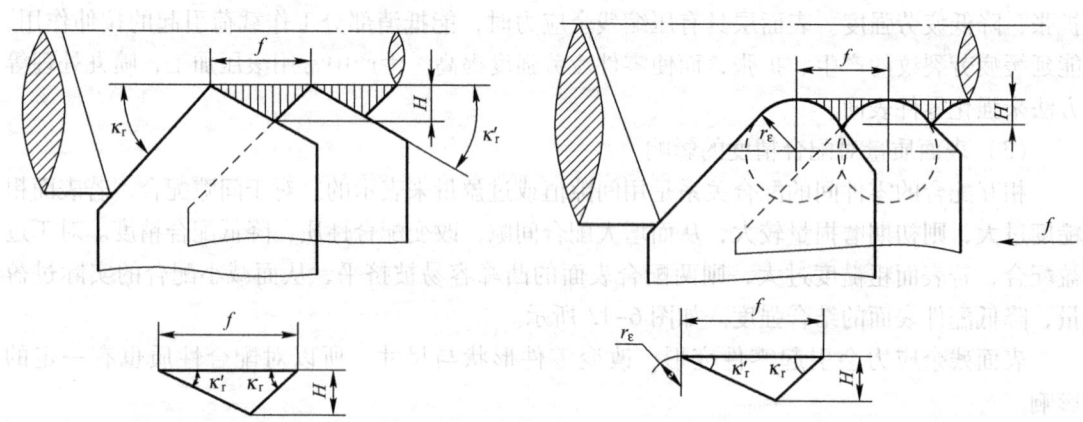

图6-14 切削层残留面积

当车刀刀尖半径为零时：$H = R_{max} = f/(\cot\kappa_r + \cot\kappa_r')$；

当车刀刀尖半径为r_ε时：$H = R_{max} \approx f^2/8r_\varepsilon$。

由以上两式能看出，进给量f，刀具主偏角κ_r、副偏角κ_r'，刀尖圆弧半径r_ε越小，则切削层残留面积越大,表面就越粗糙。

2) 物理因素。

① 切削过程中由于刀具的刃口圆角及后刀面的挤压与摩擦使金属材料发生塑性变形,从而使理论残留面积被挤歪或沟纹加深,促使表面粗糙度恶化。

② 在以较低切削速度加工弹塑性材料(如低碳钢、不锈钢、铝合金等)时,常容易出现积屑瘤和鳞刺,再加上切屑分离时的挤压变形和撕裂作用,使表面粗糙度更加恶化。

(2) 影响切削加工表面粗糙度的主要因素及控制措施

1) 刀具几何形状。

刀具相对于工件做进给运动时,在加工表面留下了切削层残留面积,其形状是刀具几何形状的复映。减小进给量、主偏角、副偏角以及增大刀尖圆弧半径,均可减小残留面积。

此外,适当增大刀具的前角以减小切削时的塑性变形程度,合理选择润滑液和提高刀具的刃磨质量,可以减小切削时的塑性变形和抑制积屑瘤、鳞刺的生成,也是减小表面粗糙度的有效措施。

2) 工件材料。

加工弹塑性材料时,由于刀具对金属的挤压产生了塑性变形,加之刀具迫使切屑与工件分离的撕裂作用,使表面粗糙度加大。工件材料韧性越好,金属的塑性变形越大,加工表面就越粗糙;加工脆性材料时,切屑呈碎粒状,由于切屑的崩碎而在加工表面留下许多麻点,使表面粗糙度增加。

3) 切削用量。

① 切削速度:一般情况下,低速或高速切削时,因不产生积屑瘤和鳞刺,故表面粗糙度较小,但在中速加工时,弹塑性材料由于产生积屑瘤和鳞刺,加工后表面粗糙度较大,加工脆性材料时,则易得到较小的表面粗糙度。

② 背吃刀量:它对表面粗糙度影响不明显,一般可忽略。

2. 磨削加工中影响表面粗糙度的因素及控制措施

(1) 磨削时表面粗糙度的形成

1) 几何因素。

磨削表面是由砂轮上大量的磨粒挤压、刻划出的无数条压痕和沟槽形成的。因而,在单位面积上,这种压迹、刻痕越多,其深度越均匀,表明通过单位面积的磨粒数越多,表面粗糙度就越小。

2) 物理因素。

磨削加工表面的塑性变形程度要比切削加工大得多。主要原因:①砂轮上的大多数磨粒都具有很大的负前角,且磨粒刃口极不尖锐,而磨粒的切削厚度仅 $0.2\ \mu m$ 左右或更小,所以,磨粒切削作用不大,主要是刻划和摩擦作用,这会使金属材料沿着磨粒侧面流动,形成沟槽的隆起现象,增大了表面粗糙度;②磨削速度远比切削速度快得多,其磨粒的刻划与滑擦将产生很高的磨削温度,一般超过了材料的相变温度,会使表面金属软化甚至微溶,这样更易于塑性变形,进一步增大了表面粗糙度。

(2) 影响磨削表面粗糙度的因素及其控制措施

1) 砂轮粒度的影响。

砂轮粒度号越大,磨粒的粒度越细,砂轮表面单位面积上的磨粒就越多,磨削表面刻痕越细,表面粗糙度就越小。但砂轮粒度号也不宜过大,否则,会引起砂轮塞屑,使磨削性能降低,引起烧伤,增大表面粗糙度。

2) 砂轮硬度的影响。

砂轮硬度高,磨钝了的磨粒不能及时脱落,新的磨粒不能露出,会增大磨削力,增加磨削热,使工件表面粗糙度增大。砂轮太软,磨粒过早脱落,砂轮形状不易保持,磨削作用减弱,同样使表面粗糙度增大,因此通常选用中软砂轮。

3) 砂轮修整质量的影响。

砂轮修整的目的是恢复砂轮的完好形状与磨削能力。砂轮修整质量与所用修整工具、修整砂轮的纵向进给量有很大关系。常用的砂轮修整工具是金刚石笔。修整时,金刚石笔除去砂轮外层已钝化的磨粒,使锋利的磨粒露出;修整砂轮的纵向进给量越小,修出砂轮上的微刃越多,砂轮表面磨粒的等高性越好,被磨削工件的表面粗糙度就越小。

4) 磨削用量的影响。

提高砂轮磨削速度有利于减小磨削表面粗糙度。砂轮速度越大,单位时间内参与切削的磨粒越多,残余面积就减小。同时,会使工件表面金属来不及变形,表面粗糙度降低。

工件速度增大,塑性变形增大,同时会使单位时间内磨削工件表面的磨粒数减少,表面粗糙度将增大。

横向进给(背吃刀量)对表层金属塑性变形的影响很大。增大背吃刀量,单个磨粒的磨削厚度增大,磨削力增大,工件变形量增大,表面粗糙度增大。在生产中,粗磨取较大的背吃刀量,以提高生产率;精磨取较小的背吃刀量或进行无进给磨削,以降低表面粗糙度。

纵向进给量越大,砂轮表面磨粒与工件表面的某一点的接触次数减少,使表面粗糙度增大。此外,磨削时,磨削热的作用占主导地位。用合适的磨削液,可以降低磨削区温度,减少磨削烧伤,冲击切屑及脱落下来的磨粒,从而降低表面粗糙度。

6.2.3 零件表面层的物理力学性能

在切削加工中,工件由于受到切削力和切削热的作用,使表面层金属的物理力学性能产生变化,最主要的变化是表面层金属显微硬度的变化、金相组织的改变和残余应力的产生。

1. 表面层冷作硬化

(1) 冷作硬化产生的原因

机械加工过程中,工件表面层受切削力作用,产生塑性变形,使晶格扭曲、畸变,晶粒间产生滑移,晶粒被拉长,形成纤维状组织,使表面层金属的硬度增加,这种现象称为加工硬化或冷作硬化。表面层金属硬化后,金属变形阻力增大,金属塑性减小,其物理力学性能也发生变化。

同时,机械加工过程中,工件表面层受切削热的作用,使表面层金属温度升高,在一定条件下它会使已强化的金属产生回复,回复的结果是使金属失去通过加工硬化所得到的物理力学性能。回复作用的速度取决于温度的高低、温度持续时间及加工强化程度的大小。

由于金属在机械加工过程中同时受到力和热的作用,加工后金属表面层的加工硬化实际上是硬化和回复综合作用造成的。

(2) 加工硬化的表示方法

评定冷作硬化的指标有 3 项:1) 表面层金属的显微硬度;2) 硬化层深度;3) 硬化

程度。

（3）影响冷作硬化的主要因素

1）刀具。

① 切削刃钝圆半径的影响：切削刃钝圆半径增加，径向切削分力增加，表层金属的塑性变形程度增加，导致冷作硬化程度增大。

② 前角的影响：前角在 ±20° 范围内，对表层金属的冷作硬化没有显著影响。在此范围以外，前角增加，塑性变形量减少，冷作硬化程度减小。

2）切削用量。

① 切削速度的影响：切削速度 v_c 越大，刀具与工件的作用时间缩短，金属的塑性变形就越小，因而可使加工表面层的硬化程度减小。

② 进给量的影响：进给量 f 超过一定值时，加大进给量，切削力将随之增大，表层金属的塑性变形加剧，使冷作硬化程度增加。进给量过小，切削厚度也小，切削刃圆弧对工件表面层将产生挤压，反而使表面层硬化程度增大。

3）工件材料：工件材料的塑性越大，冷作硬化现象就越明显。

2. 表面层材料金相组织的变化

当切削热使被加工表面的温度超过相变温度后，表层金属的金相组织将会发生变化。

（1）磨削烧伤

当被磨工件表面层温度达到相变温度以上时，表层金属发生金相组织的变化，使表层金属强度和硬度降低，同时有残余应力产生，工件表面甚至出现微观裂纹，这种现象称为磨削烧伤。在磨削淬火钢时，可能产生以下 3 种烧伤。

1）回火烧伤。

如果磨削区的温度未超过淬火钢的相变温度，但已超过马氏体的转变温度，则工件表层金属的回火马氏体组织将转变成硬度较低的回火索氏体或托氏体组织，这种烧伤称为回火烧伤。

2）淬火烧伤。

如果磨削区温度超过了相变温度，再加上冷却液的急冷作用，则表层金属发生二次淬火，使表层金属出现二次淬火马氏体组织，其硬度比原来的回火马氏体高，在它的下层，因冷却较慢，出现了硬度比原先的回火马氏体低的回火索氏体或托氏体组织，这种烧伤称为淬火烧伤。

3）退火烧伤。

如果磨削区温度超过了相变温度，而磨削区域又无冷却液进入，表层金属将产生退火组织，表面硬度将急剧下降，这种烧伤称为退火烧伤。

（2）改善磨削烧伤的途径

磨削热是造成磨削烧伤的来源，改善磨削烧伤有两个途径：一是尽可能地减少磨削热的产生；二是改善冷却条件，尽量使产生的磨削热较少地传给工件。可通过以下措施：① 正确选择砂轮；② 合理选择切削用量；③ 改善冷却条件。

3. 表面层残余应力

（1）表面层残余应力产生的原因

表面层残余应力是指去除外部载荷后，工件表面层内部残存的并自行平衡的应力。表面层残余应力的产生有以下几个方面原因。

1）冷态塑性引起的残余应力。

切削时，在切削力作用下，金属切削层产生剧烈的塑性变形，使金属表层的比容积增大，体积增大，但其变化受到与之相连的内层金属的阻碍而在表面层产生残余压应力，内层产生残余拉应力。在已加工表面形成过程中，由于后刀面的挤压、摩擦作用，使表层金属晶格进一步变形伸长而使塑性变形加剧，表面层残余压应力增大。

2）热态塑性变形引起的残余应力

切削过程中，在切削热的作用下，加工表面的表面层产生热膨胀，但金属基体温度较低，阻碍表层金属发生热塑性变形而使表层产生压应力。切削结束后，表面层温度降低，其收缩又受到基体的阻碍而产生拉应力。所以磨削温度越高，热塑变形就越大，残余拉应力也越大，甚至会导致磨削表面产生裂纹。

3）金相组织变化引起的残余应力。

切削时，当工件表面温度高于金属相变温度，会引起金属表层金相组织变化。不同深度处温度不同，其相变也不相同。由于不同的金相组织的密度不同，必然引起体积的变化而使表面层产生残余应力。

（2）影响残余应力的因素

1）切削加工。

在切削加工中，凡影响加工硬化，热塑性变形及金相组织变化的因素，都会引起表面残余应力。影响较大的因素有工件材料、切削速度、刀具前角等，且一种因素在不同的切削条件下，其影响是不相同的。例如用正前角车刀车削 45 钢时，无论切削速度如何变化，工件表层产生的都是残余拉应力，主要原因是 45 钢淬火性能差，切削中热因素起了主导作用，没有产生残余压应力的条件；以同样的条件车削 18CrNiMo 时，低速范围内，表面产生残余拉应力，但随着切削速度的提高，残余拉应力逐渐减小，当切削速度增大到 200~250m/min 时，表层呈现残余压应力，其原因是低速切削中，切削热起主导作用而产生残余拉应力；随切削速度增大，表层温度达到或超过淬火温度，使工件表层发生局部淬火形成马氏体，金属的比容增大，此时，金相组织变化起了主导作用，从而在表层产生残余压应力，且它随着切削速度的提高而增大。

2）磨削加工

磨削加工中，塑性变形严重，且磨削热量大，工件表面温度高，因而，热因素与塑性变形对工件表层残余应力的影响都很大。首先，磨削深度 a_p 对工件表层残余应力的性质、大小有很大影响。当 a_p 较小时，磨削温度较低，没有金相组织变化，塑性变形起主导作用，工件表层产生残余压应力；当 a_p 增大，磨削热随之增加，虽塑性变形加剧，但热因素逐渐占主导作用，在工件表层产生残余拉应力，且该应力随 a_p 的增大而逐渐增大；当增大到一定程度后，尽管磨削温度很高，塑性变形又会逐渐占据主导地位，使工件表层残余拉应力减小，残余压应力逐渐增大。其次，工件材料及其热处理状态与残余应力的性质、磨削裂纹产生有很大关系，一般而言，表层残余应力的性质取决于工件材料的强度、导热性、塑性等因素，材料的强度越高，导热性越差，塑性越低，磨削时金属表层产生残余拉应力的倾向就越大，产生磨削裂纹的可能性也越大。

4. 提高和改善零件表层物理力学性能的措施

零件表层的物理力学性能，对零件的使用性能与使用寿命有很大影响，提高和改善零件表层的物理力学性能，主要可采用以下几个措施。

(1) 选择适当的最终工序加工方法

零件表层的残余应力对零件或机器的工作性能有直接影响，而表面层残余应力的性质主要取决于零件最终加工工序的加工方法。因此，零件最终工序加工方法的选择，应考虑该零件的具体工作条件及可能产生的破坏形式。

受交变应力作用的零件，从提高零件疲劳强度出发，应选择避免使零件产生残余压应力的最终加工方法。

作相对滑动的两个零件，滑动面将逐渐产生磨损，引起滑动磨损有多方面原因，既有磨损的机械作用，也有黏结、扩散与氧化磨损等物理、化学因素综合作用。表层所受压应力超过材料的许用应力时，将使表层金属磨损。为提高零件抵抗滑动摩擦的能力，最终加工工序应选择在零件表面产生残余拉应力的加工方法。

作相对滚动的两个零件，其相对运动面也存在机械或滚动摩擦作用，也存在黏结、扩散、氧化等物理、化学方面的综合作用，滚动面同样将逐渐磨损。但引起滚动磨损的决定性因素是表层下一定深度处的最大拉应力。

(2) 滚压加工的选用

滚压加工是利用具有较高硬度的滚轮或滚珠，在常温状态下对工件表面进行挤压，使其产生塑性变形，经过滚压，使工件表面上原有的凸峰填充到相邻的凹谷中去，减小表面粗糙度，并且由于表层金属晶格发生畸变而产生冷硬层和残余压应力，提高了零件的承载能力和疲劳强度。

(3) 采用喷丸强化

喷丸强化是利用大量高速运动的珠丸（直径为 0.4~4 mm）打击工件表面，使工件表面产生冷硬层和残余压应力，以提高零件的疲劳强度和使用寿命。喷丸强化所用的珠丸可以是铸铁的、砂石的，但钢丸更好。常用的设备是压缩空气喷丸装置，它能使珠丸以 35~50 m/s 的速度喷出。

喷丸强化主要用于形状复杂而不宜用其他方法强化的零件，如齿轮、连杆、弹簧、曲轴等。经喷丸强化后，零件硬化层深度可达 0.7 mm；表面粗糙度减小到 0.4 μm；使用寿命可提高几倍到几十倍。

综合训练

1. 什么是加工精度、加工误差、尺寸公差？试举例说明它们之间的区别。
2. 车床导轨在垂直平面内及水平面内的直线度对车削轴类零件的加工误差有什么影响？影响程度各有什么不同？
3. 试分析在车床上加工时产生下述误差的原因。
(1) 在车床上镗孔时，引起被加工孔的圆度误差和圆柱度误差。
(2) 在车床自定心卡盘上镗孔时，引起内孔与外圆同轴度，端面与外圆的垂直度误差。
4. 在车床上用两顶尖装夹工件车削长轴时，出现图 6-15a、b、c 所示形状误差是什么原因，分别可采用什么办法来减小或消除？

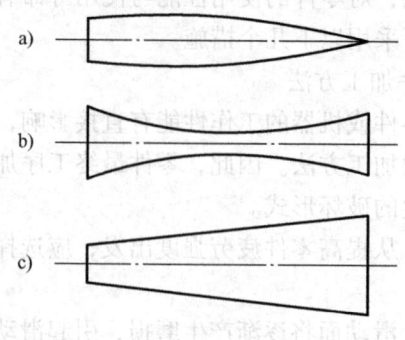

图 6-15　第 4 题图

5. 在车床上加工盘套类零件的端面，出现圆锥面（中凸或中凹）或端面呈螺旋面，如图 6-16 所示，试从机床几何误差的影响方面分析其原因。

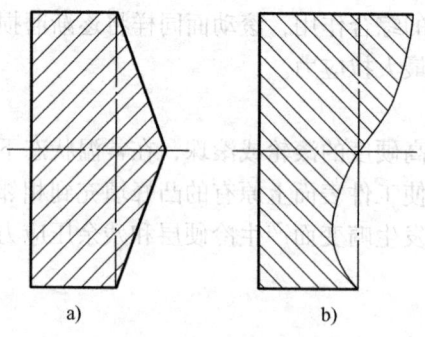

图 6-16　第 5 题图

6. 在什么加工条件下容易出现误差复映现象？应采用哪些措施抑制这种现象的产生？

7. 磨削外圆时，工件安装在死顶尖上的目的是什么？实际使用时应注意哪些问题？

8. 机械加工的表面质量包括哪些主要内容？加工表面质量对机器使用性能有哪些影响？试举例说明。

9. 磨削烧伤的实质是什么？减少磨削烧伤的措施有哪些？

10. 什么是冷作硬化？为什么在切削中一般都会产生冷作硬化现象？冷作硬化现象与哪些因素有关？

11. 什么是回火烧伤、淬火烧伤和退火烧伤？

第 7 章　机械装配工艺基础

知识要点
1. 装配工作的主要内容。
2. 装配尺寸链。
3. 装配方法及选择。

学习要求
1. 了解装配工作的主要内容。
2. 熟悉装配尺寸链的相关理论。
3. 掌握装配方法及其选用。

机器的装配是整个机器制造过程中的最后一个阶段。它包括装配、调整、检验和试验、涂装、包装等工作。机械装配在产品制造过程中占有非常重要的地位，因为产品的质量最终是由装配工作来保证的。装配工作对保证和提高产品质量，提高劳动生产率，降低制造成本都起到十分重要的作用。所以，研究装配工艺，选择合适的装配方法，是学习本章的目的。

7.1　机械装配过程分析

7.1.1　机械装配及其工作内容

1. 装配的概念

机械产品一般是由许多零件和部件组成的，根据规定的技术要求，将若干个零件结合成部件或将若干个零件和部件结合成产品的过程，称为装配。前者称为部件装配，后者则称为总装配。装配过程并不是将合格零件简单地联接起来的过程，而是根据各级部件装配和总装配的技术要求，通过校正、调整、平衡、配作以及反复检验来保证产品质量的复杂过程。所以，产品结构设计的正确性是保证产品质量的先决条件，零件的加工质量是产品质量的基础，而产品的质量最终是通过装配工艺保证的。若装配不当，即使零件的制造质量都合格，也不一定能装配出合格的产品；反之，当零件的质量不太好时，只要在装配中采取合适的工艺措施，也能使产品达到或基本达到规定的要求。

2. 装配工作的基本内容

（1）清洗

清洗的目的是去除制造、贮藏、运输过程中所黏附的切屑、油脂和灰尘，以保证装配质量。机器装配过程中，零部件的清洗对保证产品的装配质量和延长产品的使用寿命均有重要的意义。特别是对于轴承、密封件、配偶件以及有特殊清洗要求的工件更为重要。清洗的方法有擦洗、浸洗、喷洗和超声波清洗等。

(2) 联接

联接就是将两个或两个以上的零件结合在一起。在装配过程中，有大量的联接工作。联接的方式一般有两种：可拆卸联接和不可拆卸联接。

可拆卸联接，就是相互联接的零件拆卸时不需损坏任何零件，且拆卸后还能重新装在一起。常见的可拆卸联接有螺纹联接、键联接、销钉联接等。其中以螺纹联接、键联接应用较广。

不可拆卸联接，就是联接后的零件在使用过程中是不可拆卸的，如果要拆卸，必须损坏某些零件。常见的不可拆卸连接有焊接、铆接和过盈连接等。其中过盈连接多用于轴与孔的配合。过盈连接的方法有压入配合法、热胀和冷缩配合法。一般机械常采用压入配合法，重要或精密机械常用热胀和冷缩配合法。

(3) 找正、调整与配作

找正是指各零部件间相互位置的找正、找平及相应的调整工作。在产品的总装和大型机械基体件装配中常需进行找正。例如卧式车床总装中，床身安装水平及导轨扭曲的找正、主轴箱主轴中心与尾座套筒中心等高的找正、水压机立柱的垂直度找正、棉纺机机架的找平等。

常用的找正方法有平尺找正、角尺找正、水平仪找正、拉钢丝找正、光学找正及近年来发展的激光找正等。

调整是指相关零部件相互位置的具体调节工作。它除了配合找正工作去调节零部件的位置精度外，运动副间的间隙调节也是调整的主要内容。例如滚动轴承内外圈及滚动体之间间隙的调整，镶条松紧的调整，齿轮与齿条啮合间隙的调整等。

配作是指在装配中，零件与零件之间或部件与部件之间的配钻、配铰、配刮和配磨等。它们是装配中附加的一些钳工和机械加工工作。配钻和配铰多用于固定联接，配钻多用于螺纹联接，配铰则多用于定位销孔的加工。配刮多用于运动副配合表面的精加工，如按床身导轨配刮工作台或溜板的导轨面，按轴颈配刮轴瓦等。配刮可以提高工件尺寸精度和形位精度，减小表面粗糙度和提高接触刚度。

应当指出，配作是和找正、调整工作结合进行的，只有经过认真找正、调整之后，才能进行配作。但在大批量生产中，不宜过多利用配作，否则，将影响生产率的提高。

(4) 平衡

对于转速较高，运转平衡性要求较高的机器（如精密磨床、鼓风机、内燃机等），为了防止使用中出现振动，影响机器的工作精度，在装配时，对其有关的旋转零部件（有时还包括整机）需进行平衡试验，部件和整机的平衡要以旋转零件的平衡为基础。

旋转体的不平衡是由于旋转体内部质量分布不均匀造成的。对旋转零件或部件消除不平衡的工作叫做平衡。平衡的方法有静平衡法和动平衡法两种。

(5) 验收、试验

机械产品装配完成后，应根据有关技术标准的规定，对产品进行较全面的验收和试验工作，合格后才能出厂。各类产品检验与试验工作的内容、项目是不相同的，其验收试验工作的方法也不相同。

此外，装配工作的基本内容还包括涂装、包装等工作。

7.1.2 装配的组织形式

装配的组织形式有固定式装配和移动式装配,它是根据产品的结构特点和生产批量的不同而采用不同的装配组织形式。

1. 固定式装配

固定式装配是将产品或部件的全部装配工作安排在一个固定的地点进行的。装配所需的零部件都集中于工作地点附近。装配过程中,产品的位置不变,根据零件结构特点又可分为以下3种形式。

(1) 集中固定式装配

全部装配工作由一组工人在一个固定地点集中完成。

(2) 分散固定式装配

装配工作分为部装和总装,由几组工人在不同工作地点平行地进行。

(3) 产品固定式流水装配

装配工作分为若干独立的装配工序,分别由几组工人负责,各组工人按工序顺序依次到各装配地点对固定不动的产品进行本组所担负的装配工作。这是固定式装配的高级形式,专业化程度高,产品质量稳定,适合生产批量较大的、笨重的产品。

2. 移动式装配

产品按一定顺序从一个工作位置移动到另一个工作位置,每一工作位置上的工人只完成一个或几个工序的装配工作。根据对移动速度的限制又可分为以下两种。

(1) 自由移动式装配

自由移动式装配对移动速度无严格限制,装配进度可自由调节,适合于修配、调整工作量较多的装配。

(2) 强制移动式装配

用传送带将产品连续或间歇地从一个工作地移向下一个工作地,对移动速度有严格限制。每一道工序完成的时间有严格要求,适合于大批量生产单一产品的装配作业。特点是生产率高,对工人技术水平要求不高。

7.1.3 装配精度分析

1. 装配精度

产品的装配精度就是装配后实际达到的精度。装配精度是装配工艺的质量指标。装配精度应根据机器的工作性能和要求来确定。正确地规定机器和部件的装配精度是产品设计的重要环节之一。它不仅关系到产品的质量,也影响产品的经济性。装配精度是制定装配工艺规程的基础,也是合理地确定零件的尺寸公差等级和技术条件的主要依据。因此,必须正确地规定机器的装配精度。

装配精度的规定有以下原则。

第一,对于一些标准化、通用化和系列化的产品,如通用机床和减速器等,它们的装配精度可根据国家标准、部颁标准或行业标准来制定。

第二,对于没有标准可循的产品,其装配精度可根据用户的使用要求,参照实验过的类似部件或产品的已有数据,采用类比法确定。

第三,对于一些重要产品,其装配精度要经过分析计算和试验研究后才能确定。

产品的装配精度一般包括:零部件间的距离精度、位置精度、相对运动精度和接触精度等。

(1) 距离精度

距离精度是指相关零部件间的距离尺寸精度。距离精度还包括配合面间达到规定的间隙或过盈的要求,即配合精度。例如轴和孔的配合间隙或配合过盈,齿轮啮合中非工作齿面间的侧隙以及其他一些运动副间的间隙等。

(2) 位置精度

位置精度主要指相关零部件间的平行度、垂直度、同轴度和各种跳动等。

(3) 相对运动精度

相对运动精度是指有相对运动的零部件间在运动方向和运动位置上的精度。运动方向上的精度包括零部件间相对运动时的直线度、平行度和垂直度等。显然,零部件间在运动方向上的相对运动精度是以位置精度为基础的。运动位置上的精度即传动精度,是指内联系传动链中,始末两端传动元件间相对运动(转角)精度。如滚齿机主轴(滚刀)与工作台相对运动精度和车床车螺纹时的主轴与刀架移动的相对运动精度等。

(4) 接触精度

接触精度是指两配合表面、接触表面和联接表面间达到规定的接触面积大小与接触点的分布情况。它主要影响接触刚度和配合质量的稳定性。同时对相互位置和相对运动精度的保证也有一定的影响。如锥体配合、齿轮啮合等均有接触精度要求。

2. 装配精度与零件精度的关系

机器及其部件都是由零件组成的。显然,零件的精度,特别是主要零件的加工精度,对装配精度有很大影响。例如卧式车床装配中,尾座移动对溜板移动有平行度要求。该项装配精度主要取决于床身上的溜板、尾座所借以移动的导轨 A 和 B 之间的平行度以及溜板、尾座与导轨面间的接触精度,如图 7-1 所示。

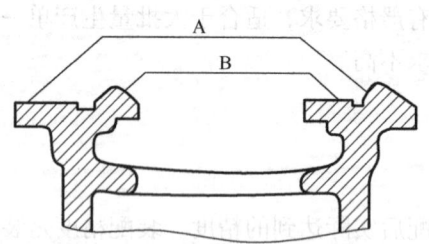

图 7-1 床身导轨简图
A—溜板移动导轨 B—尾座移动导轨

一般而言,装配精度和与它相关的若干个零部件的加工精度有关,即这些零件的加工误差的累积将影响装配精度。

但是,零件的加工精度不仅受工艺条件的影响,而且还受到经济性的限制。当产品装配精度要求较高时,以控制零件的加工精度来保证装配精度的方法,将给零件的加工带来困难,成本增高。这时可按经济加工精度来确定零件的精度要求,使之易于加工,而在装配时采用一定的工艺措施(修配、调整等)来保证装配精度。例如车床主轴锥孔中心线和尾座套筒锥孔中心线对床身导轨的等高度要求,与主轴箱、尾座、底板及床身等零部件的加工精度有关,如图 7-2 所示。由图可以看出,等高度误差 A_0 与主轴箱的 A_1、尾座的 A_3 及底板的 A_2 的加工精度有关,并且是这些零件加工误差的累积。但等高度要求是很高的,如果单靠提高 A_1、A_2、A_3 的尺寸精度来保证等高度是很不经济的,甚至在技术上也是很困难的。这时比较合理的办法是首先按经济加工精度来确定各零部件的精度要求,然后对某个零件(一般对底板)进行适当的修配来保证等高度要求的装配精度。

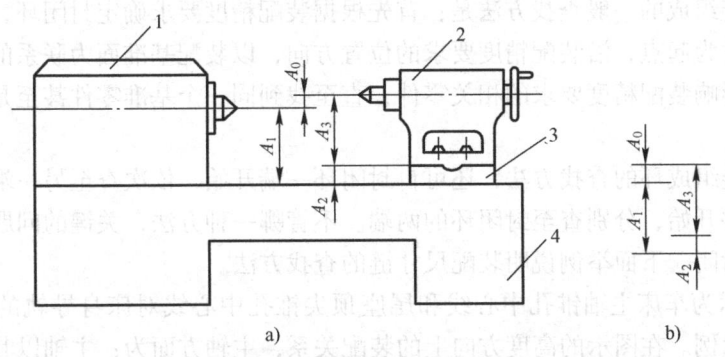

图 7-2 卧式车床主轴箱主轴中心与尾座套筒中心的等高度要求示意图
a) 结构示意图 b) 装配尺寸链图
1—主轴箱 2—尾座 3—底板 4—床身

经过以上分析,不难看出,产品的装配精度和零件的加工精度有密切的关系。零件加工精度是保证装配精度的基础,但装配精度并不完全取决于零件的加工精度。装配精度的合理保证,应从产品结构、机械加工和装配工艺等方面进行综合考虑。而装配尺寸链的分析,是进行综合分析的有效手段。一台机器从组装,部装到总装,有很多装配精度要求项目,一般都可以用装配尺寸链的分析方法予以解决。

7.2 装配尺寸链的基本概念

图 7-3 所示为轴和孔的配合关系。装配精度为轴和孔的配合精度,配合间隙为 A_0,且 $A_0 = A_1 - A_2$。A_1、A_2、A_0 组成最简单的装配尺寸链。由此可知,所谓装配尺寸链即在装配关系中,由相关零件的尺寸(表面或轴线距离)或相互位置关系(同轴度、平行度、垂直度等)所组成的尺寸链。

装配尺寸链的封闭环就是装配所要保证的装配精度或技术要求。这是因为装配精度或技术要求是将零部件装配后才最后形成的尺寸或位置关系。如图 7-3 中的 A_0。从设计角度考虑,装配精度要求是形成装配尺寸链的依据,也是确定零件加工精度要求的依据。

在装配关系中,对装配精度有直接影响的零部件的尺寸或位置关系都是装配尺寸链的组成环,如图 7-3 中的 A_1、A_2。如同工艺尺寸链一样,装配尺寸链的组成环也可分为增环和减环,其中 A_1 为增环,A_2 为减环。

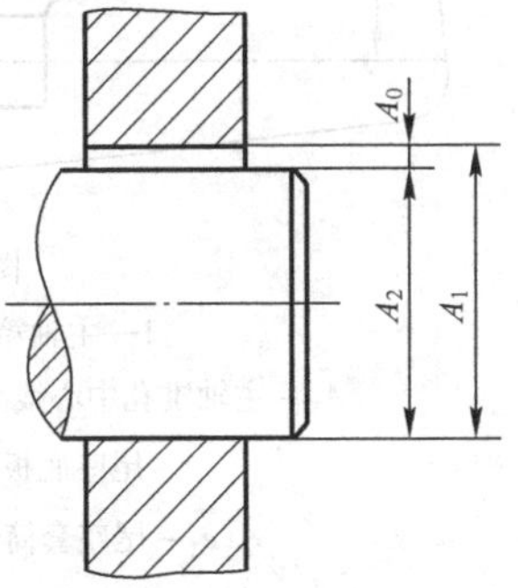

图 7-3 轴和孔的配合尺寸链

(1) 装配尺寸链的组成

正确建立装配尺寸链，是进行尺寸链计算的依据。因此在进行装配尺寸链计算时，其首要问题是查明装配尺寸链的组成。

装配尺寸链的封闭环就是装配后的精度要求。对于每一个封闭环，都可通过对装配关系的分析，找出对装配精度有直接影响的零部件的尺寸和位置关系，即可查明装配尺寸链的各组成环。

装配尺寸链组成的一般查找方法是：首先根据装配精度要求确定封闭环，再取封闭环两端的那两个零件为起点，沿装配精度要求的位置方向，以装配基准面为联系的线索，分别查找装配关系中影响装配精度要求的相关零件，直至找到同一个基准零件甚至是同一基准表面为止。

装配尺寸链组成环的查找方法，还可自封闭环一端开始，依次查至另一端；也可自共同的基准面或零件开始，分别查至封闭环的两端。不管哪一种方法，关键的问题在于整个尺寸链系统要正确封闭。下面举例说明装配尺寸链的查找方法。

图 7-4 所示为车床主轴锥孔中心线和尾座顶尖锥孔中心线对床身导轨的等高度的装配尺寸链的组成示例。在图示的高度方向上的装配关系，主轴方面为：主轴以其轴颈装在滚动轴承内圈的内表面上，轴承内圈通过滚子装在轴承外圈的内滚道上，轴承外圈装在主轴箱的主轴孔内，主轴箱装在车床床身的平导轨面上；尾座方面：尾座顶尖套筒以其外圆柱面装在尾座的导向孔内，尾座以其底面装在尾座底板上，尾座底板装在床身的导轨面上。通过同一个装配基准件——床身，将装配关系最后联系和确定下来。因此，影响该项装配精度的因素如下。

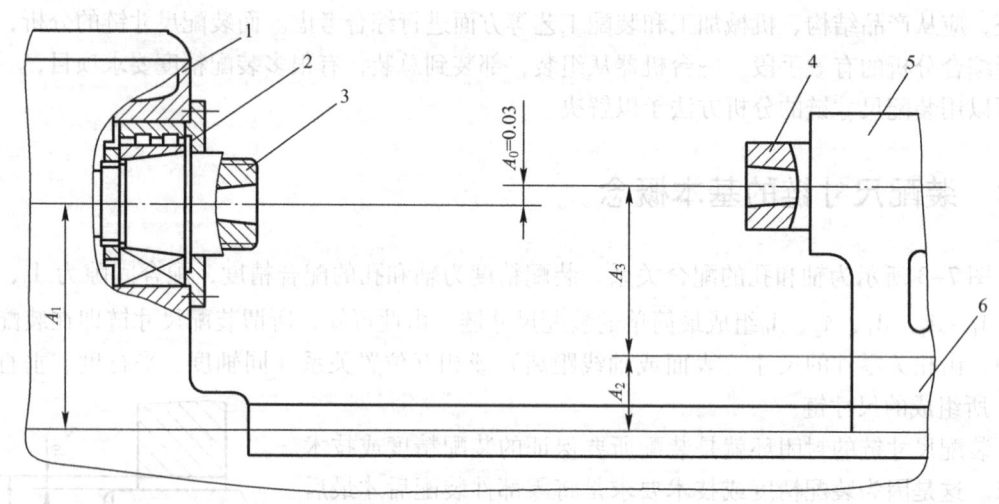

图 7-4 影响车床等高度要求的尺寸链联系简图

1—主轴箱体 2—滚动轴承 3—主轴 4—套筒 5—尾座体 6—尾座

A_1 - 主轴锥孔中心线至车床平导轨的距离；A_2 - 尾座底板厚度；A_3 - 尾座顶尖套锥孔中心线至尾座底板距离；e_1 - 主轴箱体轴孔心线与主轴前锥孔轴心线的同轴度；e_2 - 尾座套筒锥孔与外圆的同轴度；e_3 - 尾座套筒外圆与尾座孔内圆的同轴度；e - 床身上安装主轴箱的平导轨面和安装尾座的导轨面之间的等高度偏差。

车床主轴锥孔中心线和尾座顶尖套筒锥孔中心线对床身导轨的等高度的装配尺寸链组成如图 7-5 所示。

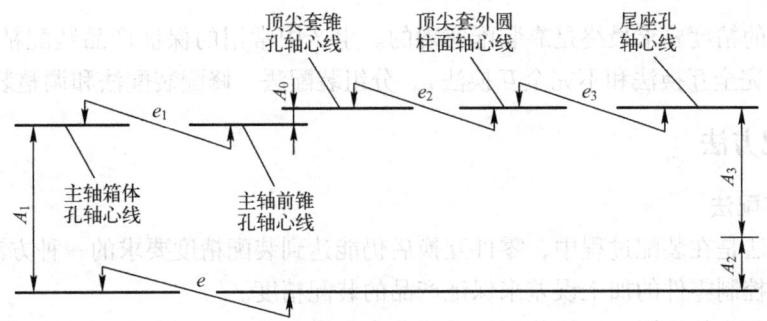

图 7-5 车床等高度装配尺寸链

在确定和查找装配尺寸链时，应注意以下原则。

（2）查找组成环的原则

1）封闭原则。

组成环的查找不论使用什么方法，整个尺寸链要正确封闭，即由封闭环出发，一定要回到封闭环。

2）简化原则。

机械产品的结构通常比较复杂，对装配精度有影响的因素很多。在确定和查找装配尺寸链时，在保证装配精度的前提下，可不考虑那些影响较小的因素，以使装配尺寸链的组成环适当简化，以上称为装配尺寸链的简化原则。如上例，由于 e_1、e_2、e_3、e 的数值相对 A_3、A_2、A_1 的误差较小，因此可简化。故上例的装配尺寸链的组成可简化为图 7-2b。

3）最短路线原则。

由尺寸链的基本理论可知，封闭环的误差是由各组成环误差累积而得到的。在封闭环公差一定的情况下，即在装配精度要求一定的条件下，组成环数目越少，则各组成环的公差就越大，零件的加工就越容易，越经济。

为了达到这一要求，在产品结构既定的情况下组成装配尺寸链时，应使每一个有关零件仅以一个组成环来列入尺寸链，即将连接两个装配基准面间的位置尺寸直接标注在零件图上。这样，组成环的数目就等于有关零部件的数目，即一件一环，这就是装配尺寸链的最短路线（环数最少）原则。

为使装配尺寸链的环数最少，应仔细分析各有关零件装配基准的连接情况，选取对装配精度有直接影响，且把前后相邻零件联系起来的尺寸或位置关系作为组成环，这样与装配精度有关的零件仅以一个组成环列入尺寸链，组成环的数目仅等于有关零件的数目，装配尺寸链组成环的数目也就会最少。

7.3 装配方法及选择

机械产品的精度要求最终是靠装配实现的。生产中常用的保证产品装配精度的方法有：互换法（包括完全互换法和不完全互换法）、分组装配法、修配装配法和调整装配法等。

7.3.1 装配方法

1. 互换装配法

互换装配法是在装配过程中，零件互换后仍能达到装配精度要求的一种方法。互换装配法的实质是用控制零件的加工误差来保证产品的装配精度。

根据互换程度的不同，互换装配法又可分为完全互换法和不完全互换法两种。

（1）完全互换法

在产品装配中，各组成环不需要挑选或改变其大小或位置，装入后就能达到封闭环的公差要求。也就是零件按图样公差加工，装配时不需要进行任何选择、修配和调节，就能达到装配精度和技术要求。这种装配方法称为完全互换法。

采用完全互换法装配时，装配尺寸链一般用极值法进行计算。为保证装配精度要求，尺寸链各组成环公差之和应小于或等于封闭环公差（装配精度要求）。即

$$\sum_{i=1}^{m} T_i \leq T_0$$

式中　T_0——封闭环公差要求值（装配精度）；

　　　T_i——第 i 个组成环公差；

　　　m——组成环环数。

在进行装配尺寸链计算时，若已知封闭环的公差（装配精度）T_0，求各有关零件（各组成环）的公差 T_i，此时，应按下列原则和方法确定各有关零件的公差 T_i。

1）按"等公差"原则，确定各有关零件的平均极值公差 T_{av}，作为确定各组成环极值公差的基础

$$T_{av} = T_0/m$$

2）组成环是标准件尺寸（如轴承环、弹性挡圈等），其公差值及其分布在相应标准中已有规定，应视为已定值。

3）组成环是几个尺寸链的公共环时，其公差值及其分布由对其要求最严的尺寸链先行确定，对其余尺寸链则视为已定值。

4）尺寸相近、加工方法相同的组成环，其公差相等。

5）难以加工或测量的组成环，其公差可取大些；易加工、易测量的组成环，其公差可取小些。

6）在确定各组成环极限偏差时，仍然按"入体原则"，即对相当于轴的被包容尺寸，可对公称尺寸注成单向负偏差。对相当于孔的包容尺寸，可对公称尺寸注成单向正偏差。而对于孔中心距的极限偏差仍按对称分布选取。

7）若各组成环都按上述原则确定其公差，则按公式计算的公差累积值常不符合封闭环的要求。因而需要选择一个组成环，它的公差与分布要经过计算确定，以便与其他组成环协

调,最后满足封闭环公差大小和位置的要求,这个组成环称为协调环。在选择协调环时,不能选择标准件或公共环为协调环,因为它们的公差和极限偏差是已定值。

解算完全互换法装配尺寸链的基本公式与第3章工艺尺寸链的计算公式相同。

例7-1 图7-6为某双联转子(摆线齿轮)泵的轴向装配关系简图。已知各公称尺寸为:$A_0=0$、$A_1=41$ mm、$A_2=A_4=17$ mm、$A_3=7$ mm。根据技术要求,冷态下的轴向装配间隙A_0应为0.05~0.15 mm,即$A_0=0^{+0.15}_{+0.05}$ mm,试确定各组成环公差和极限偏差。

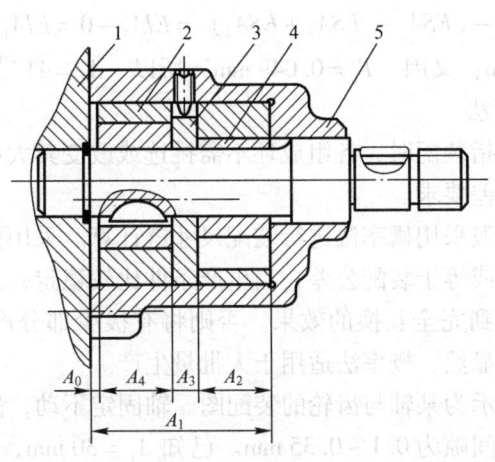

图7-6 双联转子泵的轴向装配关系简图
1—机床 2—外转子 3—隔板 4—内转子 5—壳体

解: 采用极值法计算该装配尺寸链。

① 画装配尺寸链图,校验各环的公称尺寸。

依题意,画出该装配尺寸链图。A_0为封闭环,$A_0=0^{+0.15}_{+0.05}$ mm。

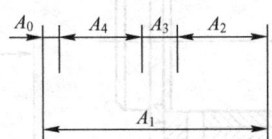

封闭环公差$T_0=0.1$ mm,尺寸链共有5个组成环,其中A_1为增环,A_2、A_3及A_4为减环。则封闭环的公称尺寸为

$$A_0 = \sum_{i=1}^{k} A_i - \sum_{j=k+1}^{m} A_j = A_1 - (A_2 + A_3 + A_4) = [41 - (2 \times 17 + 7)] \text{mm} = 0$$

由计算可知,各环公称尺寸的确定无误。

② 确定各组成环公差和极限偏差。

各组成环平均极值公差 $T_{av} = \dfrac{T_0}{m} = \dfrac{0.1}{4}$ mm $= 0.025$ mm

根据各组成环的公称尺寸大小及零件加工难易程度,以平均极值公差为基础,确定各组成环的极值公差,但各组成环公差T_i的总和$\sum T_i$不得超过0.1 mm。

考虑尺寸A_2、A_3、A_4可用磨削加工,其公差可规定较小,且尺寸能用卡规来测量,其公差还得符合标准公差;尺寸A_1由镗削加工保证,公差应给得大些,且此尺寸属高度尺寸,在生产中常用通用量具测量,故决定选它为协调环。由此确定

$$A_2 = A_4 = 17_{-0.018}^{\ 0} \text{ mm}$$
$$A_3 = 7_{-0.015}^{\ 0} \text{ mm}$$

③ 确定协调环的公差和位置。

显然，协调环 A_1 的公差 T_1 应为

$$T_1 = T_0 - (T_2 + T_3 + T_4) = [0.1 - (2 \times 0.018 + 0.015)] \text{ mm} = 0.049 \text{ mm}$$

而协调环上、下极限偏差值可根据相应的公式计算如下

$$EIA_0 = EIA_1 - (ESA_2 + ESA_3 + ESA_4) = EIA_1 - 0 = EIA_1 = 0.05 \text{ mm}$$

所以 $EIA_1 = 0.05$ mm；又因 $T_1 = 0.049$ mm；所以 $A_1 = 41_{-0.050}^{+0.049}$ mm

(2) 不完全互换装配法

不完全互换装配法是指装配时，各组成环不需挑选或改变其大小或位置，装配后绝大多数产品能达到封闭环的公差要求。

不完全互换装配法一般采用概率法进行装配尺寸链计算。采用概率法时，各有关零件公差的平方和的平方根小于或等于装配公差，当生产条件比较稳定，从而使各组成环的尺寸分布也比较稳定时，也能达到完全互换的效果。否则将有极少部分产品达不到装配精度的要求，须采取必要的措施。显然，概率法适用于大批量生产。

例 7-2 如图 7-7 所示为某轴与齿轮的装配图。轴固定不动，齿轮在轴上回转，要求保证齿轮与挡圈之间的轴向间隙为 $0.1 \sim 0.35$ mm。已知 $A_1 = 30$ mm，$A_2 = 5$ mm，$A_3 = 43$ mm，$A_4 = 3_{-0.05}^{\ 0}$ mm，$A_5 = 5$ mm，现采用不完全互换法装配，试确定各组成环公差和极限偏差。

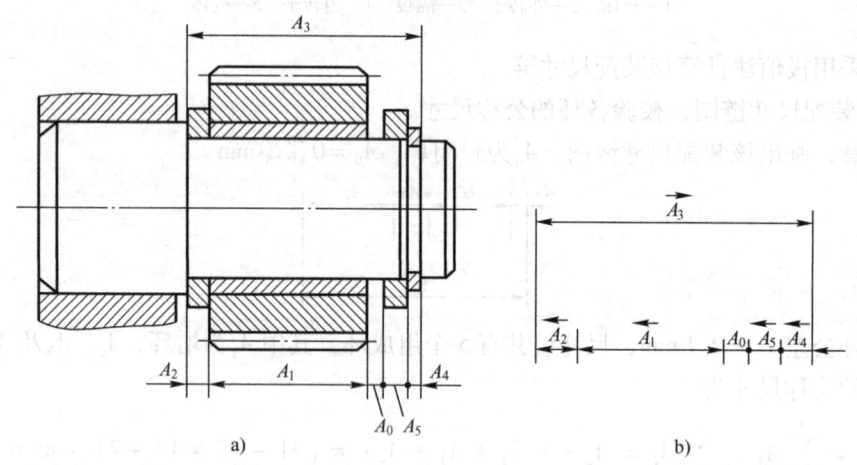

图 7-7 齿轮与轴的装配关系

解：采用概率法进行装配尺寸链计算。

1）画装配尺寸链图，校验各环公称尺寸。

依题意，轴向间隙为封闭环，即 $A_0 = 0_{+0.10}^{+0.35}$ mm，封闭环公差 $T_0 = 0.25$ mm，尺寸链共有 5 个组成环，其中 A_3 为增环，其余为减环，装配尺寸链如图 7-7b 所示。

封闭环公称尺寸为

$$A_0 = \sum_{i=1}^{k} A_i - \sum_{j=k+1}^{m} A_j = A_3 - (A_1 + A_2 + A_4 + A_5) = [43 - (30 + 5 + 3 + 5)] \text{ mm} = 0$$

由计算可知，各组成环公称尺寸的已定数值无误。

2) 确定各组成环公差和极限偏差。

假定该产品在大批量生产条件下，工艺过程稳定，各组成环尺寸趋于正态分布，则各组成环平均极值公差为

$$T_{av} = \frac{T_0}{\sqrt{m}} = \frac{0.25}{\sqrt{5}} \text{mm} = 0.11 \text{mm}$$

A_3 为一轴类零件，与其他组成环相比较，比较难加工，现选择其为协调环，根据各组成环公称尺寸大小与零件加工难易程度，以平均公差为基础，确定各组成环公差及极限偏差

$$T_1 = 0.14 \text{mm}, \quad T_2 = T_5 = 0.08 \text{mm}, \quad T_4 = 0.05 \text{mm}$$

$$A_1 = 30_{-0.14}^{\ 0} \text{mm}; \quad A_2 = A_5 = 5_{-0.08}^{\ 0} \text{mm}; \quad A_4 = 3_{-0.05}^{\ 0} \text{mm}(标准件)$$

3) 计算协调环公差和极限偏差。

$$T_3 = \sqrt{T_0^2 - (T_1^2 + T_2^2 + T_4^2 + T_5^2)}$$
$$= \sqrt{0.25^2 - (0.14^2 + 0.08^2 + 0.05^2 + 0.08^2)} \text{mm} = 0.16 \text{mm}(只舍不进)$$

协调环的中间偏差为

$$\Delta_0 = \sum_{i=1}^{m} \Delta_i = \Delta_3 - (\Delta_1 + \Delta_2 + \Delta_4 + \Delta_5)$$

得 $\Delta_3 = \Delta_0 + (\Delta_1 + \Delta_2 + \Delta_4 + \Delta_5) = [0.225 + (-0.07 - 0.04 - 0.025 - 0.04)] \text{mm} = 0.05 \text{mm}$

求得协调环的上、下极限偏差为

$$ESA_3 = \Delta_3 + T_3/2 = (0.05 + 0.16/2) \text{mm} = 0.13 \text{mm}$$
$$EIA_3 = \Delta_3 - T_3/2 = (0.05 - 0.16/2) \text{mm} = -0.03 \text{mm}$$

所以 $A_3 = 43_{-0.03}^{+0.13} \text{mm}$

即 $A_1 = 30_{-0.14}^{\ 0} \text{mm}; \quad A_2 = A_5 = 5_{-0.08}^{\ 0} \text{mm}; \quad A_4 = 3_{-0.05}^{\ 0} \text{mm}; \quad A_3 = 43_{-0.03}^{+0.13} \text{mm}$。

互换法的优点是装配工作简单，生产率高，维修方便，有利于组织流水线生产。因此，在条件可能时，应优先选用互换法。

2. 分组装配法

分组装配法也称为分组互换法，这种方法是将组成环的公差，放大到经济可行的程度，然后按实际测量尺寸将零件分组，按对应组分别进行装配，以达到装配精度的要求。

现以汽车发动机中活塞销与活塞销孔的装配为例，说明分组装配法的原理及装配过程。

例 7-3 图 7-8 所示为活塞销与活塞销孔的装配关系，按装配技术要求，活塞销直径 d 和销孔直径 D 在冷态装配时应有 $0.0025 \sim 0.0075$ mm 的过盈量。即

$$Y_{\min} = d_{\min} - D_{\max} = 0.0025 \text{mm}$$
$$Y_{\max} = d_{\max} - D_{\min} = 0.0075 \text{mm}$$

因此，封闭环的公差为

$$T_0 = Y_{\max} - Y_{\min} = (0.0075 - 0.0025) \text{mm} = 0.0050 \text{mm}$$

若采用完全互换法装配，则销和销孔的平均极值公差 T_{av} 仅为 0.0025 mm。如取销公差带的分布位置为单向负偏差，则其尺寸为

$d = 28_{-0.0025}^{\ 0}$ mm。可求出对应的销孔尺寸为：$D = 28_{-0.0075}^{-0.005}$ mm。

显然，制造这样精确的销和销孔是很困难的，也是很不经济的。在实际生产中，采用的

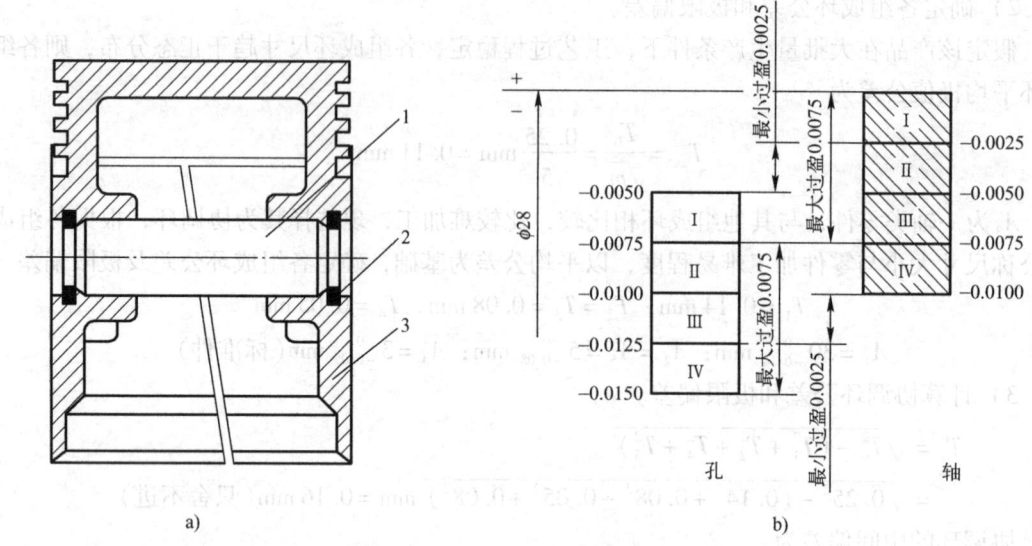

图 7-8 活塞销与活塞销孔连接
1—活塞销 2—挡圈 3—活塞销孔

办法是将销和销孔的上述公差按同方向放大 4 倍，即

$$d = 28_{-0.0025}^{0}\,\text{mm} \qquad d = 28_{-0.01}^{0}\,\text{mm}$$

$$D = 28_{-0.0075}^{-0.005}\,\text{mm} \qquad D = 28_{-0.015}^{-0.005}\,\text{mm}$$

这样，活塞销可用无心磨，销孔可用金刚镗加工来分别达到相应的精度要求。然后用精密量具测量，并按尺寸大小分成 4 组，涂上不同颜色加以区别，以便用分组装配法装配。具体分组情况见表 7-1。

表 7-1 活塞销与活塞销孔的分组尺寸

组别	活塞销直径/mm $d = 28_{-0.01}^{0}$	活塞销孔直径/mm $D = 28_{-0.015}^{-0.005}$	配合情况 最小过盈/mm	配合情况 最大过盈/mm	标志颜色
Ⅰ	$\phi 28_{-0.0025}^{0}$	$\phi 28_{-0.0075}^{-0.005}$	−0.0025	−0.0075	浅蓝
Ⅱ	$\phi 28_{-0.0050}^{-0.0025}$	$\phi 28_{-0.0100}^{-0.0075}$			红
Ⅲ	$\phi 28_{-0.0075}^{-0.005}$	$\phi 28_{-0.0125}^{-0.0100}$			白
Ⅳ	$\phi 28_{-0.0100}^{-0.0075}$	$\phi 28_{-0.0150}^{-0.0125}$			黑

从表 7-1 可以看出，各组的公差和配合性质与原来的要求相同。采用分组装配法，关键是保证分组后各对应组的配合性质和配合精度应满足装配精度的要求，同时，对应组内的相配件的数量要配套。应注意以下几点：

1）配合件的公差应相等，公差要向同方向增大，增大的倍数应等于分组数，如图 7-8b 所示。

2）配合件的表面粗糙度、几何公差必须保持原设计要求，不能随着公差的放大而降低表面粗糙度要求和放大几何公差。

3）为保证零件分组后在装配时各组数量相匹配，应使配合件的尺寸分布为相同的对称分布（如正态分布）。如果分布曲线不相同或为不对称，将造成各组相配零件数量不等，使一些零件积压浪费，如图7-9所示。图中第1组和4组中的轴与孔零件数量相差较大，将使零件过剩。在实际生产中，常专门加工一批与剩余件相配的零件，以解决零件配套问题。

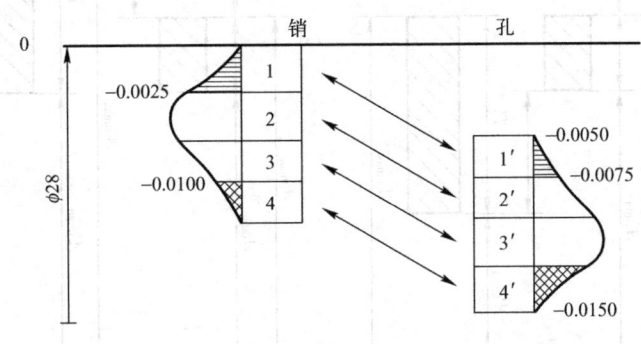

图7-9　销与孔尺寸分布不同产生剩余件情况

4）分组数不宜过多，零件尺寸公差只要放大到经济加工精度即可，否则会因零件的测量、分类、保管工作量的增加而使生产组织工作复杂，甚至造成生产过程的混乱。

分组装配法适用于装配精度要求很高和相关零件较少的大批量生产中。与分组装配法有着选配共性的装配方法还有直接选配法和复合选配法。直接选配法是由装配工人从许多待装配的零件中，凭经验挑选合格的零件，通过试凑进行装配的方法。复合装配法是将零件预先测量分组，装配时再在各对应组内凭工人经验直接选配。这一方法的特点是配合件公差可以不等，装配质量高，且装配速度较快，能满足一定的节拍要求。发动机装配中，气缸与活塞的装配多采用这种方法。

3. 修配装配法

修配装配法是将尺寸链中各组成环按经济加工精度制造，装配时，通过改变尺寸链中某一预定的组成环（修配环）尺寸的方法来保证装配精度。由于对这一组成环的修配是为补偿其他各组成环的累积误差，故又称为补偿环。这种方法的关键问题是确定修配环及修配环在加工时的实际尺寸，使修配时有足够的，而且是最小的修配量。

（1）选择补偿环并确定其尺寸及极限偏差

1）选择补偿环。

采用修配法装配时，应正确选择补偿环。补偿环一般应满足以下要求：① 便于装拆，易于修配，一般应选形状比较简单、修配面积较小的零件；② 尽量不选公共环。公共环是指那些同属于几个尺寸链的组成环，它的变化会引起几个尺寸链中封闭环的变化。若选公共环为补偿环，则可能出现保证了一个尺寸链的精度，而又破坏了另一个尺寸链精度的情况。

2）补偿环尺寸的确定。

补偿环被修配后对封闭环尺寸的影响有两种情况：一是使封闭环尺寸变大；另一是使封闭环尺寸变小。因此，用修配法解装配尺寸链时，应分别根据以上两种情况来进行计算。

图7-10为组成环公差按经济精度加工后，实际封闭环的公差带和设计要求封闭环的公差带之间的对应关系图。图中T_0、$A_{0\max}$、$A_{0\min}$分别表示设计要求封闭环的公差、上极限尺寸和下极限尺寸；T'_0、$A'_{0\max}$、$A'_{0\min}$分别表示放大组成环公差后实际封闭环的公差、上极限尺

寸和下极限尺寸；F_{max} 表示最大修配量。

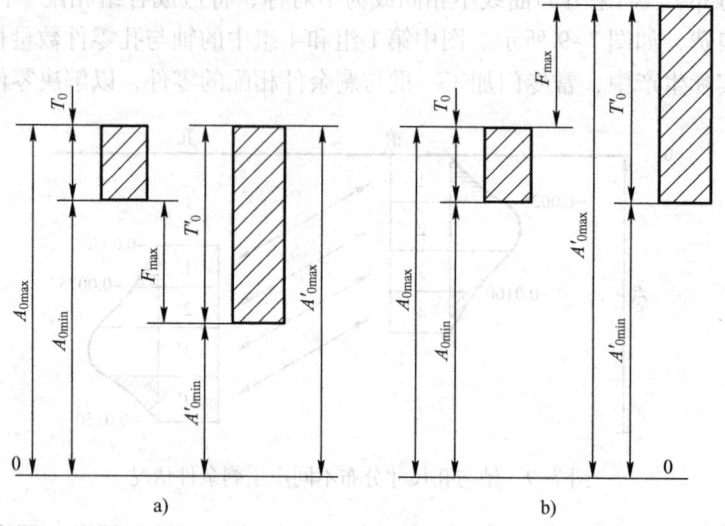

图 7-10 封闭环公差带要求值
a) 越修越大时　b) 越修越小时

① 修配补偿环，封闭环尺寸变大（简称"越修越大"）。如图 7-10a 所示，此时为了有足够的且最大的修配量，应使 $A'_{0max} = A_{0max}$。

② 修配补偿环，封闭环尺寸变小（简称"越修越小"）。如图 7-10b 所示，此时为了有足够且最小的修配量，应使 $A'_{0min} = A_{0min}$。

上述两种情况下的最大修配量 $F_{max} = T'_0 - T_0 = \sum_{i=1}^{m} T'_i - T_0$。

（2）尺寸链的计算方法和步骤

例 7-4　图 7-2 所示为卧式车床床头和尾座两顶尖等高度要求为 0～0.06 mm（只许尾座高）的结构示意图。已知 $A_1 = 202$ mm，$A_2 = 46$ mm，$A_3 = 156$ mm，现采用修配装配法，试确定各组成环公差及其分布。

解： 1）建立装配尺寸链。

装配尺寸链如图 7-2b 所示。实际生产中通常尾座和尾座底板的接触面修刮好，将两者作为一个整体，以尾座底板的底面作为定位基准精镗尾座上的顶尖套孔，并控制该尺寸精度为 0.1 mm，这样尾座和尾座底板成为配对件后进入总装。因此原组成环 A_2 和 A_3 合并而成为 $A_{2,3}$，原四环尺寸链变成三环尺寸链，如图 7-11 所示。

2）选择补偿环。

按合并后的三环尺寸链，选择 $A_{2,3}$ 为补偿环。补偿环基本尺寸 $A_{2,3} = A_2 + A_3 = (46 + 156)$ mm = 202 mm。

3）确定各组成环公差。根据各组成环的加工方法，按经济精度确定各组成环公差为 $T_1 = T_{2,3} = 0.1$ mm。

4）计算补偿环 $A_{2,3}$ 的最大补偿量为

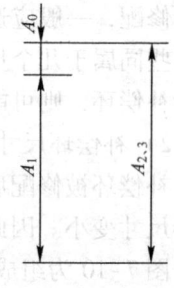

图 7-11　新的等高度尺寸链

$$F_{max} = \sum_{i=1}^{m} T'_i - T_0 = T_1 + T_{2,3} - T_0 = (0.1 + 0.1 - 0.06)\,\text{mm} = 0.14\,\text{mm}$$

5）确定各组成环（除补偿环外）的极限偏差。

A_1 表示孔位置的尺寸，公差常选为对称分布，即 $A_1 = 202\,\text{mm} \pm 0.05\,\text{mm}$。

6）计算补偿环 $A_{2,3}$ 的极限尺寸。由于修配补偿环 $A_{2,3}$ 会使封闭环尺寸变小，属于"越修越小"的情况，则 $A_{2,3\max} = A_{2,3\min} + T_{2,3} = (202.05 + 0.1)\,\text{mm} = 202.15\,\text{mm}$。

即
$$A_{2,3} = 202^{+0.15}_{+0.05}\,\text{mm}$$

实际生产中，为提高接触精度，底板的底面与床身配合的导轨面还需配刮，按 $A'_{0\min} = A_{0\min}$ 计算最小修刮量为零，无修刮量。需将求得的 $A_{2,3}$ 尺寸放大一些，留以必要的修刮量。取最小刮研量为 0.15 mm，则合并加工后的尺寸 $A_{2,3} = 202^{+0.15}_{+0.05}\,\text{mm} + 0.15\,\text{mm} = 202^{+0.3}_{+0.2}\,\text{mm}$。

(3) 修配的方法

生产中通过修配来达到装配精度的方法很多，常见的有以下 3 种。

1）单件修配法。

单件修配法就是在多环尺寸链中，选定某一固定的零件作为修配件（补偿环），装配时用去除金属层的方法改变其尺寸，以达到装配精度的要求。此法在生产中应用最广。

2）合并加工修配法。

合并加工修配法是将两个或更多个的零件合并在一起进行加工修配。合并后的零件作为一个组成环，从而减小组成环数，有利于减小修配量。

如例 7-4，若不将组成环 A_2、A_3 合并，而按四环尺寸链计算，则当最小刮研量取 0.15 mm 时，底板最大修刮量可达 0.44 mm。而将组成环 A_2、A_3 合并成一个组成环 $A_{2,3}$ 后，仍取最小刮研量为 0.15 mm，则底板最大修刮量只有 0.29 mm，故减少了装配时的修刮劳动量。

合并加工法虽然存在这样的优点，但是由于要合并零件，对号入座，给加工、装配和生产组织工作带来不便。因此，这种方法多用于单件小批量生产中。

3）自身加工修配法。

在机床制造中，有一些装配精度要求，在总装时是用自身加工的方法来达到的，这种方法称为自身加工修配法。如图 7-12 所示的转塔车床，在总装时，利用在车床主轴上安装的锉刀作切削运动，转塔作纵向进给运动，自身镗削转塔上的 6 个孔，能方便地保证主轴轴线与转塔各孔轴线的等高度。

修配装配法适用于在成批生产中的封闭环公差要求较严，组成环较多的场合或用在单件小批量生产中的封闭环公差要求较严，组成环较少的场合。

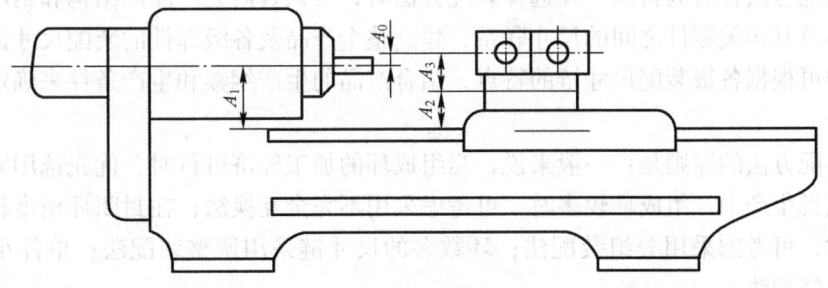

图 7-12　转塔车床的自身加工

4. 调整装配法

调整装配法与修配装配法相似，即各零件公差仍可按经济精度的原则来确定，并且仍选择一个组成环为补偿环（又称为调整环），但两者在改变补偿环尺寸的方法上有所不同。修配法采用机械加工的方法去除补偿环零件上的金属层，改变其尺寸，以补偿因各组成环公差扩大后产生的累积误差。调整法采用改变补偿环零件的位置或对补偿环的更换（改变调整环的尺寸）来补偿其累积误差，以保证装配精度。

调整方法有可动调整法、固定调整法和误差抵消调整法 3 种。

（1）可动调整法

采用改变调整零件的位置来保证装配精度的方法称为可动调整法。常用的调整件有螺栓、斜面、挡环等。在调整过程中不需拆卸零件，应用方便，能获得比较高的精度。同时，在产品使用过程中，由于某些零件的磨损而使装配精度下降时，应用此法有时还能使产品恢复原来的精度。这种调整法在实际生产中应用较广。

（2）固定调整法

在装配尺寸链中，选择某一组成环为调节环，将作为调节环的零件按一定尺寸间隔级别制成一组专门零件。产品装配时，根据各组成环所形成累积误差的大小，在调节环中选定一个尺寸等级合适的调节件进行装配，以保证装配精度。这种方法称为固定调整法。常用的调节件有轴套、垫片、垫圈等。

固定调整法多用于大批量生产中。当产量大，装配精度要求高时，固定调整件还可以采用多件组合的方式。如预先将调整垫片做成不同的厚度（1、2、3、5、10 mm 等），再制作一些薄金属片（0.01、0.02、0.05、0.10 mm 等），装配时根据尺寸组合原理把不同厚度的垫片组成不同的尺寸，以满足装配精度的要求。这种调整方法更为简便，在汽车、拖拉机生产中应用广泛。

（3）误差抵消调整法

在产品或部件装配时，根据尺寸链中某些组成环误差的方向作定向装配，使其误差互相抵消一部分，以提高装配精度，这种方法叫做误差抵消调整法。其实质与可动调整法类似。这种方法在机床装配时应用较多。如车床主轴装配时，通过调整主轴前后轴承的径向圆跳动方向来控制主轴的径向圆跳动；在滚齿机工作台分度蜗轮装配中，采用调整二者偏心方向来抵消误差以提高二者的同轴度。

7.3.2 装配方法的选择

各种装配方法各有其特点。在选择装配方法时，要认真研究产品的结构和精度要求，深入分析产品及其相关零件之间的尺寸联系，建立整个产品及各级部件的装配尺寸链。尺寸链建立后，即可根据各级装配尺寸链的特点，结合产品的生产纲领和生产条件来确定产品的装配方法。

选择装配方法的原则是：一般来说，当组成环的加工经济可行时，优先选用完全互换装配法；在成批生产中，组成环较多时，可考虑采用不完全互换法；在封闭环精度较高，组成环数较少时，可考虑采用分组装配法；环数多的尺寸链采用调整装配法；单件小批量生产时，则常用修配法。

应该指出，一种产品究竟采用何种装配方法来保证装配精度，通常在设计阶段即就应确定。因为只有在装配方法确定之后,才能进行尺寸链的计算。同一产品的同一装配精度要求,在不同的生产类型和生产条件下,可能采用不同的装配方法。同时,同一产品的不同部件也可采用不同的装配方法。

综合训练

1. 装配工作包括哪些内容?
2. 保证产品装配精度的方法有哪些?如何进行装配方法选择?
3. 什么是装配尺寸链?为什么要研究装配尺寸链?
4. 装配尺寸链和工艺尺寸链有何区别?
5. 试述装配精度与零件精度间的关系。

参 考 文 献

[1] 杨櫂，陈国香．机械与模具制造工艺学［M］．北京：中国宇航出版社，2005．
[2] 王敏杰，宋满仓．模具制造技术［M］．北京：电子工业出版社，2004．
[3] 李华．机械制造技术［M］．2版．北京：高等教育出版社，2005．
[4] 朱正心．机械制造技术［M］．北京：机械工业出版社，1999．
[5] 赵元吉．机械制造工艺学［M］．北京：机械工业出版社，1996．
[6] 张纪真．机械制造工艺标准应用手册［M］．北京：机械工业出版社，1997．
[7] 龚定安，蔡建国．机床夹具设计原理［M］．西安：陕西科学技术出版社，1983．
[8] 李益民．机械制造工艺设计简明手册［M］．北京：机械工业出版社，1997．

制造类基础畅销教材推荐

机械设计基础

书号：ISBN 978-7-111-30909-3
作者：闵小琪　　　定价：28.00元
推荐简言：
　　本书是编者结合多年从事教学、生产的经验编写而成，突出了高等职业教育的特点。本书配有多媒体教学光盘，内容包括教学用 PPT 及动画演示，把教学内容与动画演示完全融合为一体。
　　本书配有《机械设计基础课程设计》（ISBN 978-7-111-32065-4）。

机械制造基础（第2版）

书号：ISBN 978-7-111-08293-1
作者：苏建修　　　定价：34.00元
获奖情况：
　　普通高等教育"十一五"国家级规划教材
推荐简言：本书内容全面，在第2版中介绍了很多新工艺、新技术，编写质量高，非常受读者欢迎。电子教案配有习题答案、测试题等，方便教师选用。

机械制图

书号：ISBN 978-7-111-29611-9
作者：于景福　　　定价：21.00元
推荐简言：
　　本书采用我国最新颁布的有关制图标准，主要培养学生的读图和绘图能力。学完本课程后，学生能够绘制和阅读机械零件图和装配图。
　　本书配有《机械制图习题集》（ISBN 978-7-111-30549-1）。

工程制图（非机械类）

书号：ISBN 978-7-111-33003-5
作者：于梅　　　　定价：29.00元
推荐简言：
　　本书采用我国最新颁布的有关制图标准，主要培养学生的读图和绘图能力。本书主要供非机械类专业学生使用。
　　本书配有《工程制图习题集（非机械类）》（ISBN 978-7-111-32548-2）。

机械测量技术

书号：ISBN 978-7-111-33234-3
作者：卢志珍　　　定价：25.00元
推荐简言：
　　本书按学习情境讲解，以"工作任务"引出专业知识，集教材、实验指导书、习题集于一体，强调"知识与技能融合、理论与实践一体"。
　　本书配有随书光盘，其中包含与本书配套的多媒体课件和测量案例的视频资料。

机械分析应用基础

书号：ISBN 978-7-111-45418-2
作者：程时甘　　　定价：47.00元
推荐简言：
　　"十二五"职业教育国家规划教材。以机械分析为主线，整合"机械原理"、"机械设计"、"互换性与测量技术基础"及"工程力学"等学科的相关内容，并融入相关工程常识和创新思维与方法。

CAD/CAM 畅销教材推荐

AutoCAD 2010 项目教程
书号：ISBN 978-7-111-33234-3
作者：李汾娟　　　定价：25.00 元

推荐简言：
　　本书按照"项目导向、任务驱动"的教学模式进行编写，以 AutoCAD 2010 为项目载体，采用了大量的项目案例，全面地讲解了 AutoCAD 2010 的使用方法和技巧。书中配有大量的实例、实训项目与习题。

AutoCAD 2010 基础与实例教程
书号：ISBN 978-7-111-32849-0
作者：陈平　　　定价：30.00 元

推荐简言：
　　本书以典型零件或产品为载体来讲解 AutoCAD 2010，循序渐进地介绍各种常用的绘制命令，以及绘制典型二维图形和三维图形的方法与技巧。

AutoCAD 2013 项目式教程
书号：ISBN 978-7-111-46256-9
作者：陈在良　　　定价：25.00 元

推荐简言：
　　全书体现基于工作过程的高等职业教育课程理念，采用项目式编写体例，每个项目包括"项目描述"、"知识准备"、"项目实施"、"项目拓展"、"练习题" 5 个栏目。全书有丰富的案例和习题供学生学习参考，并提供其源文件。

Pro/ENGINEER 5.0 应用教程
书号：ISBN 978-7-111-35772-8
作者：张延　　　定价：32.00 元

推荐简言：
　　本书详细介绍了 Pro/ENGINEER 5.0 的主要功能和使用方法，突出实用性，采用大量实例，操作步骤详细，系统性强，使读者在实践中迅速掌握该软件的使用方法和技巧。在每章最后均配有习题，便于读者上机操作练习。

UG NX 8.0 实例建模基础教程
书号：ISBN 978-7-111-46493-8
作者：赵秀文　　　定价：43.00 元

推荐简言：
　　本书包含了大量工程实例，详细叙述每一步操作流程，还包含大量习题。配套光盘内包含授课电子教案、动画、操作视频、源文件及结果文件，方便广大读者学习。

Mastercam 应用教程（第 3 版）
书号：ISBN 978-7-111-32295-5
作者：张延　　　定价：28.00 元

推荐简言：
　　本书前两版都经过市场的检验，销量一直非常好。本书是在第 2 版的基础上，以 MastercamX 为蓝本，通过大量实例，以数控编程方法和思路为导向，讲解 Mastercam 的基础知识和应用技能。